Haskell
Eine Einführung für Objektorientierte

von
Prof. Dr. Ernst-Erich Doberkat

Oldenbourg Verlag München

Prof. Dr. Ernst-Erich Doberkat ist Inhaber des Lehrstuhls für Software-Technologie an der Technischen Universität Dortmund. Seine Arbeitsgebiete sind Praktische Informatik, Logik und Angewandte Mathematik.

Bibliografische Information der Deutschen Nationalbibliothek

Die Deutsche Nationalbibliothek verzeichnet diese Publikation in der Deutschen Nationalbibliografie; detaillierte bibliografische Daten sind im Internet über http://dnb.d-nb.de abrufbar.

© 2012 Oldenbourg Wissenschaftsverlag GmbH
Rosenheimer Straße 145, D-81671 München
Telefon: (089) 45051-0
www.oldenbourg-verlag.de

Das Werk einschließlich aller Abbildungen ist urheberrechtlich geschützt. Jede Verwertung außerhalb der Grenzen des Urheberrechtsgesetzes ist ohne Zustimmung des Verlages unzulässig und strafbar. Das gilt insbesondere für Vervielfältigungen, Übersetzungen, Mikroverfilmungen und die Einspeicherung und Bearbeitung in elektronischen Systemen.

Lektorat: Johannes Breimeier
Herstellung: Constanze Müller
Titelbild: iStockphoto
Einbandgestaltung: hauser lacour
Gesamtherstellung: Grafik + Druck GmbH, München

Dieses Papier ist alterungsbeständig nach DIN/ISO 9706.

ISBN   978-3-486-71417-3
eISBN 978-3-486-71853-9

Für Peter Michael

Einleitung und Überblick

Dieses Buch ist eine erste Einführung in die funktionale Programmierung mit der Programmiersprache `Haskell`. Sie ist gedacht als Programmierkurs für Studenten, die bereits eine Einführung in die Programmierung mit einer objektorientierten Sprache wie `Java` oder `C++` und in elementare Datenstrukturen hinter sich haben. Im Dortmunder Curriculum sind das Studenten, die die Veranstaltung *DAP 1* (Datenstrukturen, Algorithmen, Programmierung I) [11] gehört haben. Daher gehe ich immer wieder auch auf die objektorientierte Lösung von Problemen in `Java` oder `C++` ein, um sie mit dem funktionalen Zugang in `Haskell` zu vergleichen, und auch, um den Einstieg einfacher zu machen. Es sollte genug Stoff für eine zwei- bis dreistündige Vorlesung mit Übungen vorhanden sein, im Text sind mehr als siebzig Übungsaufgaben unterschiedlicher Komplexität zu finden.

Überblick

Das Buch beginnt mit einem kurzen Überblick über Programmierparadigmen; in unseren Curricula, in denen die Ab- und Ausrichtung der Absolventen auf Berufsfähigkeit im Vordergrund steht, ist naturgemäß für diese eher historischen Reflektionen wenig Platz. Gleichwohl ist es wichtig zu wissen, wie sich die Dinge entwickelt haben: Objektorientierte oder funktionale Sprachen sind nicht vom Himmel gefallen, diese Paradigmen sind vielmehr Ergebnis einer Entwicklung, die sich fortsetzt, mit der Konsequenz, daß weder die Objektorientierung noch die funktionale Programmierung der glänzende Ziel- oder Endpunkt einer Entwicklung sein werden. In Kapitel 1 werden auch gleich die ersten Schritte in `Haskell` gemacht und kommentiert. Das umfaßt (anonyme) Funktionen und Curryfizierung, Typklassen, Module und Paare. Kapitel 2 diskutiert Listen als die fundamentale Datenstruktur von `Haskell`, hier werden die fundamentalen Techniken besprochen, Links- und Rechtsfaltungen werden eingeführt. Kapitel 3 diskutiert erste Anwendungen: Es werden Zahlenfolgen als unendliche Listen dargestellt, die Vignère-Verschlüsselung wird diskutiert und eine erste Lösung wird, wie man im Objektorientierten sagen würde, refaktorisiert. Algebraische Datentypen werden in Kapitel 4 eingeführt, zur Verdeutlichung werden einige dann schon umfangreichere Beispiele (Mengen, Cliquen in Graphen, Algorithmus von Kruskal zur Berechnung minimaler Gerüste) besprochen. Wie die Ein-/ Ausgabe in das funktionale Paradigma eingegliedert wird, zeigt Kapitel 5, hier wird auch die Vignère-Verschlüsselung noch einmal aufgenommen und mit Dateien diskutiert; die Persistenz von Datenstrukturen wird ebenfalls angesprochen. Kapitel 6 ist ein Potpourri von Beispielen; es beginnt mit der Diskussion der Huffman-Codierung, geht weiter mit einem Automaten-basierten Verfahren zur Erkennung von Mustern in Texten und zeigt schließlich, wie ein Parser-Generator für eine einfache Klasse von kontextfreien Grammatiken konstruiert werden kann. Das Kapitel macht sichtbar, daß sich `Haskell` auch als Sprache zum Prototyping eignet. Schließlich werden Monaden in Kapitel 7 eingeführt und durch einige Beispiele erläutert; wir diskutieren die Zustandsmonade mit ihren Anwendungen auf das Acht-Damen-Problem und auf die Konstruktion eines (wirklich ziemlich kleinen) Parsers zum rekursiven Abstieg. Im Anhang A sind einige Hinweise zur sehr regen, aktiven und hilfsbereiten Haskell-Welt zu finden.

Und dann weiter?

Dieses Buch soll in die funktionale Programmierung einführen und Geschmack auf die Programmierung in Haskell machen, nicht mehr, aber auch nicht weniger. Es fehlen daher viele Themen, die den fortgeschrittenen Umgang mit dieser Sprache und diesem Paradigma kennzeichnen. Ich will einige wenige der Punkte nennen, die weiter vertieft werden könnten.

Monaden Monaden werden hier in ersten Ansätzen behandelt, die nur einen ersten Einblick in dieses mächtige Konzept geben. Daher werden auch nur einige Monaden angesprochen; das monadische Spektrum ist jedoch breit. Die Reader-Monade oder die Ausnahme-Behandlung sind Themen, die sich unmittelbar im Anschluß an die Themenauswahl des Buchs präsentieren lassen. Die Weiterentwicklung von Monaden zu Arrows ist sicher eine spannende Angelegenheit, die verfolgt werden will.

Algorithmenentwurf Der spezifische Stil von Haskell schlägt sich in einem spezifischen Stil des Algorithmenentwurfs nieder, was man etwa an dem schönen Buch von R. Bird [5] studieren kann. Die Beispiele sind in der Regel recht anspruchsvoll, manche erfordern zusätzliche Kenntnisse, etwa der konvexen Analysis. Eng mit dem Programmentwurf verbunden ist die Frage nach der Verifikation von Haskell-Programmen; Bird geht an einigen Stellen darauf ein.

Testen Haskell verfügt mit QuickCheck über eine Bibliothek, die das Testen von Programmen unterstützt; [25, Kapitel 11] gibt einen ersten Einblick.

Programmiermethodik Mit der Systematisierung des *scratch your boilerplate*-Ansatzes [25, 22] werden Aspekte der generischen Programmierung in Haskell zugänglich gemacht. Es gelingt damit, Haskell zu einem System zu erweitern, das praktischen Nutzen in der Softwaretechnik verspricht: So können etwa Werkzeuge, mit deren Hilfe die Konsistenz der vielfältigen Dokumente, wie sie beim Programmentwurf entstehen, in überschaubarem Aufwand in Haskell als Prototypen und später als produktionseffiziente Produkte entwickelt werden.

Quellen

Das Buch ist die Ausarbeitung und Erweiterung der Vorlesung „Functional Programming in Haskell", die ich im Sommer 2011 im Rahmen der International Summer School an der Renmin University in Peking halten durfte. Zur Vorbereitung auf die Vorlesung waren die Bücher von S. Thompson [29] und von B. O'Sullivan, J. Goerzen und D. Stewart [25] außerordentlich hilfreich, dazu die Web-Seiten von M. Lipovača mit einem Online-Kurs, der den kuriosen Titel „Learn You a Haskell for Great Good!" trägt. Der Verfasser hat die Web-Präsentation zu einem lesenswerten Buch [22] erweitert. Ich sollte zudem die Folien meines Kollegen P. Padawitz [26] herausheben, die, großzügig zur Verfügung gestellt, überaus hilfreich waren und meine Neugier auf `Haskell` in die richtigen Bahnen gelenkt haben.

Diesen Quellen habe ich Anregungen für Beispiele entnommen (ohne sie jeweils im Einzelnen zu kennzeichnen: Beispiele in der Programmierung sind meist in der *public domain*). Bei zwei Beispielen habe ich allerdings mehr als Anregungen aus der Literatur genommen. Das betrifft einmal die Behandlung der Acht Damen in Abschnitt 7.5, zu deren Behandlung ich dem Tutorial von Norvell [24] sehr eng gefolgt bin, zum anderen die elegante Behandlung des kleinen monadischen Parsers in Abschnitt 7.6, die ich mit geringen Abweichungen dem Skript [26] von Padawitz entnehmen durfte. In beiden Fällen hatte ich nicht den Eindruck, daß eine eigene Darstellung zur Verbesserung beitragen würde. Die Behandlung des Parser-Generators folgt dem Alten Drachenbuch [3], die Diskussion der Mustererkennung dem Algorithmen-Kompendium [7]; viele Beispiele und Aufgaben fanden ihren Anfang in [9, 11].

Titelbild

Das Titelbild zeigt G. Paganuccis Statue von Leonardo Fibonacci (ca. 1180 – ca. 1241) auf dem Camposanto in Pisa. Er ist sicher einer der bedeutendsten Mathematiker des Mittelalters, wir verdanken ihm die praktische Einsicht, daß mit arabischen Ziffern viel effizienter gerechnet werden kann als mit römischen. Damit gehört er zu den Vätern der Informatik, auch als Verfasser außerordentlich prägender und viel gelesener praktischer Lehrbücher.

Danksagung

Der Dekan der *School of Information* der Renmin University, Professor Du, lud mich im Sommer 2011 dazu ein, eine `Haskell`-Vorlesung in Peking zu halten; ihm, Dr. Chunlai Zhou und Min Zhang, die den Kurs als studentische Hilfskraft betreut hat, sei Dank gesagt.

In Dortmund hat Alla Stankjawitschene nach Kräften dazu beigetragen, aus den Folien einen lesbaren Text zu machen. Die Kommentare und der fachliche Rat von Jan Bessai, Pascal Hof und Jan Schultze haben manche Unebenheit glätten geholfen, viele Anregungen zur didaktischen Gestaltung kamen von Dr. Doris Schmedding und Dr. Stefan Dissmann. Prof. Dr. Peter Padawitz hat mir großzügig sein Skript überlassen und war auch sonst mit Rat und Tat stets zur Stelle. Julia Riediger hat die sprachliche Fassung unter die Lupe genommen. Die Zusammenarbeit mit dem Verlag, hier insbesondere mit meinem Lektor Johannes Breimeier, war sehr angenehm. Ihnen allen möchte ich an dieser Stelle herzlich danken.

Bochum und Dortmund, im Juli 2012   Ernst-Erich Doberkat

Hinweis
Zusätzliches Material und Daten für einige Übungsaufgaben
finden sich in der *web site* des Buchs unter
`haskellbuch.weebly.com`.

Inhaltsverzeichnis

1	**Erste Schritte**	1
1.1	Einige Paradigmen	1
1.2	`Haskell`: Eigenschaften	4
1.3	Eine erste Funktion	5
1.3.1	Curryfizierung	7
1.3.2	Anonyme Funktionen	9
1.4	Operatoren und vordefinierte Typen	10
1.5	Module	12
1.6	Paare	15
1.7	Typklassen	17
1.8	Vier Wege zur Fakultätsfunktion	22
1.9	Aufgaben	25
2	**Listen**	**29**
2.1	Elementare Eigenschaften	29
2.2	Reißverschlüsse	41
2.3	Faltungen	43
2.4	Aufgaben	50
3	**Erste Anwendungen**	**53**
3.1	Die Fakultätsfunktion als Liste	53
3.2	Fibonacci-Zahlen	54
3.3	Die Vignère-Verschlüsselung	55
3.4	Aufgaben	63

4	**Algebraische Typen**		**67**
4.1	Punkte und all das		67
4.2	Parametrisierte Datentypen		75
4.2.1	Ein eigener Listentyp		76
4.2.2	Mengen		80
4.2.3	Ungerichtete Graphen		85
4.2.4	Eine Notiz zu Moduln		92
4.3	Binäre Bäume		96
4.3.1	Baumdurchläufe		97
4.3.2	Binäre Suchbäume		102
4.4	Der Algorithmus von Kruskal		104
4.4.1	Die Modellierung der Daten		109
4.4.2	Die Partitionierung der Knotenmenge		110
4.5	Aufgaben		112
5	**Ein-/Ausgabe**		**119**
5.1	IO-Aktionen		119
5.2	Noch einmal die Vignère-Verschlüsselung		125
5.3	Dateien		126
5.4	Komplexe Daten		129
5.5	Aufgaben		133
6	**Beispiele**		**135**
6.1	Die Huffman-Codierung		136
6.1.1	Die Datenstruktur `Map`		139
6.1.2	Waldarbeiten		141
6.1.3	Die Verschlüsselung		144
6.2	Mustererkennung		145
6.2.1	Der Automat		145
6.2.2	Zur Implementierung		149
6.3	Ein Generator für die syntaktische Analyse		150
6.3.1	Das Problem: Syntaxanalyse		151
6.3.2	Berechnung von `FIRST` und `FOLLOW`		151
6.3.3	Der tabellengesteuerte Automat		159
6.4	Aufgaben		169

7	**Monaden**	**175**
7.1	Definition und erste Beispiele	176
7.2	Gesetze für Monaden	183
7.3	`MonadPlus`	184
7.4	Die Zustandsmonade	185
7.5	Acht Damen	188
7.6	Ein klitzekleiner Parser	196
7.7	Aufgaben	202
A	**Zur Benutzung des Systems**	**205**
A.1	Zur Benutzung von `GHCi`	205
A.1.1	Der Interpreter	205
A.2	Module und Pakete	206
A.2.1	Pakete	207
A.3	Suchmaschinen	207

Literaturverzeichnis — **209**

Index — **211**

Stichwörter — **215**

1 Erste Schritte

Programme werden üblicherweise in einer Programmiersprache formuliert. Die Sprache dient als Beschreibung für die Algorithmen und für die Datenstrukturen, auf denen diese Algorithmen arbeiten.

Ein Programm kann mit einer musikalischen Partitur verglichen werden, die dem Orchester und dem Dirigenten sagt, wie die Musik auszuführen ist. Das Ausführen der Partitur, also das Spielen der Noten, bleibt jedoch den Musikern unter der Leitung des Dirigenten vorbehalten. Die Partitur *spezifiziert* also die Musik. Analog ist es bei Programmen, hier übernimmt die Steuerung des Ablaufs im Hauptprogramm die Rolle des Dirigenten.

Dieser Vergleich ist zwar recht anschaulich und kann weiter ausgebaut werden: Spezielle Prozessoren (Graphik, Ein-/Ausgabe) sind für spezielle Arbeiten zuständig, spezielle Orchestergruppen (Streicher, Blechbläser) für besondere Klangeffekte. Er sollte aber nicht überdehnt werden: Während die musikalische Notation ziemlich einheitlich ist, und es die musikalische Gemeinschaft mehrere hundert Jahre gekostet hat, zu dieser Standardisierung zu gelangen, ist die junge technische Welt der Programmierung vielfältiger und weit weniger standardisiert. Unterschiedliche Programmiersprachen notieren und spezifizieren Algorithmen und Datenstrukturen unterschiedlich. Die Ideen, die dahinterstehen, werden üblicherweise *Programmierparadigmen* genannt; man kann meist diese Programmierparadigmen heranziehen, um Programmiersprachen zu klassifizieren. Das wollen wir kurz tun.

1.1 Einige Paradigmen

Ich diskutiere kurz einige der Paradigmen, die in den letzten Jahrzehnten in der industriellen Software-Produktion eine Rolle gespielt haben. Dabei gehe ich bewußt nur auf die *allgemeinen Programmiersprachen* ein, die gelegentlich auch problemorientiert genannt werden, nicht jedoch auf Programmiersprachen für spezielle Zwecke, seien es nun für Eingebettete Systeme, seien es Sprachen der Vierten Generation. Die Programmiersprachenszene ist sehr lebendig. Es ist daher nicht verwunderlich, daß es zwar viele Programmiersprachen und Implementationen für diese Sprachen gibt, daß es aber einige dieser Sprachen einfach nicht in die industrielle Produktion geschafft haben, vielleicht auch, weil sie zu Forschungszwecken definiert und implementiert wurden. Hierzu gehören solche verehrungswürdigen Sprachen wie `ALGOL W`, die von N. Wirth in den siebziger Jahren als Gegenentwurf zu der von ihm als überbordend komplex empfundenen Sprache `ALGOL 68` vorgeschlagen wurde, oder die mengenorientierte Sprache `SETL` [27], die von Jacob T. Schwartz am Courant Institute of Mathematical Sciences der New York University als Sprache zum Software Prototyping entwickelt wurde und die einige, wenngleich geographisch weit verstreute Anhänger auch in Europa [12] gefunden hat. Hierzu gehört auch die Sprache `Beta`, die als Nachfolger für die Programmiersprache `SIMULA` in den achtziger Jahren von einer skandinavischen Gruppe entwickelt wurde, und – sozusagen im Hintergrund – gemeinsam mit `SETL` ziemlich wichtig für die Entwicklung der Programmiersprachen `Python` und `Java` war. Diese Liste ließe sich leicht verlängern, ich möchte das aber nicht tun und lieber weiter auf die Klassifikation von Programmiersprachen eingehen.

Maschinenorientierung

Diese Sprachen sind entlang einer speziellen Hardware-Struktur organisiert, sie sind daher stark maschinenabhängig. Die Kontrollstrukturen sind im Wesentlichen an der Maschinenstruktur orientiert, es gibt praktisch keine Möglichkeit, die Daten *semantisch*, also ihrer Bedeutung gemäß, auch in Programmen zu organisieren. Die Hauptvertreter sind hier natürlich die Maschinensprachen und die `Assembler` der verschiedenen Rechner.

Es sollte vielleicht erwähnt werden, daß Donald E. Knuth [19] in der ersten Auflage seines epochalen Buchs *The Art of Computer Programming* einen Vorschlag gemacht hat, einen maschinenunabhängigen Assembler zu definieren. Dieser Assembler heißt `MIX`, was nach Knuth auch als `1009` gelesen werden kann, er dient hauptsächlich didaktischen Zwecken.

Prozedurale Sprachen

In diesem Paradigma sind Programme durch Prozeduren strukturiert, das heißt durch wiederverwendbare und in sich gekapselte, parametrisierbare Abschnitte von Code. Dadurch ist es möglich, näher am Problem zu formulieren und sich von der Maschine zu entfernen, was etwa bei maschinenorientierten Sprachen nicht möglich ist. Prozeduren bilden die wesentlichen Bausteine in diesen Sprachen, um den Kontrollfluß im Großen zu strukturieren. Zur Formulierung von Datenstrukturen gibt es jedoch lediglich rudimentäre Möglichkeiten wie Felder, gelegentlich auch Verbunde (`records`). Die Hauptvertreter dieser Sprachen sind `FORTRAN IV`, `ALGOL 60`, `C` oder auch `Pascal`.

Diese Sprachen haben die Entwicklung der Informatik in den siebziger und in den achtziger Jahren wesentlich vorangetrieben, insbesondere hat `FORTRAN` das Verdienst, in großem Umfang wiederverwendbare Bibliotheken bereitgestellt zu haben; durch das Aufkommen des Betriebssystems `UNIX` hat die Programmiersprache `C` [18] weite Bedeutung erlangt. Die Sprache `Pascal` [30] wurde von Niklaus Wirth hauptsächlich für Zwecke des Informatik-Unterrichts an Universitäten eingesetzt, die radikale Einfachheit der Sprache hat gezeigt, daß ein eleganter Sprachentwurf auch praktisch nützlich sein kann.

Objektbasierte Sprachen

Der prozedurale Stil wurde weiter durch die Überlegung verfeinert, daß Datenabstraktion bei der Beschreibung und Lösung von Problemen hilft; hierbei wird unter *Datenabstraktion* die Möglichkeit verstanden, die Daten und die darauf arbeitenden Prozeduren oder Funktionen in einer einzigen Struktur zusammenzuhalten. Dadurch erhält das Modul- oder Klassenkonzept eine wichtige Aufgabe bei der Programmkonstruktion.

Wesentliche Vertreter dieser Gruppe sind MODULA 2 und die maßgeblich vom amerikanischen Militär geförderte Sprache Ada. Beide Sprachen haben sich industriell nicht recht durchgesetzt, auch wenn MODULA 2 in der Grundvorlesung für Informatik in einigen Universitäten als Nachfolger von Pascal verwendet wurde, so daß gegenwärtig viele Informatiker ihre Kunst praktizieren, die MODULA als erste Sprache gelernt haben. Trotz oder wegen der massiven Förderung der Programmiersprache Ada durch das amerikanische Militär – es wurde eine Zeit lang gefordert, daß Kontrakte mit dem amerikanischen Verteidigungsministerium, die eine Programmiersprache verwenden, nur Ada benutzen durften – hat sich die Sprache nicht so recht durchgesetzt.

Objektorientierte Sprachen
Während die Klassen bei objekt*basierten* Sprachen nicht in eine Hierarchie eingeordnet sind, also semantisch keine Zusammenhänge zwischen den Daten explizit zu formulieren gestatten, sind die Spezialisierungshierarchien in objekt*orientierten* Sprachen genau die Innovation, die die weite Verbreitung dieser Sprachen gefördert hat. Zu dem gerade skizzierten Bild der Objektbasiertheit wird die Vererbung hinzugefügt, also die Möglichkeit, mit Spezialisierungshierarchien zu modellieren. Dadurch werden semantische Hierarchien in der Sprache verfügbar. Mit ihrer Hilfe wird es möglich, auch sprachlich das Allgemeine vom Besonderen zu trennen und so zu einer dem Problem stärker angepaßten Modellierung zu kommen. Dies wird weiter verfeinert, indem z. B. partiell implementierte Datentypen formuliert werden können, also abstrakte Klassen und Interfaces zur Verfügung stehen. Andere Eigenschaften wie friends können etwa in C++ benutzt werden und vervollständigen dieses Bild.

Gegenwärtig ist dieses Programmierparadigma das in der industriellen Software-Produktion am weitesten verbreitete, es ist außerordentlich populär, nützlich und wird durch Programmierumgebungen wie etwa Eclipse mit vielfältigen Varianten etwa für Android unterstützt. Es gibt mit UML (Unified Modeling Language) eine graphische Entwurfssprache mit einer Vielzahl von Diagrammtypen (die letzte Zählung bleibt bei vierzehn stehen), so daß es möglich ist, viele unterschiedliche Aspekte einer Problemlösung abzubilden.

Ein frühes Beispiel bildet die bei XeroxParc entwickelte Sprache Smalltalk, die nicht im erwarteten Umfang Anhänger gefunden hat. Die Sprache C++ ist ein Hauptvertreter dieses Paradigmas ebenso wie die Programmiersprache Java, die sich fast als *lingua franca* der Informatik etabliert hat. Es gibt diverse Varianten wie etwa C#. Auf der Entwurfsebene sind Entwurfsmuster, die von diesem Paradigma leben, gut erforscht und weit verfügbar. All das zeigt, daß das objektorientierte Paradigma außerordentlich lebendig und in der industriellen Software-Produktion akzeptiert ist.

Warum brauchen wir dann eigentlich eine weitere Programmiersprache? Es ist doch alles wunderbar geregelt durch Java, C++ oder andere Sprachen!

Na, ja ...
Die Modellierung im objektorientierten Sinne ist hilfreich, es gibt aber einige Probleme, über die man auch als bekennender, am objektorientierten Paradigma ausgerichteter Programmierer nicht hinwegsehen sollte. Nehmen wir ein typisches C++-Programm, so stellen wir fest, daß dieses Programm eine außerordentlich detaillierte Anweisung an

die Maschine zur Ausführung des Programms darstellt. Das ist ohne Zweifel notwendig, Computer sind schließlich Maschinen und keine denkenden Entitäten. Aber manche Dinge könnten bereits durch die Maschine und durch die darüber liegende Programmierumgebung erledigt werden. Das würde das Niveau der Abstraktion heben. Hierzu zählen die folgenden Punkte:

- Es ist nicht einzusehen, warum offensichtliche Dinge typisiert und deklariert werden müssen: "`Dies ist eine Zeichenkette`" muß nicht unbedingt als Zeichenkette deklariert werden, denn das ist offensichtlich. Die Maschine sollte also in der Lage sein, dies selbst abzuleiten.

- Könnten wir nicht auch auf unendlichen Strukturen arbeiten, dabei freilich zur rechten Zeit nur den Teil in der Maschine realisieren, den wir wirklich benötigen? Gelegentlich ergeben sich nämlich Problemstellungen, die über den natürlichen Zahlen formuliert sind, die aber natürlich nur in einem endlichen Ausschnitt in einem konkreten Programm gebraucht werden. Wir werden schnell etwa bei den Fibonacci-Zahlen auf ein solches Beispiel stoßen.

- Wieso ist es eigentlich notwendig, Hilfsvariablen zu deklarieren? Wenn ich über ein Feld iterieren will, so muß ich meist den Feldindex und gelegentlich auch die einzelnen Feldelemente explizit und separat deklarieren. Das Programm könnte das eigentlich selbst machen, falls die entsprechenden Informationen vorliegen.

- Wesentliche Eigenschaften des Algorithmus sollten im Vordergrund stehen, nicht aber Fragestellungen zur Speicherallokation, zu Schleifen und anderen Verzehrern von Programmiererzeit, die Aufwand fordern und Fehler verursachen können.

Wenn Sie sich gelegentlich bei der objektorientierten Programmierung diese Fragen gestellt haben, dann ist die Sprache `Haskell` möglicherweise ein erfolgversprechender Kandidat für Ihre Programmierbemühungen, und das sehen wir uns jetzt ein wenig genauer an.

1.2 `Haskell`: Eigenschaften

`Haskell` ist eine Programmiersprache, deren Bausteine aus Funktionen bestehen, und zwar aus Funktionen *im mathematischen Sinne*. Funktionen sind in diesem Ansatz mathematische Objekte, die Eingaben in Ausgaben transformieren, und zwar auf *referentiell transparente* Art: WANN IMMER EINE FUNKTION MIT DEMSELBEN ARGUMENT AUFGERUFEN WIRD, LIEFERT SIE DASSELBE ERGEBNIS. Das bedeutet insbesondere, daß Seiteneffekte nicht möglich sind, denn sie verstoßen ja gegen das Prinzip der referentiellen Transparenz. Objektorientierte Sprachen, die ihre Methoden natürlich auch als Funktionen zu benutzen gestatten, arbeiten dagegen öfter mit diesen Seiteneffekten und verstoßen damit gegen dieses Prinzip. Die Konzentration auf Funktionen erscheint auf den ersten Blick als starke Einschränkung. Bei näherem Nachdenken fällt aber auf, daß Funktionen (und Mengen) in der Mathematik **die** zentralen Objekte sind, es handelt sich also hier um ein sehr mächtiges Instrument. Wir werden aber sehen, daß die referentielle Transparenz nicht an jeder Stelle willkommen ist, so mächtig sie als Konzept auch ist. Das wird sich insbesondere bei der Diskussion der Ein- und Ausgabe zeigen.

Als weitere wesentliche Eigenschaft ist festzuhalten, daß in `Haskell` Funktionen *Bürgerrechte erster Klasse* besitzen. Das bedeutet, daß Funktionen als Parameter übergeben werden können, und daß sie auch als Ergebnisse von Funktionen auftauchen können, also fast ein Ansatz wie aus der Funktionalanalysis: Der Funktionsbegriff umfaßt damit auch den Begriff des Operators, also einer Funktion, die selbst wieder auf Funktionen operiert. Diese Eigenschaft erscheint auf den ersten Blick zunächst als eine ziemlich wilde Verallgemeinerung des funktionalen Ansatzes, dessen Praktikabilität nicht von vornherein feststeht. Es stellt sich aber heraus, daß es sich hier um eine außerordentlich mächtige Eigenschaft handelt, mit deren Hilfe sehr transparente Entwürfe auf elegante Art beschrieben werden können. Auch das werden wir sehen.

Eine weitere Eigenschaft von `Haskell` ist die verzögerte Auswertung (*lazy evaluation*). Ausdrücke werden nämlich nur dann ausgewertet, wenn sie benötigt werden. Dies steht im Kontrast zu Sprachen wie `Java` oder `C++`, in denen Ausdrücke von wenigen Ausnahmen abgesehen stets ausgewertet werden. Dies hat zwei Konsequenzen: Einmal ist es möglich, unendliche Strukturen zu formulieren, durch die verzögerte Auswertung werden nur solche Teile einer unendlichen Struktur im Speicher realisiert, die gebraucht werden. Dies erlaubt z. B. die Verwendung unendlicher Strukturen als transparente Hilfsmittel zur Formulierung von Algorithmen, wie wir gleich am einfachen Beispiel einer unendlichen Liste für die Darstellung von Fibonacci-Zahlen sehen werden. Der zweite Effekt der verzögerten Auswertung kann darin bestehen, daß die Effizienz verbessert wird: Nicht berechnete Strukturen kosten eben keine Rechenzeit und keinen Speicherplatz!

Auf der pragmatischen Ebene ist anzumerken, daß der Typ von Objekten automatisch und sehr genau vom Compiler inferiert wird. Es gibt daher auch die Möglichkeit, mit Typvariablen zu arbeiten, die sehr entfernt an generische Variablen in objektorientierten Sprachen wie `Java` oder `C++` erinnern, freilich weit über deren Möglichkeiten hinausgehen.

1.3 Eine erste Funktion

Ich nehme an, daß Sie mit dem Interpreter `GHCi` arbeiten; alle unsere Programme werden interpretiert. Allerdings werden wir die Programme nicht direkt in den Interpreter eingeben, wir werden vielmehr Dateien als *Skripte* anlegen, die dann in den Interpreter eingelesen werden. Die Namenskonventionen für die Skripte richten sich nach dem jeweiligen Betriebssystem, `Haskell`-Skripte tragen das Suffix `.hs`. Sie finden einige Erläuterungen zu `GHCi` in Anhang A.

Editieren Sie ein Skript mit dem Namen `add.hs`, das lediglich die Zeile

```
add a b = a + b
```

enthält. Wenn Sie diese Datei gespeichert haben, rufen Sie den Interpreter auf, der sich meldet und einige Pakete lädt, dann schreiben Sie nach dem Eingabeprompt: `:load` add.hs (die Kurzform :l add.hs tut's auch) oder wählen Sie diese Datei im Datei-Auswahldialog, den Sie im Datei-Menü unter *Öffnen* finden können. Die Datei wird geladen. Schreiben Sie jetzt nach der Eingabeaufforderung add 3 4, dann bekommen Sie 7 als Ergebnis, bei der Eingabe add 3.5 4 erhalten Sie 7.5. Wahnsinn.

Das ist fürwahr nicht besonders aufregend. Wir sehen uns trotzdem an, was geschieht. Zunächst haben wir bereits gesehen, daß der Interpreter die Datei lädt und dann, nachdem der Name der Funktion add mit entsprechenden Werten aufgerufen wurde, diese Funktion evaluiert. Die Funktion add wurde durch die Zeile add a b = a + b definiert. Hierbei ist add der Name der Funktion. *Funktionsnamen **müssen** mit einem kleinen Buchstaben beginnen.* Die formalen Parameter für diese Funktion sind a und b. Es muß kein expliziter Typ vorgesehen werden, wir müssen hier also keine explizite Typ-Angabe machen. Im Allgemeinen werden Parameter als Listen von Namen angegeben, die einzelnen Namen werden durch Leerzeichen (und **nicht** durch Kommata) voneinander getrennt. Diese Idee folgt einer Systematik, die wir gleich genauer betrachten werden. Der Rumpf der Funktion findet sich nach dem Gleichheitszeichen, er besteht aus einem Ausdruck, der angibt, was mit den Parametern zu geschehen hat. Der bei Bedarf berechnete Wert ist dann der Rückgabewert der Funktion. Sie sehen, daß Typ-Angaben bei den Parametern und beim Rückgabewert der Funktion fehlen. Vergleichen Sie dies mit den Gegebenheiten in C oder in Java, bei denen jeder Parameter getypt sein muß, der Rückgabewert einer Methode wird dort ebenfalls getypt.

Daß wir das in Haskell nicht tun müssen, ist dem Inferenz-Algorithmus für die Typisierung zu verdanken, auf den wir gelegentlich stoßen werden. Der Funktionsaufruf ersetzt die formalen Parameter durch die Werte der aktuellen Parameter. Hierdurch entsteht ein Ausdruck, der ausgewertet und dessen Wert zurückgegeben werden kann.

Vergleichen wir den Einzeiler von oben mit einer entsprechenden Funktion in Java. Da wir ganzzahlige Werte und reelle Werte miteinander verarbeiten, ist es notwendig, dem Rückgabewert entsprechend zwei Methoden zu schreiben. Hier sind sie:

```
public int add (int a, int b) {
      return a + b;
}
public float add (float a, float b) {
      return a + b;
}
```

Um 3.5 zu 4 zu addieren (und ein Ergebnis vom Typ float zu erhalten), muß der folgende Aufruf durchgeführt werden: add (3.5, (float) 4), der Aufruf selbst muß in ein Hauptprogramm eingebettet werden, dessen Angabe ich uns hier erspare. Bemerkenswert ist, daß eine explizite Typ-Umwandlung durchgeführt werden muß, was in Haskell, wie wir gesehen haben, nicht notwendig ist. Wir können nicht nur den Typ von Variablen bestimmen, in Haskell haben Funktionen ebenfalls einen Typ. Durch Eingabe von :type add oder :t add können wir den Typ der Funktion erfahren (>>> ist die Eingabeaufforderung des Interpreters):

```
>>> :type add
add :: (Num a) => a -> a -> a
```

1.3 Eine erste Funktion

Zunächst einmal ist zu bemerken, daß `:type` oder `:t` den Typ eines Objekts in `Haskell` abzufragen erlaubt. In unserem Fall erhalten wir als Antwort, daß, falls `a` ein numerischer Typ ist, die Signatur der Funktion von dieser Gestalt ist: `a -> a -> a`. Auch das ist noch nicht ganz verständlich und soll erläutert werden. Falls wir für eine Funktion `f` eine Typ-Angabe der Form `f :: a -> b` haben, so bedeutet das, daß die Funktion `f` einen Wert vom Typ `a` als Argument erwartet und einen Wert vom Typ `b` produziert. Jetzt stehen aber in unserer Typ-Angabe für die Funktion `add` zwei Pfeile. Eine Typ-Angabe der Form `a -> b -> c` wird wegen der Rechts-Assoziativität von `->` als `a -> (b -> c)` interpretiert. Daher bedeutet die Typ-Angabe für eine Funktion `f`, die `a -> b -> c` als Typ hat, daß `f` ein Argument vom Typ `a` nimmt und eine (zunächst anonyme) Funktion als Wert zurückgibt, die selbst wieder ein Argument vom Typ `b` erwartet und ein Resultat vom Typ `c` produziert. Eine Funktion mit zwei Argumenten ist also im Wesentlichen eine Funktion mit einem Argument, die als Resultat wiederum eine Funktion mit einem Argument produziert, die dann das Gewünschte liefert.

Das klingt kompliziert, daher wollen wir uns die Verhältnisse kurz mathematisch ansehen.

1.3.1 Curryfizierung

Betrachten wir $f : \mathbb{R} \times \mathbb{R} \to \mathbb{R}$ mit $f(x,y) := x + y$. Wenn wir $x \in \mathbb{R}$ festhalten, haben wir die partielle Abbildung $F_x : y \mapsto f(x,y)$, also $F_x : y \mapsto x + y$. Damit gilt etwa $F_3(y) = 3 + y$. Also ist offensichtlich $F_x : \mathbb{R} \to \mathbb{R}$, und $x \mapsto F_x$ ist eine Abbildung

$$\mathbb{R} \to (\mathbb{R} \to \mathbb{R}) = \mathbb{R} \to \mathbb{R} \to \mathbb{R}.$$

Nun gilt aber nach Konstruktion $f(x,y) = F_x(y)$, daher $f : \mathbb{R} \to \mathbb{R} \to \mathbb{R}$. Also bedeuten

$$\mathbb{R} \to \mathbb{R} \to \mathbb{R}$$

und

$$\mathbb{R} \times \mathbb{R} \to \mathbb{R}$$

wirklich dasselbe.

Dieser Prozess hat den dankbaren Namen *Curryfizierung*, nach dem amerikanischen Logiker HASKELL B. CURRY, 1900-1982. Curry hat wesentliche Beiträge zum λ-Kalkül geleistet. Der Name `Haskell` ist also kein Akronym, sondern der Vorname dieses bedeutenden Logikers.

Wir sehen, daß Funktionen in `Haskell` lediglich einen einzigen Parameter haben, auch wenn es so aussieht, als hätten sie zwei oder mehr. Wir können regelmäßig durch Curryfizierung Funktionen mehrerer Parameter auf Funktionen mit einem Parameter zurückführen. Das hat einige interessante Konsequenzen.

Bevor wir diese Konsequenzen diskutieren, soll angemerkt werden, daß die Funktion `add` auch als Infix-Operator verwendet werden kann, wir können also statt `add 3 4` schreiben 3 `add` 4. Wir können jede Funktion, die zwei Parameter entgegen nimmt, als binären Operator verwenden. Das ist gelegentlich ganz hilfreich, weil man manche

Funktionen anschaulich gerne als binären Operator auffassen möchte. Der umgekehrte Weg ist ebenfalls möglich, so kann z. B. die Funktion + als Funktion mit zwei Argumenten verwendet werden, dabei muß der Name des Operators in Klammern eingesetzt werden, es ergibt sich also: (+) 3 4, was das Gleiche ist wie 3 + 4. Binäre Operatoren und Funktionen mit zwei Argumenten können also untereinander ausgetauscht werden.

Kommen wir aber zurück zu der Beobachtung, daß wir Funktionen curryfizieren können, und betrachten die Funktion, die entsteht, wenn wir das erste Argument der Funktion add zu 3 einfrieren. Da 3 eine ganze Zahl ist, entsteht also aus der obigen Typisierung die Information, daß add 3 den Typ a -> a hat, wobei a ein numerischer Typ sein muß. Wir können also etwa schreiben (add 3) 4, was nach den obigen Überlegungen gleichwertig sein sollte zu add 3 4. Diese Vorgehensweise, das Einfrieren des ersten Parameters, bezeichnet man als *partielle Applikation*. Auf diese Weise kann man, wie wir sehen werden, aus alten Funktionen neue machen. Es gibt in prozeduralen oder auch in objektorientierten Sprachen ebenfalls diese Möglichkeit der partiellen Applikation, sie erfordert jedoch die explizite Definition einer neuen Methode.

Spielen wir mit diesem neuen Mechanismus ein wenig herum:

```
>>> let r = (+) 3
>>> r 4
7
```

Der Name r wird durch den let-Ausdruck an die Funktion (+) 3 gebunden. Die Auswertung r 4 leistet also Folgendes: r wird zu einer Funktion evaluiert, die dann auf das Argument 4 angewandt wird. Daraus ergibt sich in natürlicher Weise das Resultat 7.

Der Vorgang ist wenig komplizierter, als es dem bloßen Auge auf den ersten Blick erscheint. Wir betrachten das Folgende:

```
>>> let r = (+) 3
>>> let m = (*) 6
>>> :type r
r :: Integer -> Integer
:type m
m :: Integer -> Integer
>>> r m 5
<interactive>:1:2:
    Couldn't match expected type 'Integer'
          against inferred type 'Integer -> Integer'
    In the first argument of 'r', namely 'm'
    In the expression: r m 5
    In the definition of 'it': it = r m 5
```

Was geschieht hier eigentlich?

Einiges scheint falsch zu laufen, sonst hätten wir nicht diese leicht unübersichtliche Fehlermeldung bekommen. Wir sehen zunächst, daß die Funktion r vom Typ Integer -> Integer ist. Also erwartet r eine ganze Zahl als Argument. Die Auswertung r m 3 erwartet daher ein ganzzahliges Argument für r, m ist aber keine ganze Zahl, vielmehr eine

Funktion des Typs `Integer -> Integer`. Wir versuchen also durch diesen Ausdruck der Funktion `r` ein unpassend typisiertes Argument unterzuschieben. Daher reagiert der Interpreter mit Unwillen und stellt fest, daß eine unverträgliche Typisierung vorliegt. Wir hätten vielmehr so vorgehen müssen: Um die Typbedingungen für die Funktion `r` zu erfüllen, hätten wir zunächst `m 5 (= 6 * 5)` evaluieren müssen. Dies resultiert in einer ganzen Zahl, die dann als Argument für die Funktion `r` dienen kann. Daher wäre der korrekte Aufruf `r (m 5)` gewesen. Wenn wir dies in den Interpreter eingeben, so bekommen wir als korrektes Resultat den Wert `33`, was zu Freudenausrufen (wie etwa JUBEL!) Anlaß geben könnte.

1.3.2 Anonyme Funktionen

Funktionen müssen nicht notwendig einen Namen haben; das haben sie ja auch in der Mathematik nicht, wenn man etwa die Funktion $n \mapsto n + 1$ verwendet; man spricht dann über die Nachfolgerfunktion und behandelt sie als Abstraktion. In `Haskell` wird aus dieser Funktion eine anonyme Funktion `(\x -> x + 1)`. Hier ist `x` der freie Parameter, der den Wert des Arguments aufnimmt, also `(\x -> x + 1) 3 = 4` mit dieser Typisierung

```
(\x -> x + 1) :: (Num a) => a -> a.
```

Hat also das Argument für diese anonyme Funktion einen numerischen Typ `a`, so erhalten wir eine Funktion `a -> a`. Das Symbol `\` soll an λ erinnern, das Symbol, mit dem im λ-Kalkül Funktionen bezeichnet werden; deshalb werden anynome Funktionen gelegentlich als λ-*Abstraktion* bezeichnet. Wir brauchen nicht bei einem Argument stehen zu bleiben: `(\x y -> x + y) 3 4 = 7`. Beim Aufruf wird also auch hier die Definition der Funktion in Klammern gesetzt, dann folgen die Parameter. Die Funktion

```
(\x -> if x > 0 then "positiv" else if x < 0
                                   then "negativ" else "null")
```

untersucht ihr numerisches Argument hat eine entsprechende Zeichenkette als Wert. Die parameterlose Funktion `mal3 = (\x -> 3 * x)` gibt eine Lambda-Abstraktion zurück, die funktional äquivalent zur Funktion `(3 *)` ist (und auf diese Weise eigentlich einfacher ausgedrückt werden kann). Lambda-Abstraktionen können als Parameter an Funktionen (also auch an andere Lambda-Abstraktionen) übergeben werden:

```
(\f -> f 4) (\x -> x * 3)
```

Die links stehende Funktion `(\f -> f 4) :: (Num t) => (t -> t1) -> t1` wendet die Funktion, die als Argument präsentiert wird, auf den Wert `4` an. Wir übergeben die Funktion `(\x -> x * 3) :: (Num a) => a -> a` als Argument; wir hätten das auch formulieren können als `(\f -> f 4) (*3)`.

Die Verwendung anonymer Funktionen bietet sich meist dort an, wo es sich nicht lohnt, eine Funktion explizit an einen Namen zu binden. Daher ist dieser Mechanismus syntaktisch einigermaßen eingeschränkt: Der Rumpf einer anonymen Funktion darf nur aus einem einzigen Ausdruck bestehen, so daß mehrere Klauseln wie z.B. in

```
(\x ->
   | x > 0 = "positiv"
   | otherwise = "nicht positiv")
```

nicht erlaubt sind. Eine anonyme Funktion kann auch nicht rekursiv sein. Die durch \ gebundenen Namen sind lokal und verschatten etwaige äußere Bindungen desselben Namens.

```
>>> (\x -> 3 * (\x -> 17 + x) x) 15
96
```

Der Ausdruck wird ausgewertet als `3 * (\x -> 17 + x) 15`, was das Resultat `96` erklärt.

1.4 Operatoren und vordefinierte Typen

In der Tabelle 1.1 finden Sie einige wichtige Operatoren ausgeführt. Sie sehen, daß einige Operatoren als rechts-, andere als links-assoziativ gekennzeichnet sind. Dabei heißt ein Operator ⓒ *links-assoziativ*, falls $X \odot Y \odot Z$ bedeutet $(X \odot Y) \odot Z$; analog ist Rechts-Assoziativität definiert. Die *Priorität* eines Operators bestimmt, wann er im Zusammenspiel mit anderen Operatoren ausgewertet wird. So wird z. B. in dem arithmetischen Ausdruck `1 + 2 * 3` nach der guten alten Regel "Punktrechnung geht vor Strichrechnung" zunächst die Multiplikation ausgewertet (denn sie hat die Priorität 7), dann erst die Addition, deren Priorität aus der Tabelle mit 6 abgelesen werden kann. Die Priorität kann natürlich durch Klammern geändert werden: `(1 + 2) * 3` ergibt 9.

Operator	Bedeutung	Assoziativität	Priorität
+	Addition	links	6
-	Subtraktion	links	6
*	Multiplikation	links	7
^	Exponentiation	rechts	8
/	Division	links	7
div	ganzzahlige Division	links	7
mod	Remainder	links	7
==	Test auf Gleichheit		4
&&	logisches Und	links	3
$	f $ a == f a	rechts	0
||	logisches Oder	links	2
Funktionsanwendung		links	10

Tabelle 1.1: *Einige binäre Operatoren*

Wir haben die Möglichkeit, uns über Operatoren mit Hilfe von `:info` im Interpreter zu informieren, vgl. Anhang A.

1.4 Operatoren und vordefinierte Typen

Typ	Name	Beispiel
`Int`	ganze Zahlen	17
`Integer`	ganze Zahlen	123456789012345678
`Float`	reelle Zahlen	2.1256363
`Double`	reelle Zahlen	2.1256363
`Bool`	Wahrheitswerte	True
`Char`	Zeichen	'a'
`String`	Zeichenketten	"JKL"

Tabelle 1.2: Einige vordefinierte Typen

```
>>> :info ||
(||) :: Bool -> Bool -> Bool
        -- ...
infixr 2 ||
```

Der Operator || für die Disjunktion ist also rechts-assoziativ und hat die Priorität 2.

Der Operator $ dient der Funktionsanwendung; für f :: a -> b gilt f $ x = f x. Er ist rechts-assoziativ und hat die Priorität 0. Also wird dieser Operator als letztes ausgewertet, so daß im Ausdruck f $ x zunächst der Wert des Arguments x ausgewertet wird, dieser Wert wird dann an die Funktion f übergeben. So wird im Ausdruck f $ g x zunächst g x berechnet, auf diesen Wert wird dann f angewandt.

In der Tabelle 1.2 finden Sie einige der vordefinierten Typen in Haskell gemeinsam mit einigen beispielhaften Werten. Sie sehen, daß es zwei ganzzahlige Typen gibt, Int und Integer, der Typ Int beschränkt die Größe der darstellbaren ganzen Zahlen auf das, was in der Maschine direkt dargestellt werden kann, der Typ Integer erlaubt ganzzahlige Operationen beliebiger Größe.

Es gibt offenbar zahlreiche numerische Typen, mit denen man das mathematische Objekt *Zahl* repräsentieren kann; Sie sehen, daß die reellen Zahlen durch zwei Typen Float für einfache Präzision und Double für doppelte Genauigkeit dargestellt werden.

Sie sehen auch an der Tabelle, daß einzelne Zeichen 'a' von Zeichenketten "JKL" getrennt repräsentiert werden, so daß insbesondere die Zeichenkette "J" von dem Einzelzeichen 'J' unterschieden werden muß. Zeichenketten (also der Datentyp String) sind Spezialfälle der Listenkonstruktion, denen wir uns in Kapitel 2 zuwenden werden.

Eigene Operatoren

Wir können eigene Operatoren definieren.

```
infix %
(%) x y = x ++ y ++ x

>>> "abc" % "ABC"
```

```
"abcABCabc"
>>>  "abc" % "ABC" ++ "123"
"abcABCabc123"

>>> :info %
(%) :: [a] -> [a] -> [a]
        -- Defined at ...
infix 9 %
```

Damit definieren wir einen Infix-Operator % der Priorität 9, ohne die Assoziativität des Operators festzulegen (der Operator ++ hat die Priorität 5). Wir können auch die Priorität des Operators ändern

```
infix 3 %
(%) x y = x ++ y ++ x

>>> "abc" % "ABC" ++ "123"
"abcABC123abc"
```

oder ihn als links- oder rechts-assoziativ kennzeichnen.

Diese selbstdefinierten Operatoren sollten mit diesen Zeichen gebildet werden

```
! # $ % & * + . / < = > ? \ ^ | : - ~
```

Dabei sind einige Kombinationen reserviert und können nicht benutzt werden

```
.. : :: => = \ | ^ -> <-
```

Diese Operatoren dürfen nicht mit einem Doppelpunkt beginnen. Das ist für Infix-Konstruktoren reserviert, ein Beispiel findet sich auf Seite 76. Bei der Wahl des Namens sollte berücksichtigt werden, daß einige Operatoren ihre eigene Bedeutung haben können (etwa - oder !).

1.5 Module

Umfangreiche Programme werden in `Haskell` durch Module gegliedert, also abgeschlossene Programm-Teile, die bei Bedarf importiert oder auch exportiert werden können. Sehen wir uns zunächst ein einfaches Beispiel an:

```
module Adam where
zwi = " ## "
dupl x = x ++ zwi ++ x
```

Der Modul `Adam` wird vereinbart, indem das Schlüsselwort `module` gefolgt wird vom Namen `Adam` des Moduls und der Definition der Daten in dem Modul. Diese Definition

1.5 Module

wird durch `where` eingeleitet. In diesem Modul werden zwei Funktionen definiert, eine parameterlose Funktion `zwi` und eine Funktion `dupl`, die mit einer Zeichenkette eine einfache Operation durchführt (`++` ist der Konkatenationsoperator für Listen und damit für Zeichenketten, vgl. Abschnitt 2.1). Der Name des Moduls beginnt mit einem großen Buchstaben. Speichern Sie diesen Modul unter dem Namen `Adam.hs` ab. Schreiben Sie ein Skript, das diesen Modul verwendet, z. B. das folgende:

```
import Adam
meinTest x xs = x 'elem' (dupl xs)
```

Wir importieren also den Modul `Adam`, dabei machen wir die beiden dort definierten Namen `zwi` und `dupl` für das importierende Programm sichtbar und damit zugreifbar. Nun kann sich herausstellen, daß der Name der parameterlosen Funktion im Folgenden eigentlich nicht benötigt wird, weil sie lediglich Hilfsaufgaben übernimmt. Das geschieht ja recht häufig, wie Sie etwa aus `C++` oder `Java` wissen: Hier greifen in einer Klasse definierte Methoden gelegentlich auf lokale, nach außen nicht sichtbare Methoden oder Attribute zu.

In den gerade genannten objekt-orientierten Sprachen wird das Verbergen von Namen durch Zugriffsspezifikationen geregelt. Möchte man ein Attribut oder eine Methode in `Java` nach außen sichtbar machen, so zeichnet man sie mit der Zugriffsspezifikation `public` aus. Dies ist die im anonymen Paket voreingestellte Spezifikation. Möchte man ein Attribut oder eine Methode nicht nach außen sichtbar machen, so wird sie mit `private` gekennzeichnet, es gibt Zwischenstufen, die uns jetzt jedoch hier nicht interessieren.

In `Haskell` wird das Verbergen von Namen anders geregelt: Es wird explizit gesagt, welche Namen exportiert werden. Wenn ich also nur die Funktion `dupl`, die im Modul definiert worden ist, nach außen sichtbar, also zugreifbar machen möchte, so wird der Name in einer Liste, die in Klammern hinter dem Modulnamen steht, vermerkt. Die Definition des Moduls bekommt diese neue Kopfzeile:

```
module Adam (dupl) where
zwi = " ## "
dupl x = x ++ zwi ++ x
```

Nehmen wir also wieder unser Testskript und lassen die Funktion arbeiten, so stellt sich heraus, daß dies unverändert geschieht; wenn wir jedoch versuchen, den Namen der Funktion zu benutzen, die nun nicht in der Export-Liste steht, so fallen wir damit auf die Nase:

```
Ok, modules loaded: Adam, Main.
>>> meinTest 'a' "abc"
True
>>> zwi

<interactive>:1:0: Not in scope: 'zwi'
```

Auf diese Art haben wir also eine ganz gute Kontrolle darüber, welche Namen aus einem Modul exportiert werden. Wir haben natürlich dadurch die Freiheit, nicht-exportierte Namen noch einmal zu definieren, ohne daß Namenskonflikte auftauchen können.

Versuchen wir unser Glück weiterhin, indem wir spaßeshalber eine Funktion `concat` definieren, die eine Zeichenkette umkehren soll. Nun können Sie fragen, was geschieht, wenn eine Funktion mit diesem Namen bereits existiert: Wie kann dann der entsprechende Namenskonflikt aufgelöst werden? Sehen wir uns zunächst eine erste Definition an:

```
module Adam where
zwi = " ## "
dupl x = x ++ zwi ++ x
concat xs = reverse xs
```

Hier stellen wir fest, daß in der Tat der Namenskonflikt nicht aufgelöst wird, weil beim Auftreten des Namens `concat` nicht klar ist, ob unsere selbstdefinierte Funktion oder die im `Prelude` definierte Funktion `concat` gemeint ist (das `Prelude` ist die Systemumgebung, die zu Beginn einer Sitzung von `GHCi` geladen wird, vgl. Abschnitt A.1.1):

```
>>> concat "abc"

<interactive>:1:0:
    Ambiguous occurrence 'concat'
    It could refer to either 'Adam.concat', defined at ...
                        or 'Prelude.concat', imported from Prelude
```

Wir lösen den Namenskonflikt, indem wir den Modul `Prelude` importieren, jedoch explizit verhindern, daß die dort definierte Funktion `concat` exportiert wird:

```
module Adam where
import Prelude hiding (concat)
zwi = " ## "
dupl x = x ++ zwi ++ x
concat xs = reverse xs
```

Beachten Sie hierbei, daß wir keine Export-Liste zur Verfügung stellen, so daß also alle Namen exportiert werden. Würden wir eine Export-Liste zur Verfügung stellen, die alle Funktionen bis auf parameterlose exportieren würde, so wäre für die benutzende Umgebung bei Nennung des Namens nicht klar, welche Version von `concat` gemeint ist, denn der verhinderte Import aus `Prelude` wird ja erst im Rumpf unseres Moduls `Adam` sichtbar. Ohne weitere Vorsichtsmaßnahmen würde das bedeuten, daß alle Namen, die in dem Modul definiert werden (und auch exportiert werden), für weitere Namensgebungen nicht zur Verfügung stehen.

Hier hilft jedoch der eingeschränkte Import: Sehen wir uns das folgende Beispiel an (`'elem'` überprüft die Mitgliedschaft in einer Liste, siehe Abschnitt 2.1):

```
import Adam (dupl,concat)
meinTest x xs = x `elem` (dupl xs)
zwi xs = xs ++ " ulkiges Beispiel " ++ (concat xs)
```

Im Modul `Adam` werden wie oben die drei Funktionen exportiert, weil wir keine Exportbeschränkungen formuliert haben. Der Import

```
import Adam (dupl,concat)
```

beschränkt jedoch die Funktionen aus dem Modul, die wir verwenden wollen: Wenn wir lediglich die Funktion `dupl` und `concat` importieren wollen, so geben wir ihre Namen in einer Liste nach dem Modulnamen an. Dadurch haben wir die Freiheit, den Namen der parameterlosen Funktion weiter zu verwenden, Sie sehen, daß wir hier nicht auf Namenskonflikte stoßen.

Solche Namenskonflikte können ebenfalls durch den qualifizierten Import vermieden werden. Hierbei importieren wir nach wie vor die entsprechenden Namen durch die Import-Klausel für den Modul, benutzen sie jedoch nur in qualifizierter Form, indem wir den Namen des Moduls vor die Funktion schreiben; beide werden durch einen Punkt (ohne Leerzeichen) voneinander getrennt. In unserem Beispiel sieht das dann so aus:

```
import qualified Adam
meinTest x xs = x `elem` (Adam.dupl xs)
zwi xs = "Ein Text " ++ Adam.zwi
```

Sie sehen, daß wir den Namen `zwi` zur Definition einer neuen Funktion verwenden können, obgleich eine Funktion mit diesem Namen von dem Modul exportiert wird. Eine Alternative bei langen Modulnamen besteht darin, beim Import eine Abkürzung anzugeben, also in unserem Beispiel etwa

```
import Adam (dupl,concat) as A
```

Dann würden wir statt `Adam.zwi` schreiben müssen `A.zwi`.

Das obige Beispiel sollte auch klargemacht haben, daß wir innerhalb von Modulen ebenfalls Importe und Exporte anderer Module zur Verfügung haben. Wir werden einige Feinheiten weiter unten auf Seite 93 diskutieren, wenn wir Datentypen zur Verfügung haben.

1.6 Paare

Bevor wir uns einer ersten, allgemeinen Diskussion von Typklassen zuwenden, soll zum Verständnis kurz über elementare Typkonstruktionen gesprochen werden.

`Haskell` verfügt über *Typkonstruktoren* wie z. B.

Funktionen: Eine Funktion vom Typ a -> b akzeptiert einen Wert vom Typ a und gibt einen Wert vom Typ b zurück;

Listen: [a] ist der zum Typ a gehörige Listentyp – seine Elemente bestehen aus Listen, deren Elemente vom Typ a sind. An dieser Stelle wird schon deutlich, daß die Typen der einzelnen Listenelemente übereinstimmen müssen, also nicht gemischt sein dürfen;

Paare: (a,b) bezeichnet den Typ aller Paare, deren erstes Element vom Typ a, deren zweites Element vom Typ b ist. Damit haben wir also die Möglichkeit, heterogene Daten in einer Datenstruktur zu fassen.

Wir wollen uns kurz mit Paaren beschäftigen, weil sie für das Verständnis des Folgenden hilfreich sind. Listen werden im Folgenden in einem eigenen Abschnitt behandelt, Funktionen werden allüberall diskutiert.

Paare

Nun also Paare. Betrachten Sie das folgende Beispiel:

```
>>> let r = (1, 'a')
>>> :type r
r :: (Integer, Char)
>>> fst r
1
>>> snd r
'a'
```

Also ist r ein Paar, dessen erste Komponente ganzzahlig (genauer vom Typ `Integer`) ist, die zweite Komponente ist vom Typ `Char`. Die Bindung dieses Wertes an den Namen r geschieht durch `let`. Durch die Funktionen `fst` und `snd` können wir die erste bzw. die zweite Komponente extrahieren, offensichtlich ist `fst` die Abkürzung von *first*, `snd` die von *second*. Eine Typisierung dieser Funktion ergibt die folgenden Ergebnisse:

```
>>> :type fst
fst :: (a, b) -> a
>>> :type snd
snd :: (a, b) -> b
```

`fst` ist also eine Funktion, die ein Paar vom Typ (a,b) auf ein Element vom Typ b abbildet, ähnlich agiert die Funktion `snd`. Schauen wir uns ein Beispiel an:

```
>>> let pair = (1, (+))
>>> (snd pair) (fst pair) 99
100
```

Hierbei ist also `snd pair` die Funktion `(+)`, die wir aus dem Additionsoperator gewinnen können, die erste Komponente von `pair` ergibt den ganzzahligen Wert 1. Daher ist

```
              (snd pair) (fst pair) :: Integer -> Integer
```
die Implementierung der ganzzahligen Funktion $x \mapsto 1 + x$.

Paare sind Spezialfälle von Tupeln, nämlich Tupel der Länge 2; `Haskell` unterstützt auch mehrstellige Tupel. (`"alles"`, `1`, `True`, `(17, 4)`, `"paletti"`) ist ein Tupel der Länge 5 des Typs (`[Char]`, `Integer`, `Bool`, `(Integer, Integer)`, `[Char]`). Es gibt allerdings keine `fst` und `snd` entsprechende Funktionen.

1.7 Typklassen

Wir haben einige Typen und einige Operationen auf diesen Typen gesehen, das soll jetzt systematisiert werden. Eine *Typklasse* beschreibt das Verhalten eines Typs durch Angabe der Operationen, die auf ihm durchgeführt werden können. Hierzu gehören zum Beispiel

- der Test auf Gleichheit,
- die Darstellung von Werten,
- das Lesen von Werten (als konverse Operation zur Darstellung),
- der Größenvergleich zwischen Elementen des Typs.

Bevor wir in eine Diskussion eintreten, soll angemerkt werden, daß die Klassenorientierung bei `Haskell` ein anderes Konzept repräsentiert als in prozeduralen oder objektorientierten Sprachen.

In einer objektorientierten oder objektbasierten Sprache bestimmt die Klassenzugehörigkeit den Typ eines Objekts: Wenn Sie ein Objekt benutzen wollen, müssen Sie es in der Regel mit Hilfe eines Konstruktors aus einer Klasse erzeugen. Etwas vergröbert gibt eine Klasse also eine Kollektion von Werten an, gleichzeitig werden die legalen Operationen auf diesen Werten definiert, und Konstruktoren erzeugen die Instanzen der Klasse. Schließlich bestimmen Zugriffsspezifikationen, wie auf die einzelnen Komponenten einer Klasse zugegriffen werden kann (in `Java` etwa `public`, `private` oder `protected`).

Die Verhältnisse liegen in `Haskell` anders. Eine Typklasse spezifiziert eine Schnittstelle zu Operationen, die von allen Typen dieser Klasse benutzt werden können. Sie ist in dieser Hinsicht mit einem Interface in `Java` vergleichbar. In `Java` werden die Operationen auf den Instanzen einer Klasse zur Definitionszeit festgelegt und meist auch dort definiert, in `Haskell` ist es möglich, zunächst einen Typ zu definieren und an anderer Stelle die Zugehörigkeit des Typs zu einer Typklasse zu spezifizieren. Während also in `Java` ein vorhandenes Interface die später hinzukommende implementierende Klasse bindet, erklärt in `Haskell` ein Typ seinen Beitritt zu einer Typklasse. Damit bindet er die Signatur der entprechenden Operationen an die in der Typklasse angegebenen Signaturen. Wir werden sehen, wie das geht, sobald wir in der Lage sind, eigene Typen zu deklarieren.

Eq

Die Typklasse Eq erlaubt den Vergleich zweier Werte, sofern der zugrunde liegende Typ Mitglied dieser Typklasse ist. Die fundamentale Funktion ist der Test auf Gleichheit, also die Funktion == , deren Typ wie folgt aussieht:

```
>>> :type (==)
(==) :: (Eq a) => a -> a -> Bool
```

Die Negation, also die Funktion /=, hat ebenfalls diese Signatur:

```
>>> :type (/=)
(/=) :: (Eq a) => a -> a -> Bool
```

Die Typangabe besagt, daß, falls a ein Typ ist, der zur Typklasse Eq gehört, die Funktion == zwei Argumente vom Typ a nimmt und einen Booleschen Wert, also einen Wahrheitswert produziert. Da sich bei /= um die Negation von == handelt, ist es übrigens meist ausreichend, die Funktion == für Instanzen eines Typs zu definieren: Haskell leitet daraus die Definition von /= ab. Die Spezifikation dieser Typklasse ist also schon durch die Angabe der Funktion == vollständig. In vergleichbaren Fällen sagen wir, daß die Angabe einer Menge von Funktionen für eine Typklasse *minimal vollständig* ist, wenn es Haskell gelingt, alle Funktionen dieser Typklasse vollständig daraus zu konstruieren.

Zurück zur Klasse Eq. Die Vorbedingung zur Anwendung der Funktion == besteht also darin, daß der entsprechende Typ ein Element dieser Typklasse ist, was wiederum erfordert, daß diese Funktion implizit oder explizit definiert sein muß. Wir werden später sehen, wie wir das bewerkstelligen.

Funktionen können wir bekanntlich **niemals** auf Gleichheit überprüfen. Daraus folgt, daß die Mitgliedschaft eines Typs in dieser Typklasse nicht automatisch gewährleistet ist und explizit geregelt werden muß.

Ord

Ord a besagt, daß der Typ a Mitglied in der Typklasse Ord ist, mit deren Hilfe man Größenvergleiche durchführen kann. Dieser Typ hat die üblichen Booleschen Funktionen <, <=, >=, > und eine Funktion compare mit diesen Typisierungen:

```
>>> :type (>)
(>) :: (Ord a) => a -> a -> Bool
>>> :t compare
compare :: (Ord a) => a -> a -> Ordering
```

Der Vollständigkeit halber haben wir auch gleich die Funktion compare und den Größenvergleich typisiert. Man muß also, um etwa die Funktion (>) anwenden zu können, sicherstellen, daß die zu vergleichenden Objekte einem Typ angehören, der Mitglied der Typklasse Ord ist. Ist dies der Fall, so wird ein Boolescher Wert als Resultat geliefert. Der genannte Typ Ordering, der bei der Typisierung der Funktion compare aufgetaucht ist, ist ein diskreter Typ, also ein Typ der Klasse Enum, dessen Werte durch Aufzählung

1.7 Typklassen

bestimmt werden. Er hat lediglich drei Werte `GT`, `LT` und `EQ` und ist ganz praktisch bei Vergleichen, die sonst recht komplex ausfallen würden. Die Funktion `compare` liefert Elemente dieses Typs, für ganze Zahlen ergibt sich, wie zu erwarten, etwa für 3 `'compare'` 5 der Wert LT.

Show

Um Elemente eines Typs darstellen zu können, wird eine Repräsentation mit Hilfe von Zeichenketten konstruiert. Die entsprechende Funktion heißt `show` mit

```
>>> :type show
show :: (Show a) => a -> String
```

Falls also ein Wert eines Typs `a` dargestellt werden soll, und der Typ `a` der Typklasse Show angehört, so wird eine Zeichenkette aus diesem Wert berechnet. Auch dies ist nicht bei jedem Typ der Fall, wie man sich leicht am Beispiel von Funktionstypen klarmacht. Daher muß die Funktion `show` explizit oder implizit für jeden darzustellenden Typ definiert werden. Beachten Sie, daß die Typklasse Show heißt und – wie die Namen aller Typklassen – mit einem großen Anfangsbuchstaben geschrieben wird, während der Name der Funktion `show` mit einem kleinen Buchstaben beginnt.

Sehen wir uns die folgenden Beispiele an:

```
>>> show (4 + 6)
"10"
>>> show ('a', 13)
"('a',13)"
>>> (show (4 + 6)) ++ (show ('a', 13))
"10('a',13)"
```

Meist wird die Funktion `show` für zusammengesetzte Typen definiert, indem man auf die Implementierung von `show` für die Typen der einzelnen Komponenten zugreift.

Read

Die Typklasse Read kann dazu benutzt werden, eine Zeichenkette zu lesen und in den entsprechenden Wert zu konvertieren; dieser Wert wird dann als Resultat des Funktionsaufrufs zurückgegeben. Sehen wir uns Beispiele an:

```
>>> read "[1, 2, 3]" ++ [5]
[1,2,3,5]
>>>> read "3" + 9
12
```

Das sieht einigermaßen selbsterklärend aus, ist jedoch nicht ohne Tücken, wie das folgende Beispiel andeutet:

```
>>> read "3"

<interactive>:1:0:
    Ambiguous type variable 'a' ...
```

Haskell kann den Typ des Resultats nicht genau bestimmen: Es könnte eine ganze Zahl sein (vielleicht eine ihrer vielen Varianten, siehe unten). Es kann aber auch eine reelle Zahl in einer der vorhandenen Varianten vorliegen. Also ist die Angabe mehrdeutig und muß durch eine Typannotation eindeutig gemacht werden:

```
>>>> read "17" :: Int
17
>>>> read "17" :: Float
17.0
>>>> read "(17, 'a')" :: (Int, Char)
(17,'a')
```

Dann wird klar, wie die entsprechende Zahl verwendet werden soll.

Bei eingebetteten Zeichenketten sollte man dafür sorgen, daß die Anführungsstriche angemessen gelesen werden, wie das folgende Beispiel zeigt:

```
>>> read "(17, \"abcdefg\")" :: (Int, String)
(17,"abcdefg")
```

Wir werden uns mit dem Einlesen komplexer Daten in Abschnitt 5.4 weiter befassen. Dort werden wir sehen, wie die Funktion `read` dazu benutzt werden kann, komplexe Daten aus Zeichenketten zu rekonstruieren.

Enum

Das sind die diskreten Typen, die etwa als Werte in Intervallen vorkommen können. Die Nachfolger-Funktion `succ` und die Vorgänger-Funktion `pred` sind verfügbar, allerdings ist der Nachfolger des letzten Elements nicht definiert und der Vorgänger des ersten Elements auch nicht. Betrachten wir als Beispiel den oben genannten diskreten Typ `Ordering` mit seinen drei Werten LT, EQ, GT, so gilt etwa `succ EQ = GT` und `pred EQ = LT`.

Es handelt sich also hier um die Typen, die aufgezählt werden können. Von Geburt aus sind Mitglied in dieser Typklasse die Typen `Bool`, `Char`, der genannte Typ `Ordering`, dann die ganzzahligen Typen `Int` und `Integer`, aber auch – Überraschung! – die Typen `Float` und `Double`, vgl. Seite 30.

Num

Hierbei handelt es sich um die numerischen Typen, die ganz offensichtlich eine recht große Familie bilden, die Angelegenheit ist daher auch ein wenig trickreich. Vergleichen wir diese Typisierung

```
>>> :type 13
13 :: (Num t) => t
```

mit dieser

1.7 Typklassen

```
>>> :type 'c'
'c' :: Char
```

so stellen wir fest, daß es sich bei `'c'` um ein Zeichen, also um einen Wert vom Typ `Char` handelt, daß aber bei der Typisierung der Zahl 13 nicht von vornherein klar ist, worum es sich hier eigentlich handelt. Die Typklasse `Num` enthält die Typen `Int`, `Integer`, `Float`, `Double`. Daher kann jede ganze Zahl als *Konstante, polymorphe* betrachtet werden. Kann also bestimmt werden, daß sie von einem Typ `t` ist, der diese Typklasse `Num` angehört, so kann sie als Wert vom Typ `t` verwendet werden. Diese polymorphe Konstante kann also in jedem Kontext verwendet werden, der ein Mitglied einer der genannten Typklassen erfordert.

Analog findet sich die oben schon bemerkte Typisierung der Additionsfunktion als binärem Operator:

```
>>> :type (+)
(+) :: (Num a) => a -> a -> a
```

Ist also `a` von einem numerischen Typ, gehört also der Typklasse `Num` an, so ist die Funktion `(+)` vom Typ `a -> a -> a`. In guten deutschen Worten: Nur Zahlen können addiert werden.

Da die numerische Typklasse sehr umfangreich ist, werden Unterklassen gebildet: Die Typklasse `Floating` umfaßt die reellen Zahlen im eigentlichen Sinne, sie enthält also die Typen `Float` und `Double`. Als Beispiel betrachten wir die Exponentialfunktion `exp`, deren Typ so aussieht:

```
>>> :type exp
exp :: (Floating a) => a -> a
>>> exp pi
23.140692632779267
```

Diese Typisierung besagt, daß wir die Funktion $x \mapsto e^x$ immer dann anwenden können, wenn das Argument von der Typklasse `Floating` ist. In diesem Beispiel wird auch gleich e^π berechnet, die Konstante π ist als polymorphe Konstante vordefiniert.

Die Typklasse `Integral` bildet das Gegenstück zur Typklasse `Floating`. Sie besteht aus den Typen `Int` und `Integer`, also aus den ganzen Zahlen. In diesem Zusammenhang ist als wichtige Funktion die Funktion `fromIntegral` zu nennen, die Konversionen von einem numerischen Typen in einen anderen gestattet.

Betrachten wir das Beispiel:

```
>>> fromIntegral (length "abcd") + 3.8
7.8
>>> :type length
length :: [a] -> Int

>>> :type fromIntegral
fromIntegral :: (Integral a, Num b) => a -> b
```

Wir wollen also die Länge der Zeichenkette "abcd" zur reellen Zahl 3.8 addieren, die Funktion length ist vordefiniert und weist jeder Liste ihre Länge zu (erinnern Sie sich: Zeichenketten werden als Listen von Zeichen behandelt), so daß wir hier eine ganze Zahl und eine reelle Zahl addieren wollen. Ohne die Typkonversion, die durch die Funktion fromIntegral bewerkstelligt wird, würde es hier zu einem Typkonflikt kommen.

Lesen wir die Typisierung der Funktion fromIntegral mit der Brille des Typisierers: Die beiden Typbedingungen für die Verwendung dieser Funktion sagen, daß das Argument vom Typ Integral sein muß, das Resultat dagegen einem numerischen Typ angehören muß.

Wir wollen beispielhaft den Typ Integral kurz weiter im Auge behalten und zeigen, wie wir Informationen über diesen Typ erhalten können. Indem wir :info Integral eingeben, erhalten wir das folgende Resultat.

```
>>> :info Integral
class (Real a, Enum a) => Integral a where
  quot :: a -> a -> a
  rem  :: a -> a -> a
  ...
  mod  :: a -> a -> a
  divMod :: a -> a -> (a, a)
  toInteger :: a -> Integer
instance Integral Integer
instance Integral Int
```

Daraus läßt sich ablesen, welche Funktionen für die Typen in dieser Typklasse zur Verfügung stehen.

Wir werden später sehen, wie wir Typklassen selbst definieren sowie einen selbst definierten Typ zum Mitglied einer bereits vorhandenen Typklasse machen können.

1.8 Vier Wege zur Fakultätsfunktion

Die Fakultätsfunktion ist eine beliebte Funktion, mit deren Hilfe man Rekursion auf einfache Art erläutern kann, deshalb wollen wir sie hier diskutieren. Dabei werden wir unterschiedliche Arten von Ausdrücken einführen. Wir stürzen uns gleich ins Gewühl.

Die konventionelle Lösung

Die direkte Umsetzung der rekursiven Definition sieht in Haskell so aus:

```
fakt1 n = if n == 0
            then 1
            else n * fakt1 (n-1)
```

Dazu ist nun wenig zu sagen, außer, daß wir uns nicht gegen negative Argumente absichern. Wir wollen das Augenmerk auf den bedingten Ausdruck richten, der den Rumpf der Funktion ausmacht. Er folgt syntaktisch dieser Schablone:

1.8 Vier Wege zur Fakultätsfunktion

```
if Bedingung   then Ausdruck1 else Ausdruck2.
```

Wenn Sie sich den Code für die Funktion `fakt1` ansehen, so stellen Sie zunächst fest, daß ich den `then`- und den `else`-Teil eingerückt habe. Die Einrückung ist ein syntaktisches Hilfsmittel in `Haskell`-Programmen, um die Fortsetzung einer Zeile anzudeuten, so daß auch längere Zeilen auf leserliche Art und Weise geschrieben werden können.

Aber zurück zur bedingten Anweisung. Die beiden Zweige der bedingten Anweisung erhalten jeweils Ausdrücke, deren Werte zurückgegeben werden, je nachdem ob die Bedingung zutrifft oder nicht. Beide Ausdrücke müssen denselben Typ haben, weil sonst der Gesamtausdruck keinen einheitlichen Typ hätte. Hieraus folgt auch, daß der `else`-Teil der bedingten Anweisung nicht fehlen darf. Würde er nämlich nicht vorhanden sein, so wäre nicht klar, was als Wert zurückgegeben werden würde, falls die Bedingung falsch ist. Damit aber würden wir in einem undefinierten Zustand geraten, der Ausdruck hätte keinen Wert, und wir würden mit einer Fehlermeldung abbrechen müssen. Der Interpreter (oder der Compiler) kann das überprüfen.

Die bewachte Lösung
Sehen wir uns die zweite Lösung an:

```
fakt2 n
     | n == 0 = 1
     | True   = n * fakt2 (n-1)
```

Hier setzen wir zwei *Wächter* ein, der erste Wächter überprüft das Argument `n` auf Gleichheit mit `0`, der andere Wächter heißt einfach `True`. Die Wächter werden in der Reihenfolge, in der sie angegeben sind, ausgewertet, der erste Wächter, der den Wert `True` zurückgibt, bestimmt den Funktionswert. In unserem Beispiel wird also der Wert `1` zurückgegeben, falls das Argument den Wert `0` hat, sonst wird, falls `n` von `0` verschieden ist, der Wert `True` ausgewertet, der bekanntlich stets wahr ist, so daß der Wert `n * fakt2 (n-1)` zurückgegeben wird. Beachten Sie auch hier die Einrückung und die senkrechten Striche, die die einzelnen Wächter begrenzen.

Übrigens kann das Schlüsselwort `True` durch das Schlüsselwort `otherwise` ersetzt werden. Es gibt auch keinen Grund, bei zwei Wächtern stehen zu bleiben: Eine beliebige Anzahl von Wächtern kann angebracht werden, sie werden in ihrer Reihenfolge ausgewertet, es muß jedoch sichergestellt sein, daß einer der Wächter tatsächlich greift, zur Not eben der Wächter `True` (oder `otherwise`). Jeder Ausdruck, der durch einen Wächter bewacht wird, muß denselben Typ wie alle anderen Ausdrücke in dieser bewachten Anweisung haben.

Mustererkennung
Die dritte Möglichkeit, die Fakultätsfunktion zu berechnen, die wir hier diskutieren wollen, arbeitet mit Mustererkennung (*pattern matching*). Sie sieht wie folgt aus:

```
fakt3 0 = 1
fakt3 n = n * fakt3 (n-1)
```

Wenn wir also `fakt3 4` berechnen wollen, so wird zunächst der aktuelle Parameter 4 mit 0 verglichen, da dieser Vergleich jedoch negativ ausgeht, wird die nächste Klausel herangezogen, so daß also als Resultat für `fakt3 4` der Wert 4 * `fakt3 3` zurückgegeben wird. Dies wird so lange wiederholt, bis das Argument, das ja bei jedem Aufruf um 1 vermindert wird, den Wert 0 erreicht, hier wird dann also der Wert 1 zurückgegeben, so daß der gesamte Ausdruck ausgewertet werden kann.

Diese Muster können in einen fallgesteuerten Ausdruck zusammengezogen werden; hierzu dient das Schlüsselwort `case`. Diese Lösung sieht dann so aus:

```
fakt3a n =
   case n of
      0         -> 1
      1         -> 1
      otherwise -> n * (fakt3a (n-1))
```

Das Argument `n` wird also auch hier mit den angegebenen Fällen verglichen. Gilt `n == 0`, so tritt der erste Fall ein, bei `n == 1` der zweite, sonst wird der unter `otherwise` angegebene Ausdruck berechnet (der Fall `n == 1` ist natürlich überflüssig, er wurde lediglich zur Illustration eingefügt).

Beide Lösungen arbeiten also mit dem Vergleich von Mustern, einer wichtigen Technik für die Auswertung von Funktionen in `Haskell`. Diese Art der Mustererkennung ist auf subtile Art anders als die Mustererkennung in Sprachen wie z. B. `PROLOG`, die mit Unifikation arbeitet. Wir werden die Mustererkennung im Laufe unserer Diskussionen immer wieder als elegantes Instrument benutzen.

Kehren wir noch einmal kurz zur Formulierung in `fakt3a` zurück. Das hätten wir auch in einer der folgenden Arten schreiben können:

```
fact3a n = case n of {0 -> 1; otherwise -> n * fact3a (n-1)}

fact3a n = case n of
   0 -> 1; 1 -> 1; otherwise -> n * fact3a (n-1)

fact3a n = case n of 0 -> 1; 1 -> 1; otherwise -> n * fact3a (n-1)
```

Der Beginn einer neuen Zeile mit Einrückung wird von `Haskell` als Fortsetzung der vorhergehenden Zeile interpretiert. Man kann mehrere Ausdrücke in eine einzige Zeile schreiben, muß sie aber dann jeweils durch ein Semikolon voneinander trennen. Alternativ verwende man für jeden Ausdruck seine eigene Zeile (Variante 2), muß aber dann dafür sorgen, daß diese Zeile als Fortsetzung der vorigen Zeile verstanden wird, was durch Einrücken geschieht. Die geschweiften Klammern dienen dazu, einen Ausdruck zusammenzuhalten und werden hier zur Gruppierung verwendet (Variante 1 vs. Variante 2).

Was geschieht, wenn man die Einrückung vernachlässigt, zeigt sich hier:

```
fact3a n = case n of
0 -> 1; 1 -> 1; otherwise -> n * fact3a (n-1)
```

```
____parse error (possibly incorrect indentation)
Failed, modules loaded: none.
```

Wir werden meist jeden Ausdruck in seine eigene Zeile schreiben und auf die Einrückung achten.

Bindung durch let

Zurück zur Fakultätsfunktion. Sehen wir uns schließlich noch diese Lösung an:

```
fakt4 0 = 1
fakt4 n = let k = fakt4 (n-1)  in k * n
```

Die Initialisierung ist klar. In der let-Umgebung wird der Ausdruck für fakt4 (n-1) dem lokalen Namen k zugewiesen; der Wert wird anschließend, nach in, dazu verwendet, um den Ausdruck zu berechnen.

Wir können also zwischen den Schlüsselwörtern let und in neue Namen einführen und an Ausdrücke binden. Diese Bindungen werden im Anschluß an den Ausdruck, der auf in folgt, verwendet, also in die entsprechenden Ausdrücke eingesetzt. Insgesamt bildet die gesamte Konstruktion let ... in expr einen Ausdruck; die Namen in der let-Umgebung sind lokal, sind also beim Verlassen des gesamten Ausdrucks nicht mehr verfügbar. Diese Umgebungen können verschachtelt werden, dabei können Namen mehrfach verwendet werden, was gelegentlich nicht notwendig zur Lesbarkeit beiträgt.

```
bsp = let x = 1 in ((let x = 2 in x), x)
```

ergibt, wie zu erwarten,

```
>>> bsp
(2,1)
```

Mit let können wir in GHCi Namen an Ausdrücke binden, dann fehlt allerdings der Teil, der durch in eingeleitet wird. Diese Bindung geht jedoch verloren, sobald wir innerhalb einer Sitzung eine Datei laden. Die lokalen Namen, die in einer lokalen let-Umgebung gebunden werden, verschatten die äußeren Namen, die in GHCi gebunden sind.

1.9 Aufgaben

Aufgabe 1.1

Schreiben Sie Funktionen

```
curry   :: ((a, b) -> c) -> a -> b -> c,
uncurry :: (a -> b -> c) -> (a, b) -> c,
```

mit denen Sie curryfizieren und uncurryfizieren können (z. B. uncurry (+) (3, 4) ergibt 7).

Aufgabe 1.2

Auf dem Datentyp `Int` sind die Operationen `succ` und `pred` definiert, die den Nachfolger bzw. den Vorgänger einer ganzen Zahl berechnen.

1. Definieren Sie Infix-Operatoren `#` und `%` passender Assoziativität und Priorität, mit denen Addition bzw. Subtraktion auf den *nicht-negativen ganzen Zahlen* implementiert werden können (es soll also `x # y = x + y` und `x % y = max (0, x - y)` gelten). Sie dürfen hierzu nur die Operationen `pred`, `succ` und den Vergleich gegen Null verwenden.

2. Definieren Sie analog Infix-Operatoren `##` und `%%`, mit denen Multiplikation und ganzzahlige Division auf den *nicht-negativen ganzen Zahlen* implementiert werden können. Hierzu dürfen Sie nur die Operationen `#`, `%` und Test gegen Null verwenden.

Aufgabe 1.3

Im alten England (dem sog. *Merry Old England*) war die Währungseinheit das Pfund Sterling, das in Shilling und Pence unterteilt war. Zwölf Shilling machten ein Pfund aus, zwanzig Pence einen Shilling.

1. Implementieren Sie Tripel zur Darstellung von Geldbeträgen mit den zugehörigen Zugriffsfunktionen.

2. Formulieren Sie eine Funktion zur Addition von Währungsbeträgen, und eine Funktion `zins`, mit deren Hilfe Zinsberechnungen durchgeführt werden können, und die den Zinsbetrag als Wert zurückgibt.

Aufgabe 1.4

Ein *Termin* besteht aus

- einem Datum,
- einer Uhrzeit,
- einer Dauer,
- einer Zeichenkette.

Entwerfen Sie Funktionen zur Arbeit mit Terminen. Berücksichtigen Sie dabei das Überprüfen, das Vereinbaren und das Löschen von Terminen. Hierzu sollten Sie die Komponenten *Datum* und *Uhrzeit* durch eigene Komponenten realisieren. Diese Typen sollten mit ihren eigenen Funktionen zum Überprüfen, Setzen und Löschen versehen werden.

Aufgabe 4.21 auf Seite 117 wird Ihnen dasselbe Problem mit erweiterten Lösungsmöglichkeiten stellen.

Aufgabe 1.5

(Fortsetzung von Aufgabe 1.4) Ein Tag kann ein Arbeitstag sein oder ein Wochenendtag, ein Termin kann ein Arbeitstermin oder ein Freizeittermin sein. Feiertage kennen wir im Augenblick nicht. Arbeitstage haben Arbeitstermine, Wochenendtage haben Freizeittermine. Wenn wir Schaltjahre vernachlässigen, haben wir in Abhängigkeit von der Anzahl der Tage drei Typen von Monaten. Definieren Sie entsprechende Typen und implementieren Sie einen Terminkalender.

Aufgabe 1.6

In den USA haben manche Staaten Autokennzeichen der Form `XYZ abc`, wobei `X`, `Y`, `Z` jeweils große Buchstaben, und `a`, `b`, `c` jeweils Ziffern sind. Die Numerierung erfolgt fortlaufend, auf `AAA 997` folgt `AAA 998`, auf `ABC 999` folgt `ABD 000`. Bestimmen Sie das auf ein gegebenes Kennzeichen folgende, falls es existiert (auf `ZZZ 999` folgt nichts mehr).

Aufgabe 1.7

Die komplexe Zahl $a + i \cdot b$ kann als Paar reeller Zahlen durch die kartesischen Koordinaten $\langle a, b \rangle$ repräsentiert werden. Eine andere Darstellung ist die durch Polarkoordinaten, d.h. als Paar $\langle r, \varphi \rangle$, wobei der Radius r den Abstand des Punkts $\langle a, b \rangle$ vom Ursprung und φ den Winkel der Strecke $\overline{\langle 0, 0 \rangle, \langle a, b \rangle}$ mit der x-Achse angibt, wobei $0 \leq \varphi \leq 2 \cdot \pi$.

1. Schreiben Sie Funktionen zur Implementation komplexer Arithmetik und zur Berechnung des Real- und Imaginärteils sowie des Betrags einer komplexen Zahl.

2. Schreiben Sie Funktionen zur Umrechnung von Polarkoordinaten in kartesische Koordinaten und umgekehrt.

Aufgabe 1.8

Berechnen Sie die Geradengleichung der durch die beiden nicht identischen Punkte $\langle x_1, y_1 \rangle$ und $\langle x_2, y_2 \rangle$ bestimmten Geraden in der Ebene.

Aufgabe 1.9

Durch die drei Punkte P_1, P_2 und P_3 in der Ebene wird ein Dreieck aufgespannt, falls die Punkte nicht kollinear sind, also nicht alle auf einer Geraden liegen.

1. Berechnen Sie, ob drei Punkte in der Ebene kollinear sind; das können Sie tun, indem Sie zwei Punkte auswählen, und nachprüfen, ob der dritte Punkt auf der Geraden durch diese Punkte liegt.

2. Zwei Dreiecke sind ähnlich, wenn entsprechende Winkel übereinstimmen. Implementieren Sie eine Boolesche Funktion, die als Argument jeweils zwei Tripel von Punkten nimmt und entscheidet, ob die entsprechenden Dreiecke ähnlich sind.

3. Zwei Dreiecke sind kongruent, wenn sie ähnlich sind, und wenn zwei entsprechende Seiten gleichlang sind. Implementieren Sie einen Kongruenztest.

Hinweis: Es reicht nicht, ein Dreieck als Tripel von nicht-kollinearen Paaren zu betrachten, weil dann nicht klar ist, welche Seiten bzw. Winkel einander entsprechen. Die Dreiecke sollten dieselbe Orientierung haben; hierbei ist die Orientierung eines Dreiecks $\langle P_1, P_2, P_3 \rangle$ positiv, falls die Ordnung gegen den Uhrzeigersinn verläuft, sonst ist sie negativ. Sie erhalten eine eindeutige Darstellung eines Dreiecks, indem sie es positiv orientieren und die Ecke mit dem geringsten Abstand zum Ursprung als erste aufführen.

2 Listen

Listen sind die fundamentalen Datenstrukturen in `Haskell`, viele wichtige Algorithmen können mit dieser Datenstruktur beschrieben werden. Deshalb widmen wir Listen gebührende Aufmerksamkeit. Ein einfaches Beispiel für eine Liste ist `[1,2,3]`, die Liste besteht also aus drei ganzzahligen Elementen. Sie sehen, daß die Liste durch eckige Klammern begrenzt wird. Ein wenig anders sieht es bei Zeichenketten aus, hier ist die Liste `['a', 'b', 'c']` eine Repräsentation der Zeichenkette `"abc"`, das spiegelt sich im Datentyp: Die Typangabe `String` ist eine Abkürzung der Typangabe `[Char]`. Wir haben oben schon angemerkt, daß Listen einen einheitlichen Grundtyp haben müssen, daß es also nicht möglich ist, eine Liste aus einer ganzen Zahl und einer Zeichenkette zu konstruieren (hierfür würde man Paare nehmen). Ist `a` ein Typ, so ist `[a]` der zugehörige Listentyp. Alle Listentypen haben die Konstante `[]` gemeinsam, also die leere Liste, die kein Element enthält.

2.1 Elementare Eigenschaften

Listen können durch die Aufzählung ihrer Elemente spezifiziert werden, aber auch durch ihre Eigenschaften. In diesem Beispiel

```
>>> [x*y | x <- [1 .. 3], y <- [2 .. 5], odd (x+y)]
[2,4,6,10,6,12]
```

wird die Liste berechnet, die das Produkt `x * y` derjenigen Elemente `x` in `[1 .. 3]` und `y` in `[2 .. 5]` berechnet, deren Summe `x + y` ungerade ist.

Syntaktisch wird eine Eigenschaftsliste so beschrieben: Zunächst haben wir einen Ausdruck (in unserem Beispiel also `x * y`), dann finden wir Iteratoren, die durch Listen laufen (in unserem Beispiel durchläuft `x` die Liste `[1 .. 3]`, `y` die Liste `[2 .. 5]`), Prädikate schließen sich an (in unserem Beispiel das Prädikat, das überprüft, ob die Summe `x + y` ungerade ist). Der definierende Ausdruck wird vom Rest der Liste durch einen senkrechten Strich `|` abgetrennt, die anderen Komponenten werden durch Kommata voneinander getrennt. Anzumerken ist, daß die Variablen, die in einer solchen Definition vorkommen, lokal für diese Liste sind, und daß der am weitesten rechts stehende Iterator „am schnellsten" läuft. Wir benötigen bei einer solchen Eigenschaftsliste nicht immer alle syntaktischen Komponenten in voller Schönheit, das Prädikat kann fehlen, meist reicht ein einziger Iterator. Beachten Sie die Form der Iteratoren, die den Pfeil `<-` von rechts nach links benutzen. Das Prädikat wird zum Filtern benutzt: Nur ein Element, das diesen Test besteht, wird in die resultierende Liste eingefügt. In diesem Beispiel

```
>>> [x | x <- [5, 3, 7, 1, 4], x < 5]
[3,1,4]
```

werden alle Elemente aus der Liste [5, 3, 7, 1, 4] herausgefiltert, die kleiner als 5 sind.

Sehen wir uns einige Beispiele für Listen an:

- [1 .. 10] – Die Liste enthält die ganzen Zahlen zwischen 1 und 10 (Grenzen inklusive);

- [1, 4 .. 12] – diese Liste besteht aus den Zahlen 1, 4, 7, 10: Es wird also vom ersten Element 1 in Schritten der Länge 4 - 1 = 3 aufwärts gezählt, solange die obere Grenze noch nicht erreicht ist;

- [12, 8 .. 1] – umgekehrt enthält diese Liste die Elemente 12, 8, 4. Es wird ausgehend von 12 in Schritten der Länge 12 - 8 = 4 abwärts gezählt, solange die untere Grenze noch nicht erreicht ist;

- [1.0, 1.2 .. 2.0] – diese Liste wird nach demselben Muster berechnet: Es wird ausgehend von 1.0 in Schritten der Länge 1.2 - 1.0 = 0.2 aufwärts gezählt, solange die obere Grenze noch nicht erreicht ist. Das ausgedruckte Resultat mahnt zur Vorsicht bei reeller Arithmetik:

    [1.0, 1.2, 1.4, 1.599999999999999, 1.7999999999999998, 1.9999999999999998];

- ['c' .. 'w'] – diese Liste wird durch alle kleinen Buchstaben zwischen 'c' und 'w' bestimmt;

- [1 ..] – hiermit wird die unendliche Liste beschrieben, die alle positiven ganzen Zahlen enthält.

Auf Listen sind einige wichtige Funktionen definiert, die wir recht oft gebrauchen werden:

Erstes Element Ist xs eine Liste, so gibt head xs das erste Element von xs zurück. Die Funktion ist nicht definiert, falls xs die leere Liste ist. Z. B. gilt head [1 .. 10] = 1. Typisierung: head :: [a] -> a.

Der Rest tail xs mit tail :: [a] -> [a] gibt die Liste zurück, die durch das Entfernen des ersten Elements entsteht, sofern die Liste xs nicht leer ist, also gilt

    tail[1 .. 10]=[2, 3, 4, 5, 6, 7, 8, 9, 10].

Konstruktor Ist x ein Element vom Typ a, xs eine Liste vom Typ [a], so hat die Liste x:xs das Element x als erstes Element und xs als Rest, so daß gilt head (x:xs) = x und tail (x:xs) = xs. Beispiele:

2.1 Elementare Eigenschaften

```
1:[]==[1]
'a':['a', 'b'] == "aab"
[1, 2, 3] == 1:[2, 3] == 1:2:[3] == 1:2:3:[]
```

Der Aufruf `'A':[1..10]` führt zu einer Fehlermeldung, weil die Typisierung des ersten Elements und der Liste nicht miteinander verträglich sind.

Der Konstruktionsoperator `(:) :: a -> [a] -> [a]` wird insbesondere dann eine wichtige Rolle spielen, wenn wir uns mit rekursiven Listenkonstruktionen beschäftigen.

Abschnitte Die Funktion `take k xs` gibt die ersten `k` Elemente der Liste `xs` zurück, die Funktion `drop k xs` entfernt die ersten `k` Elemente aus der Liste `xs`. Die folgenden Beispiele zeigen, wie diese Abbildungen arbeiten:

```
>>> take 5 [1 .. 10]
[1,2,3,4,5]
>>> take 5 [1 .. 3]
[1,2,3]
>>> drop 5 [1 .. 10]
[6,7,8,9,10]
>>> drop 5 [1 .. 3]
[]
```

Die Typisierungen sind offensichtlich `take :: Int -> [a] -> [a]` und `drop :: Int -> [a] -> [a]`.

Bedingte Abschnitte Während die Funktionen `take` und `drop` jeweils die Länge des Abschnitts angeben, ist es oft praktisch, dies von einer Bedingung abhängig zu machen. Die Funktionen `takeWhile :: (a -> Bool) -> [a] -> [a]` und ihr Zwilling `dropWhile`, der dieselbe Signatur hat, sind hierfür ganz praktisch: Sie nehmen jeweils ein Prädikat `p` und eine Liste `xs` als Argumente, `takeWhile p xs` gibt das längste Anfangsstück von `xs` zurück, dessen Elemente das Prädikat `p` erfüllen (es wird also die leere Liste zurückgegeben, falls gleich das erste Element das Prädikat nicht erfüllt), `dropWhile p xs` schneidet dieses längste Anfangsstück heraus und gibt den Rest zurück.

Beispiel:

```
>>> takeWhile (< 3) [1 .. 10]
[1,2]
>>> dropWhile (< 3) [1 .. 10]
[3,4,5,6,7,8,9,10]
```

Konkatenation Der Infix-Operator `++` erlaubt die Verknüpfung zweier Listen, `xs ++ ys` erzeugt eine Liste, die zuerst die Elemente von `xs` und dann die Elemente der Liste `ys` enthält. Beispiele:

```
[1 .. 3] ++ [99 .. 101] == [1, 2, 3, 99, 100, 101]
```

und `"xyz"++ "JK" == "xyzJK"`. Es handelt sich um einen rechts-assoziativen Operator der Priorität 5:

```
>>> :info (++)
(++) :: [a] -> [a] -> [a]
infixr 5 ++
```

Extraktion Ist xs eine Liste mit n Elementen, und liegt k zwischen 0 und n - 1, so ist xs!!k das k-te Element der Liste. Die Zählung fängt hier bei Ziffer 0 an und endet naturgemäß bei n-1, so daß die gleichen Adressierungen wie etwa in C- oder Java-Feldern benutzt werden. Der Index k sollte nicht außerhalb dieses Bereichs liegen, sonst äußert der Interpreter sein Unbehagen.

Element Mit elem x xs kann überprüft werden, ob x in der Liste xs als Element enthalten ist. Diese Überprüfung enthält einen impliziten Test auf Gleichheit, daher muß der Grundtyp der Klasse Eq angehören: elem :: (Eq a) => a -> [a] -> Bool. Die Funktion notElem :: (Eq a) => a -> [a] -> Bool fragt nach, ob ein Element nicht in einer Liste ist.

Wir wollen uns diese Konstruktionen in einigen Beispielen ansehen.

Die folgende Funktion berechnet die Länge einer Liste durch Muster-Vergleich:

```
len [] = 0
len (x:xs) = 1 + len xs
```

Falls also die übergebene Liste xs die leere Liste ist (erste Klausel), so wird 0 als Wert zurückgegeben, falls sich die Liste konstruieren läßt als x:xs, so wird 1 zur Länge von xs addiert. Dieses Schema ist ziemlich typisch für rekursive Aufrufe: Wir untersuchen zunächst den Fall, daß eine leere Liste vorliegt, dann sehen wir uns den Fall einer nicht-leeren Liste an. Hier trennen wir das erste Element ab (auch hier sehen Sie, wie die Mustererkennung arbeitet), behandeln das erste Element und dann den Rest der Liste. Die Klammerung (x:xs) ist notwendig, um nicht mit den Prioritätsregeln in Konflikt zu kommen: Ein Aufruf wie len x:xs hätte den Effekt, daß das Argument x auf die Funktion len angewandt wird, das Resultat würde dann als erstes Element für eine Liste verwendet, deren Rest aus der Liste xs besteht – diesen Effekt wollten wir nicht erzielen, daher die Klammerung (die Reihenfolge der Auswertung von Operationen ist in Abschnitt 1.4 definiert).

Nehmen wir an, daß unsere Listenelemente einem geordneten Typ entnommen sind, dann fügt die folgende Funktion ein Element so in die Liste ein, daß das Resultat aufsteigend geordnet bleibt.

```
insert x [] = [x]
insert x (y:xs)
  | x <= y = x:y:xs
  | otherwise = y:(insert x xs)
```

Die Funktion arbeitet mit Mustererkennung und mit Wächtern. Zunächst die Muster: Die Einfügung von x in die leere Liste ergibt die Einerliste [x]. Wollen wir x in eine nicht-leere Liste (y:xs) einfügen, so trennen wir das erste Element y vom Rest xs

2.1 Elementare Eigenschaften

durch Mustererkennung ab, und vergleichen x mit y. Ist x <= y, so gehört x als erstes Element in die zu konstruierende Liste, wir geben also die Liste x:y:xs zurück. Ist dagegen x > y, so muß x entsprechend seiner Größe in die Liste xs eingefügt werden, wir geben also als Resultat zurück y:(insert x xs). Wesentlich für diese Konstruktion ist die Beobachtung, daß eine endliche Liste durch eine Reihe von Einfügungen am Anfang mit dem (:)-Operator konstruiert wird. Jetzt die bewachten Anweisungen: Der erste Wächter x <= y läßt uns nur passieren, wenn das Element x nicht größer als das erste Element y der Liste ist, der zweite otherwise weiß dann, daß das nicht der Fall ist.

Die Funktion insert läßt sich jetzt dazu benutzen, eine Liste zu sortieren. Nehmen wir an, wir wollen die Liste [5, 3, 4] sortieren. Wir beginnen mit der leeren Liste [], haben also als Liste noch nicht bearbeiteter Elemente [5,3,4] = 5:[3, 4]. Einfügen des ersten Elements 5 in die leere Liste ergibt die Liste [5], noch zu bearbeiten: [3, 4] = 3:[4], Einfügen des ersten noch nicht bearbeiteten Elements 3 in die Resultat-Liste ergibt die Liste 3:[5] = [3,5], noch zu bearbeiten: [4] = 4:[], Einfügen von 4 ergibt die Liste [3,4,5], noch zu bearbeiten: []. Damit sind wir mit dem Verfahren an sein Ende gelangt, da wir kein Element mehr einfügen müssen.

Schreiben wir uns diese Vorgehensweise als Funktion auf:

```
sortIns [] ys = ys
sortIns (x:xs) ys = sortIns xs (insert x ys)
```

Diese Funktion arbeitet ebenfalls durch Mustererkennung. Sie hat zwei Argumente: Das erste Argument ist die Liste der einzufügenden Elemente, das zweite Element ist die sortierte Liste. Die Vorgehensweise ist wie gerade diskutiert: Falls wir kein Element mehr einzufügen haben, falls also das erste Argument die leere Liste [] ist, so geben wir das zweite Element als Resultat zurück; falls wir eine nicht-leere Liste einzufügender Elemente haben, spalten wir (wieder durch Mustererkennung) das erste Element x vom Rest der Liste xs ab und rufen die Sortierfunktion für den Rest der Liste und für die Liste, die durch das Einfügen des ersten Elements in die Resultatliste entsteht, auf. Auf diese Art wird der erste Parameter schrittweise auf die leere Liste reduziert, der zweite Parameter enthält stets eine geordnete Liste, die zum Schluß, wenn alle Elemente eingefügt sind, als Resultat zurückgegeben wird.

Nun erscheint es sinnvoll, bei einer Funktion, die eine Liste durch Einfügen sortiert, nicht immer die bereits partiell behandelte Liste und das Zwischenergebnis, das am Anfang ja die leere Liste ist, als Parameter zu übergeben. Deshalb definieren wir als Funktion zum Einfügen:

```
insertSort xs = sortIns xs []
    where
        sortIns [] ys = ys
        sortIns (x:xs) ys = sortIns xs (insert x ys)
```

Sie sehen, daß ich hier eine **where**-Klausel verwendet habe, um das eigentliche Arbeitspferd, die Funktion sortIns, nach außen zu verbergen. Diese **where**-Klausel ist insbesondere dann hilfreich, wenn wir lokale Namen verwenden wollen, die an anderer

Stelle des Programms nicht verwendet werden oder in anderer Bedeutung verwendet werden sollen.

Eine äquivalente Formulierung, die die lokale Funktion sortIns in einer let-Umgebung bindet, würde so aussehen:

```
insertSort' xs =
    let sortIns [] ys = ys
        sortIns (x:xs) ys = sortIns xs (insert x ys)
    in sortIns xs []
```

Falls wir annehmen, daß die Funktion insert ebenfalls nur zur Formulierung der Funktion zum Sortieren durch Einfügen verwendet wird, können wir diese Funktion übrigens auch in die where-Klausel für die Funktion insertSort schreiben, das ergibt die folgende kompakte Formulierung:

```
insertSort xs = sortIns xs []
     where
         sortIns [] ys      = ys
         sortIns (x:xs) ys = sortIns xs (insert x ys)
         insert x []        = [x]
         insert x (y:xs)
             | x <= y       = x:y:xs
             | otherwise    = y:(insert x xs)
```

Der Vergleich mit dem entsprechenden Java-Programm zeigt, daß die Haskell-Formulierung eleganter, knapper und auch wesentlich verständlicher ist. Die Java-Lösung beruht auf der Idee, daß wir die Position eines Elements x in dem Feld ara kennen müssen, wenn wir das Element in ara so einfügen wollen, daß das Feld anschließend immer noch geordnet ist. Wir suchen also die Position, an der dieses Element einfügt werden soll, verschieben alle weiteren Elemente in dem ara nach rechts und setzen das Element dann an seine Stelle.

```java
public class ArrayInsert {
    public static void main (String[] args) {
        int[] ara = {4, 7, 8, 9, 1, 3, 5, 6, 2, 0};
        for (int i= 0; i < ara.length; i++) {
            int x = ara[i];
            int k = 0;
            while ((k < i) & (x >= ara[k])) k++;
            if (k != i) {
                for (int j = i; j > k; j--) ara[j] = ara[j-1];
                ara[k] = x;
            }
        }
    }
}
```

2.1 Elementare Eigenschaften

Es ist offensichtlich, daß der Code durch die Hilfsvariablen und die Index-Rechnungen sowie die separat formulierten Iterationen nicht gerade an Durchsichtigkeit gewinnt.

Sortieren durch Einfügen ist bekanntlich kein besonders guter Sortieralgorithmus: Um n Elemente durch Vergleiche und Tauschoperationen zu sortieren, braucht dieser Algorithmus im schlechtesten und im durchschnittlichen Fall $\mathcal{O}(n^2)$ Operationen. Die gängigen Algorithmen wie etwa Quicksort oder Heapsort sind wesentlich effizienter, und wir werden als nächstes Quicksort diskutieren.

Wir können die Idee des Herausfilterns von Elementen dazu verwenden. Nehmen wir an, es ist eine Liste `xs` gegeben und ein Element y, so kann man die Liste in drei Abschnitte aufteilen: Alle Elemente in `xs`, die kleiner als y sind, alle Elemente in `xs`, die gleich y sind, und schließlich alle Elemente, die größer als y sind. Um Quicksort auf die Liste `xs` anzuwenden, führen wir diese Partitionierung durch und wenden Quicksort rekursiv auf die erste und die dritte der so entstandenen Teillisten an. Es ist klar, daß Quicksort für die leere Liste [] das Resultat [] liefert. Insgesamt ergibt sich für die Funktion quickSort :: (Ord a) => [a] -> [a] diese Formulierung:

```
quickSort [] = []
quickSort (x:xs) = theSmaller ++ theEqual ++ theLarger
    where
        theSmaller = quickSort [y | y <- xs, y < x]
        theEqual = x:[y | y <- xs, y == x]
        theLarger = quickSort [y | y <- xs, y > x]
```

Beispiel:

```
>>> quickSort [3, 7, 8, 6, 8, 9, 10, 12, 4]
[3,4,6,7,8,8,9,10,12]
```

Auch hier soll ein Vergleich mit der `Java`-Implementierung durchgeführt werden. Wir haben für die `Haskell`-Fassung gesehen, daß es wichtig ist, ein Element x als Vergleichsmarke zu haben. Dieses Element nennt man ein *Pivot-Element*. Die Aufspaltung des Feldes nach dem Pivot-Element ist zentral für Quicksort. Wir laufen mit diesem Pivot-Element durch das zu sortierende Feld, um das Feld entsprechend der oben diskutierten Idee aufzuteilen:

```
int partition(int p, int r) {
    int x = ara[p], k = p - 1, j = r + 1;
    while(true) {
        while(ara[--j] > x);
        while(ara[++k] < x);
        if(k < j) {
            int t = ara[k];  ara[k] = ara[j];  ara[j] = t;
        }
        else
            return j;
    }
}
```

Das Programm für Quicksort in Java partitioniert dann das gesamte Feld und sortiert es auf diese Weise.

```
void quickSort(int p, int r) {
    if (p < r) {
        int q = Partition(p, r);
        QuickSort(p, q);
        QuickSort(q+1, r);
    }
}
```

Zurück zur Implementierung in Haskell. Ich bin noch nicht ganz zufrieden. Die Eigenschaftsliste [y | y <- xs, y < x] berechnet aus der gegebenen Liste ein anonymes Ergebnis, das dann weiterverarbeitet wird. Es würde besser in den funktionalen Ansatz passen, wenn wir eine Funktion dafür formulieren würden. Zunächst stellen wir fest, daß wir für jedes x eine Funktion (< x) haben, die mit x vergleicht, also einen Booleschen Wert zurückgibt. Das können wir ausnutzen, indem wir eine Filter-Funktion konstruieren, die genau die Elemente aus einer Liste herausfiltert, die ein Prädikat p erfüllen.

```
myFilter p [] = []
myFilter p (x:xs)
    | (p x)     = x:(myFilter p xs)
    | otherwise = myFilter p xs
```

Der erste Parameter ist das Prädikat, der zweite eine Liste. Wenn wir die leere Liste als Parameter übergeben, so liefert myFilter natürlich die leere Liste. Falls wir eine nicht-leere Liste übergeben, zerlegen wir sie in das erste Element x und den Rest xs und überprüfen, ob das Prädikat p für x zutrifft. Ist das der Fall, so geben wir die Liste zurück, die x als erstes Element und als Rest das Resultat der Filterung von xs durch Prädikat p ergibt. Falls x dagegen das Prädikat nicht erfüllt, wird das Element ignoriert und die Filterung mit der restlichen Liste xs fortgesetzt. Sehen wir uns Beispiele an:

```
>>> myFilter (< 3) [4, 7, 2, 1, 8]
[2,1]
>>> myFilter (> 3) [4, 7, 2, 1, 8]
[4,7,8]
>>> myFilter (== 3) [4, 7, 2, 1, 8]
[]
```

In der Tat ist die Funktion myFilter, die hier angegeben wurde, als Funktion filter mit der Typisierung filter :: (a -> Bool) -> [a] -> [a] vordefiniert. Die Formulierung von myFilter war eine kleine Fingerübung.

Zurück zu quickSort: Mit Hilfe der filter-Funktion können wir jetzt die Konstruktion der Teillisten als Anwendung einer Funktion auf die als Argument gegebene Liste formulieren:

2.1 Elementare Eigenschaften

```
quickSort [] = []
quickSort (x:xs) = theSmaller ++ theEqual ++ theLarger
    where
        theSmaller = quickSort (filter (< x) xs)
        theEqual = filter (== x) (x:xs)
        theLarger = quickSort  (filter (> x) xs)
```

Sehen wir uns ein einfaches Beispiel an

```
>>> quickSort [6, 3, 4, 9, 2, 1, 9, 5, 7]
[1,2,3,4,5,6,7,9,9]
```

Die Typisierung der Funktion `quickSort` sieht so aus:

```
>>> :type quickSort
quickSort :: (Ord a) => [a] -> [a]
```

Wenn also der Typ `a` für die Listenelemente geordnet ist (also der Typklasse `Ord a` angehört), dann ist `quickSort` eine Funktion `[a] -> [a]`.

Wir können mit dieser Version von `quickSort` Listen sortieren, die aus einfachen Elementen bestehen. Was passiert aber mit dieser Liste, auf die wir uns im Text als `dieseListe` beziehen?

```
[("Paula",11),("Gaby",4),("Hanna",2),("Maria",5),("Susanna",8),
 ("Anna",5), ("Kathrin",6),("Julia",14),("Lotta",3),("Eva",7)]
```

Diese Liste können wir nach der ersten oder nach der zweiten Komponente sortieren, aber ein direkter Vergleich der einzelnen Listenelemente, der in `quickSort` erforderlich ist, erweist sich als weder möglich noch besonders sinnvoll. Wir müßten die entsprechenden Komponenten des Paares extrahieren und dann damit arbeiten. Da wir nun schon eine Filter-Funktion haben, können wir diese Filter-Funktion verwenden, um die Selektion zu machen. Wir könnten also nach der ersten oder nach der zweiten Komponente filtern, was zu dieser Lösung führen würde:

```
filterFirst p [] = []
filterFirst p (x:xs) = if p(fst x)
           then x:(filterFirst p xs)
           else (filterFirst p xs)

filterSecond p [] = []
filterSecond p (x:xs) = if p(snd x)
           then x:(filterSecond p xs)
           else (filterSecond p xs)
```

Das ist allerdings eher langweilig. Wir tun eigentlich dieselbe Arbeit mit geringen Modifikationen zweimal, denn wir berechnen die Filterung entsprechend des Prädikats `p` (`fst x`) für den ersten und `p` (`snd x`) für den zweiten Filter.

Ein wenig unterhaltsamer ist die folgende Überlegung: Eine Funktion wie `p (fst x)` berechnet die funktionale Komposition der Funktion `p` mit der Funktion `fst`. Wenn wir uns das mathematisch ansehen, so sieht dieses Schema wie folgt aus:

Sind $f : X \to Y$ und $g : Y \to Z$ Abbildungen, so ist ihre Komposition $g \circ f$ definiert als

$$g \circ f : \begin{cases} X & \to Z, \\ x & \mapsto g\bigl(f(x)\bigr). \end{cases}$$

Das Kompositionssymbol ∘ wird in `Haskell` durch einen Punkt ersetzt. Die Typisierung dieses Operators sieht wie folgt aus:

```
>>> :info (.)
(.) :: (b -> c) -> (a -> b) -> a -> c
infixr 9
```

Also nimmt der Operator zwei Argumente, eine Funktion des Typs `b -> c` und eine Funktion des Typs `a -> b` und gibt eine Funktion des Typs `a -> c` zurück, er ist rechts-assoziativ und hat die (ziemlich hohe) Priorität 9. In unserem Beispiel würden wir `p (fst x)` als `(p.fst) x` notieren, weil die funktionale Applikation die höchste Priorität 10 hat.

Zurück zum Problem. Wir sehen jetzt, daß unsere ursprünglichen Lösungen sich so darstellen lassen:

```
filterFirst p xs  = filter (p.fst) xs
filterSecond p xs = filter (p.snd) xs
```

Daher brauchen wir eigentlich keine weitere Familie von Funktionen, wir können die gute alte `filter`-Funktion hierzu heranziehen.

Wenn wir ein bißchen allgemeiner vorgehen wollen, so machen wir uns die funktionale Komposition zunutze und definieren die Funktion `ffilter f p = filter (p.f)` mit der Signatur `ffilter :: (a -> b) -> (b -> Bool) -> [a] -> [a]`. Also erhalten wir, wenn wir die gerade definierten Funktionen zur Extraktion der ersten und der zweiten Komponente nutzen, als neue Formulierung:

```
filterFirst  = ffilter fst
filterSecond = ffilter snd
```

Das gibt uns eine neue und allgemeine Formulierung der Funktion `quickSort`, die wir einfach `fquickSort` nennen:

```
fquickSort f [] = []
fquickSort f (x:xs) = theSmaller ++ theEqual ++ theLarger
    where
       t = f x
       theSmaller = fquickSort f (ffilter f (< t) xs)
       theEqual   = ffilter f (== t) (x:xs)
       theLarger  = fquickSort f (ffilter f (> t) xs)
```

2.1 Elementare Eigenschaften

Es ist vielleicht hilfreich anzumerken, daß sich die Arbeitsweise der Funktion auch durch

```
ffilter f (< f x) xs == [z | z <- xs, f z < f x]
```

darstellen läßt: Wir vergleichen die Elemente also mit Hilfe ihrer Funktionswerte. Insgesamt kann ich jetzt die oben angegebene Liste aus Vornamen und ganzen Zahlen nach den beiden Kriterien so ordnen:

```
>>> fquickSort fst dieseListe
[("Anna",5),("Eva",7),("Gaby",4),("Hanna",2),("Julia",14),
 ("Kathrin",6),("Lotta",3),("Maria",5),("Paula",11),("Susanna",8)]

>>> fquickSort snd dieseListe
[("Hanna",2),("Lotta",3),("Gaby",4),("Maria",5),("Anna",5),
 ("Kathrin",6),("Eva",7),("Susanna",8),("Paula",11),("Julia",14)]
```

Kehren wir kurz zur Liste `dieseListe` der Paare, die wir oben eingeführt haben, zurück und stellen wir uns vor, daß wir die Liste der Namen, also der ersten Komponenten in dieser Liste, berechnen wollen. Sicherlich kann man dies durch

```
>>> [fst x | x <- dieseListe]
["Paula","Gaby","Hanna","Maria","Susanna","Anna","Kathrin",
 "Julia","Lotta","Eva"]
```

erledigen. Falls wir diese Liste sortieren wollen, würde

```
quickSort [fst x | x <- dieseListe]
```

diese Namen auch sortieren. Auch hier stellen wir fest, daß wir die Liste im Laufe unserer Berechnungen manipulieren, statt diese Liste einer Funktion als Argument zu übergeben, die dann das entsprechende Resultat zurückgibt. Da wir aber Berechnungen in Funktionen aufteilen, ist der zweite Weg vorzuziehen. Wir haben jedoch noch keine geeignete Funktion, denn wir müssen in der Lage sein, die Funktion `fst` über die Liste zu verteilen, genau so, wie wir das gerade explizit mit der Eigenschaftsliste gemacht haben.

Hierzu führen wir die Funktion `map :: (a -> b) -> [a] -> [b]` ein. Ein typischer Funktionsaufruf würde also so aussehen: `map f xs`, wobei `xs` vom Typ `[a]` ist, `f :: a -> b` als Signatur hat und das Resultat dann vom Typ `[b]` ist. Die Funktion `f` wird auf jedes Element der Liste `xs` angewandt, der Funktionsaufruf liefert dann die Liste der entsprechenden Funktionswerte. In unserem Beispiel sieht das so aus:

```
>>> map fst dieseListe
["Paula","Gaby","Hanna","Maria","Susanna","Anna",
 "Kathrin","Julia","Lotta","Eva"]
```

Wenn ich also die Liste der Namen alphabetisch sortieren möchte, so kann ich das mit Hilfe der Funktion `map` so tun:

```
quickSort (map fst dieseListe).
```

Das Argument zu `quickSort` entsteht so, daß die `map`-Funktion die Funktion `fst` über die Liste schickt, daraus also die Liste der ersten Komponenten zusammenstellt, die dann an `quickSort` übergeben wird. Eine alternative Formulierung wäre übrigens

```
quickSort $ map fst dieseListe
```

Sie sollten sich klarmachen, daß die Formulierung

```
quickSort map fst dieseListe
```

aus Prioritätsgründen nicht arbeitet. Sie sehen übrigens, daß der Operator $ recht praktisch ist: Er erlaubt bei einem Funktionsaufruf die Trennung der Argumente von Funktionsnamen; das hilft gelegentlich der Übersicht.

Die Funktion `map` ist ziemlich wichtig und, ähnlich wie die Funktion `filter`, ein prominentes Beispiel von Funktionen *höherer Ordnung*, die mindestens ein funktionales Argument haben. Diese Funktion wird uns auch später noch begegnen.

Ich würde gerne eine Alternative diskutieren: Wir haben `quickSort` um einen funktionalen Parameter erweitert und damit ziemlich viel Flexibilität gewonnen. Als Alternative kommt die Funktion `sortBy` in Frage, die sich im Modul `Data.List` findet. Sehen wir uns das Profil der Funktion an:

```
>>> :info sortBy
sortBy :: (a -> a -> Ordering) -> [a] -> [a]
       -- Defined in Data.List
```

Erinnern Sie sich: `Ordering` ist ein diskreter Typ und hat lediglich die Elemente LT, EQ, GT. Um also die Funktion `sortBy` nutzen zu können, müssen wir als ersten Parameter eine Funktion bereitstellen, die zwei Elemente des Grundtyps der zu sortierenden Liste als Argumente nimmt und ein Element des `Ordering`-Typs als Resultat zurückgibt. Das zweite Argument für die Funktion `sortBy` ist dann die Liste, die sortiert werden soll. In unserem Fall definieren wir die folgende Funktion

```
orderBy f p1 p2
    | (f p1) < (f p2) = LT
    | (f p1) == (f p2) = EQ
    | otherwise = GT
```

Einfache Beispiele erläutern die Arbeitsweise:

```
>>> orderBy fst (1, 4) (2, 5)
LT
>>> orderBy (\(x, y) -> -(x*y)) (1, 4) (2, 5)
GT
```

Wir sind allerdings noch nicht ganz da angekommen, wohin wir wollen, denn wenn wir uns die Typisierung der Funktion `orderBy` ansehen, so sehen wir, daß die Funktion noch nicht als ersten Parameter für den Aufruf von `sortBy` verwendet werden kann. Die partielle Anwendung von Funktionen liefert jetzt aber den Schlüssel für das weitere Vorgehen: Wir parametrisieren die Funktion `orderBy` durch den ersten Parameter `fst`, die entstehende partielle Funktion `orderBy fst` hat die Signatur

```
orderBy fst :: (Ord a) => (a, b) -> (a, b) -> Ordering.
```

Also nimmt die Funktion `orderBy fst` zwei Paare, deren erste Komponente einem Typ der Klasse `Ord` angehört, sie liefert einen Wert vom Typ `Ordering`, also genau so, wie wir es im Sinne haben. Sehen wir uns also das Beispiel wieder an:

```
>>> sortBy (orderBy fst) dieseListe
[("Anna",5),("Eva",7),("Gaby",4),("Hanna",2),("Julia",14),
    ("Kathrin",6),("Lotta",3),("Maria",5),("Paula",11),("Susanna",8)]

>>> sortBy (orderBy snd) dieseListe
[("Hanna",2),("Lotta",3),("Gaby",4),("Maria",5),("Anna",5),
    ("Kathrin",6),("Eva",7),("Susanna",8),("Paula",11),("Julia",14)]
```

Damit können wir die gewünschte Sortierung herstellen, indem wir eine geeignete Funktion bereitstellen, die den Typ `Ordering` als Resultat-Typ hat. Diese Funktion wiederum gewinnen wir durch partielle Anwendung aus einer anderen, etwas allgemeineren.

Wir haben also den diskreten Typ `Ordering` dazu benutzt, eine Ordnung auf einer Menge von Werten zu definieren, die nicht unbedingt von vorneherein als geordnet betrachtet werden kann (in diesem Sinne ist die Ordnung künstlich, aber dazu dient ja gerade die diskrete Skala `LT`, `EQ`, `GT`). Es sollte auch klar sein, daß wir diese zur Sortierung verwendete Ordnung nicht aus der Luft greifen können. Wir müssen uns vielmehr auf einen bereits vorhandenen geordneten Datentyp abstützen können, der hier durch die natürliche Ordnung der Zeichenketten gegeben ist.

2.2 Reißverschlüsse

Gegeben seien zwei Listen `xs` und `ys` ganzer Zahlen, ich möchte gerne eine Liste der entsprechenden Summen produzieren: Ich möchte also berechnen `xs!!n+ys!!n`, wobei `n` in dem Bereich liegt, in dem beide Listen definiert sind; die Listen können unterschiedliche Längen haben. Die Lösung *zu Fuß* würde so aussehen:

```
[xs!!n + ys!!n | n <- [0 .. ((length xs) `min` (length ys)) - 1]].
```

Wir iterieren also über beide Listen und addieren die entsprechenden Elemente, soweit die Iteration möglich ist; hierzu bestimmen wir mit `min` das Minimum der Länge der beiden Listen. Wenn wir die Problemstellung geringfügig modifizieren und statt der Summe, sagen wir, das Maximum der beiden Elemente berechnen wollen, könnten wir die gerade angegebene Liste variieren:

```
[xs!!n 'max' ys!!n |
            n <- [0 .. ((length xs) 'min' (length ys)) - 1]].
```

Es kommt offenbar auf den binären Operator an, der auf die einzelnen Paare angewandt wird. Eine etwas weniger simple Lösung, die die Funktionen map und uncurry benutzt, könnte so aussehen (uncurry ist nötig, weil wir es mit Paaren zu tun haben, vgl. Aufgabe 1.1):

```
map (uncurry (+)) [(xs!!n, ys!!n) |
            n <- [0 .. ((length xs) 'min' (length ys)) - 1]].
```

Die Variation der Berechnung der paarweisen Maxima hätte analog diese Lösung:

```
map (uncurry max) [(xs!!n, ys!!n) |
            n <- [0 .. ((length xs) 'min' (length ys)) - 1]].
```

Wir berechnen also zunächst jeweils die Liste der entsprechenden Paare, und dann wenden wir auf diese Paare mit Hilfe von map-Funktion die gewünschte Funktion an, also die Funktion (+) zur Summenbildung oder die Funktion max für die Maximumbildung. Damit haben wir das Problem in zwei Teilprobleme zerlegt, denen wir uns jetzt nacheinander zuwenden.

Wenn wir zunächst die Liste der Paare bilden wollen, so können wir das durch diese Funktion tun:

```
zipp (x:xs) (y:ys) =
    (x, y):(zipp xs ys)
zipp [] _ = []
zipp _ [] = []
```

Wir definieren die Funktion zipp durch Mustererkennung, wobei der erste Fall klar ist. Wenn wir zwei nicht-leere Listen haben, so separieren wir für beide Listen jeweils das erste Element, bilden das Paar und machen dann mit dem Rest weiter. Der Fall der leeren Listen wird separat behandelt, Sie sehen im ersten Fall, daß das erste Argument für zipp die leere Liste ist, und das zweite Element durch einen Unterstrich vertreten wird. Dieser Unterstrich sagt, daß hier ein beliebiges Argument eingegeben werden kann: Was immer als Argument verwendet wird, die Funktion liefert, wenn sie mit der leeren Liste als erstem Argument versehen wird, die leere Liste. Die Vorgehensweise im Fall des leeren zweiten Arguments ist analog. Diese Vorgehensweise, gelegentlich auch als *don't care* bezeichnet, ist recht praktisch, weil man sich an dieser Stelle keinen Argumentnamen ausdenken muß, der dann ohnehin keine Verwendung findet.

Zurück zur Funktion zipp. Sehen wir uns Beispiele an:

```
>>> zipp [1, 2] [10, 20]
[(1,10),(2,20)]
>>> zipp [1 .. 4] ['a' .. 'c']
[(1,'a'),(2,'b'),(3,'c')]
```

Wir berechnen also Paare der entsprechenden Argumente; sobald eine der Listen keine Argumente mehr hat, endet die Konstruktion. Die ziemlich häufig benutzte Funktion

```
zip :: [a] -> [b] -> [(a, b)],
```

die genau diesen Zweck erfüllt, ist vordefiniert. Wir werden die Funktion `zip` im Folgenden statt der selbst definierten Funktion benutzen (der Name der Funktion verweist auf das englische Wort für *Reißverschluß*, eine ziemlich anschauliche Analogie für die Arbeitsweise der Funktion).

Wir wollten aber nicht nur die Bildung von Paaren betrachten, was uns mit der Funktion `zip` gut gelingt, wir wollen eine Funktion mit zwei Argumenten darauf anwenden. Wir könnten nun diese Funktion analog zur Funktion `zipp` selbst definieren, es gibt jedoch bereits eine Funktion `zipWith :: (a -> b -> c) -> [a] -> [b] -> [c]`, die genau unseren Spezifikationen entspricht: Ein Aufruf `zipWith f xs ys` hat eine Funktion `f :: a -> b -> c` als erstes und eine Liste `xs :: [a]` als zweites, eine Liste `ys :: [b]` als drittes Argument. Der Funktionsaufruf von `zipWith` bildet die Liste der entsprechenden Paare, wendet die Funktion auf die erste und die zweite Komponente jedes Paares an und gibt dann die entsprechende Liste der Ergebnisse zurück. Dieses Beispiel illustriert die Arbeitsweise der Funktion:

```
>>> zipWith (+) [1, 2] [100, 200]
[101,202]
```

2.3 Faltungen

Nachdem wir verschiedene fundamentale Funktionen für die Arbeit mit Listen diskutiert haben, wollen wir schließlich die Faltung von Listen besprechen. Wir überlegen uns zunächst, daß die Summation über die Liste `[1,2,3,4]` auf zwei Arten geschehen kann:

Von rechts

$$\begin{aligned}sum[1,2,3,4] &= sum[1,2,3] + 4 \\ &= sum[1,2] + (3+4) \\ &= sum[1] + (2+(3+4)) \\ &= (1+(2+(3+4)))\end{aligned}$$

Von links

$$\begin{aligned}sum[1,2,3,4] &= 1 + sum[2,3,4] \\ &= (1+2) + sum[3,4] \\ &= ((1+2)+3) + sum[4] \\ &= (((1+2)+3)+4)\end{aligned}$$

Sie sehen, daß die Liste von rechts bzw. von links *gefaltet* wird. Im Fall der Rechtsfaltung sehen wir, daß das Element 4, also das Element, das am weitesten rechts steht, zum Ergebnis der Summation der übrigen Elemente addiert wird. Analog geht die Summation der anderen Teil-Listen. Es wird immer das *letzte* Element zum Ergebnis der *übrigen* Elemente addiert, der Prozeß terminiert, wenn die zu bearbeitende Liste leer ist, was dem Wert 0 entspricht. In analoger Weise verfährt die Faltung der Liste von links: Hier wird das erste Element, also das am weitesten links stehende, zur Summe der restlichen Elemente addiert, die Liste der restlichen Elemente wird analog behandelt, bis die Liste abgearbeitet ist, dann wird 0 als Ergebnis für die leere Liste zurückgegeben, woraus sich das Gesamtergebnis errechnet.

Betrachten wir zunächst die Behandlung der Liste von *links*: Wir definieren eine Funktion foldl durch

```
foldl f y [] = y
foldl f y (x:xs) = foldl f (f y x) xs
```

Ist y vom Typ a und die Liste xs vom Typ [b], so sollte die Funktion f die Signatur f :: a -> b -> a haben, das Resultat der Funktion foldl ist dann vom Typ a. Also

```
foldl :: (a -> b -> a) -> a -> [b] -> a.
```

Der zweite Parameter beim Aufruf einer nicht-leeren Liste wird rekursiv durch das Ergebnis des Funktionsaufrufs für den zweiten Parameter und das erste Element der Liste ersetzt. Damit wird klar, daß der zweite Parameter als *Akkumulator* dient, der das Resultat des Funktionsaufrufs zurückgibt, wenn der dritte Parameter die leere Liste ist; dieser Fall entspricht wie üblich dem Fall, daß der dritte Parameter vollständig durchlaufen wird.

Betrachten wir als Beispiel die Summation über eine Liste: Hier spielt die Addition (+) die Rolle der Funktion, der Akkumulator ist 0, und es ergibt sich

```
foldl (+) 0 [1, 2, 3, 4] = foldl (+) (0 + 1) [2, 3, 4]
= foldl (+) ((0 + 1) + 2) [3, 4] = ...
= foldl (+) (0 + 1 + 2 + 3 + 4) []
= 10
```

Sie sehen, daß wir die Addition hier funktional und nicht als Infix-Operator verwenden. Ein weiteres Beispiel ist die Minimum-Bildung:

```
myMin (x:xs) = foldl min x xs
```

mit

```
>>> myMin [3, 4, 1, 8, 0]
0
```

2.3 Faltungen

definieren die Berechnung des Minimums für eine Liste. In jedem Beispiel wird sichtbar, wie das erste Element als Initial-Wert verwendet wird, der dann die partiellen Resultate akkumulieren hilft. Die Länge einer Liste kann auf etwas unkonventionelle Art wie folgt berechnet werden: Wir definieren die Funktion `eins` dadurch, daß wir ein beliebiges Argument auf die 1 abbilden, diese Funktion wird mit `map` über eine Liste geschickt, so daß eine lediglich aus Einsen bestehende Liste entsteht, die dann aufsummiert wird:

```
myLength xs = foldl (+) 0 (map one xs)
              where one _ = 1
```

Mit Hilfe der Konkatenationsfunktion (++) können wir Listen von Listen in einfache Listen verwandeln, Listen also sozusagen *flach klopfen*.

```
>>> foldl (++) [] [[1, 2, 3], [3, 4, 5], [8, 9], [99 .. 101]]
[1,2,3,3,4,5,8,9,99,100,101].
```

Es geschieht recht häufig, daß man Listen von Listen zu einer einzigen Liste vereinigen möchte, die Funktion `concat :: [[a]] -> [a]` ist vordefiniert.

Sie sehen also, daß diese Funktion durch eine Links-Faltung definiert werden kann. Das nächste Beispiel nimmt eine Liste, deren einzelne Elemente wieder Listen ganzer Zahlen sind, es soll die Summe über alle Listen berechnet werden. Die erste Lösung geht so vor, daß wir zunächst mit der Funktion `foldl (+) 0 :: (Num a) => [a] -> a` die Summe der Einzellisten berechnen und in einem zweiten Schritt die partiellen Summen aufaddieren:

```
sumList2 xss = fu (map fu xss)
               where
                   fu = foldl (+) 0
```

Wir konstruieren also eine Liste als Zwischenergebnis, die dann weiterverarbeitet wird. Die zweite Lösung geht anders vor: Sie definiert auch eine lokale Funktion `foldl (+) :: (Num a) => a -> [a] -> a`, die jedoch den Akkumulator-Wert in der ersten Lösung vermeidet:

```
sumList xss = foldl ff 0 xss
              where
                  ff = foldl (+)
```

Diese Lösung beruht darauf, daß wir aus der partiellen Funktion `ff` und einem Zwischenergebnis k eine neue partielle Funktion `ff k:: (Num a) => [a] -> a` bilden können, die dann das Ergebnis liefert. Das sieht dann, schrittweise aufgeblättert, so aus:

```
sumList [[1, 2], [3, 4, 5]]  == foldl ff 0 [[1, 2], [3, 4, 5]]
                             == foldl ff 0 [1, 2]:[[3, 4, 5]]
                             == foldl ff (ff 0 [1, 2]) [[3, 4, 5]]
                             == foldl ff 3 [3, 4, 5]:[]
                             == foldl ff (ff 3 [3, 4, 5]) []
                             == foldl ff 15 [] == 15
```

Die Rechtsfaltung `foldr` arbeitet ein wenig anders, auch hier wird ein Akkumulator benutzt, der jedoch zum Ende der Liste getragen wird, also so weit *nach rechts* wie möglich:

```
foldr f y [] = y
foldr f y (x:xs) = f x (foldr f y xs)
```

Vielleicht ist die Formulierung `foldr f y (x:xs) = x 'f' (foldr f y xs)` für den nicht-leeren Fall der als Argument dienenden Liste intuitiver, wenn die Funktion als Infix-Operator verwendet wird. Überlegen wir uns die Typisierung: Falls `f` den Typ `a -> b -> b` und `y` den Typ `b` hat, `xs` eine Liste vom Typ `[a]`, so resultiert ein Aufruf der Funktion in einem Wert vom Typ `b`. Also ergibt sich als Signatur:

```
foldr :: (a -> b -> b) -> b -> [a] -> b.
```

Auch hier sehen wir uns einige Beispiele an: Das erste Beispiel wendet den Operator (:) zur Listenkonstruktion an:

```
>>> foldr (:) [1, 2, 3] [40, 50, 60]
[40,50,60,1,2,3]
```

Das Ergebnis ist ein wenig überraschend, offenbar wird die Liste, die als zweites Argument dient, vor die erste Liste, die als Akkumulator dienen soll, gehängt. Wenn wir die Arbeitsweise der Funktion verfolgen, so ergibt sich

```
foldr (:) [1, 2, 3]   [40, 50, 60]
            == 40 : (foldr (:) [1, 2, 3] [50, 60])
            == 40 : (50: (foldr (:) [1, 2, 3] [60]))
            == 40 : (50 : (60 : (foldr (:) [1, 2, 3] [])))
            == 40 : (50 : (60 : [1, 2, 3]))
```

Allgemein haben wir `xs ++ ys == foldr (:) ys xs`.

Mit beiden Faltungsfunktionen können wir die Konkatenationsfunktion `concat` für Listen implementieren. Wir wollen dies in beiden Fällen nachvollziehen, um die Arbeitsweise der beiden Faltungen zu repräsentieren. Das Beispiel konkateniert die Listen [1,2] und [3,4], als Funktion wird die Konkatenationsfunktion (++) benutzt, als Akkumulator nehmen wir die leere Liste [], einmal als Links- dann als Rechtsfaltung.

```
foldl (++) []   [[1, 2], [3, 4]]
            == foldl (++) [] ([1, 2]:[[3, 4]])
            == foldl (++) ((++) [] [1, 2]) [[3, 4]]
            == foldl (++) [1, 2] [[3, 4]]
            == foldl (++) [1, 2] ([3, 4]:[])
            == foldl (++) ((++) [1, 2] [3, 4]) []
            == foldl (++) [1, 2, 3, 4] []
            == [1, 2, 3, 4]
```

2.3 Faltungen

```
foldr (++) []  [[1, 2], [3, 4]]
            == foldr (++) [] ([1, 2]:[[3, 4]])
            == [1, 2] ++ (foldr (++) [] [[3, 4]])
            == [1, 2] ++ (foldr (++) [] ([3, 4]:[]))
            == [1, 2] ++ ([3, 4] ++ (foldr (++) [] []))
            == [1, 2] ++ ([3, 4] ++ [])
            == [1, 2, 3, 4]
```

Es mag überraschend sein, aber die fundamentale Funktion `map` läßt sich durch eine Rechtsfaltung beschreiben: Hierzu definieren wir zur gegebenen Funktion `f` eine lokale Funktion `g` durch `g x ys = (f x):ys`. Diese Funktion hat zwei Argumente, das erste Argument ist ein Mitglied des Definitionsbereichs von `f`, das zweite Argument ist eine Liste. Die Anwendung `g x ys` wendet die Funktion `f` auf das erste Argument `x` an und stellt das Ergebnis an den Beginn der Liste `ys`, so daß sich also als Resultat von `g 'a' [5, 6, 7]` ergibt `[f 'a', 5, 6, 7]`. Damit wird die Funktion `myMap` wie folgt definiert

```
myMap f xs = foldr g [] xs
             where
                  g x ys = (f x):ys
```

Diese Funktion erfüllt ihre Aufgabe, wie wir am folgenden Beispiel nachvollziehen können.

```
myMap f [1, 2]   == foldr g [] [1, 2]        == (g 1) (foldr g [] [2])
                 == (g 1 (foldr g [] [2]))   == g 1 (g) 2 []
                 == g 1 g 2 []               == g 1 (f 2):[]
                 == (f 1):(f 2):[]           == [f 1, f 2]
```

Berechnung der transitiven Hülle

Als kleine Anwendung, die wir auch später nützlich finden werden, berechnen wir die transitive Hülle einer Relation. Mathematisch ist eine Relation R über einer Menge S eine Teilmenge des cartesischen Produkts, also $R \subseteq S \times S$. Anschaulich kann man eine Relation graphisch darstellen, indem man zwei Elemente x und y dann miteinander verbindet, wenn $\langle x, y \rangle \in R$, wenn also x und y benachbart sind. Das ergibt einen gerichteten Graphen, deshalb sprechen wir auch gelegentlich von Knoten und Kanten, vgl. Abschnitt 4.2.3. Wir werden eine Relation als Liste darstellen, deren Elemente Paare sind. Es wird sich jedoch als praktisch erweisen, auch eine andere Darstellung der Relation zu verwenden. Ist `a` der Typ der Elemente von S, so stellen wir diese Grundmenge als Liste über `a` dar, die Relation selbst als Funktion `f` vom Typ `a -> [a]`, wir ordnen also jedem Element seine unmittelbaren Nachbarn zu, so daß also `r 'elem' f x` genau dann gilt, wenn $\langle x, r \rangle \in R$ gilt.

Wir treffen einige kleinere Vorbereitungen. Listen können Elemente mehr als einmal enthalten, das führt aber zu erhöhtem Aufwand. Daher wollen wir Dubletten vermeiden

und führen einen Operator ein, der bei der Vereinigung zweier Listen darauf aufpasst,
daß kein vorhandenes Element eingefügt wird.

```
uInsert :: (Eq t) => t -> [t] -> [t]
uInsert x [] = [x]
uInsert x (y:ys)
        | x == y = (y:ys)
        | otherwise = y:(uInsert x ys)

infixr 5 +++

(+++) xs ys = foldr uInsert xs ys
        where
              insert x [] = [x]
              insert x (y:ys)
                      | x == y = (y:ys)
                      | otherwise = y:(uInsert x ys)
```

Der Operator hat also dieselben Eigenschaften wir der Operator ++; die Funktion
uInsert achtet darauf, daß ein Element nur dann in eine Liste eingefügt wird, wenn es
noch nicht vorhanden ist. Analog definieren wir eine Funktion

```
conccatt :: (Eq a) => [[a]] -> [a] ,
```

die Duplikate bei der Konkatenation von Listen vermeidet:

```
conccatt xss = foldr (+++) [] xss
```

Die Relation ist als Liste von Paaren repräsentiert; mit der Funktion knoten extrahieren wir alle Elemente der Grundmenge; mit der Funktion defAdj definieren wir die Funktion, die jedem Knoten seine Nachbarn zuordnet. Die Funktion mkRel ist die Umkehrfunktion, die aus der funktionalen die relationale Darstellung berechnet.

```
knoten :: (Eq b) => [(b, b)] -> [b]
knoten gr = (map fst gr) +++ (map snd gr)
defAdj gr a = map snd $ filter (\x -> fst x == a) gr

mkRel :: (Eq t, Eq t1) => [t] -> (t -> [t1]) -> [(t, t1)]
mkRel kno adj = foldr uInsert [] [(x, y) | x <- kno, y <- adj x]
```

Die transitive Hülle einer Relation R ist diejenige Relation S, für die gilt: $\langle x, y \rangle \in S$ genau dann, wenn es einen Pfad $z_0, \ldots, z_k$ mit $k > 0$ von x nach y gibt, dessen Kanten in R liegen. Es muß also $x = z_0$, $y = z_k$ und $\langle z_i, z_{i+1} \rangle \in R$ gelten. Die Idee für den Algorithmus ist einfach: Wir konstruieren eine neue Relation, indem wir Kanten propagieren. Falls also $\langle x, y \rangle, \langle y, z \rangle \in R$, so fügen wir eine Kante $\langle x, z \rangle$ zu unserer neuen Relation hinzu. Das wird durch die Funktion

```
upd :: (Eq a) => (a, a) -> (a -> [a]) -> a -> [a]
```

2.3 Faltungen

erledigt:

```
upd (a, b) adj = neuAdj
    where
        t = adj a
        s = adj b
        neuAdj x
            | x == a   = t +++ (if b 'elem' t then s else [])
            | x == b   = s +++ (if a 'elem' s then t else [])
            | otherwise = adj x
```

Also konstruiert `upd (a, b) adj` eine neue Abbildung `neuAdj`, die für alle Werte außer a und b genauso aussieht wie `adj`. Falls wir eine Kante von a nach b haben, fügen wir die Nachbarn von b zu denen von a hinzu; so entsteht die Liste `neuAdj a`; analog gehen wir bei b vor.

Für eine Liste `ps` von Paaren propagiert die Funktion `upd1` diese Erweiterungen durch die Relation. Die Rechtsfaltung sorgt dafür, daß zuerst die Modifikation für eine Funktion sowie ein Paar vorgenommen, also eine neue Funktion berechnet wird. Mit dieser neuen Funktion geht es dann in die „nächste Runde", bis die Liste erschöpft ist.

```
upd1 adj ps = foldr upd adj ps
```

Die transitive Hülle wird also berechnet durch

```
tHul :: (Eq b) => [(b, b)] -> [(b, b)]
tHul gr = mkRel dieKnoten (upd1 dieAdj allePaare)
    where
        dieKnoten = knoten gr
        dieAdj    = defAdj gr
        allePaare = [(x, y) | x <- dieKnoten,
                              y <- dieKnoten, x /= y]
```

Dieser Algorithmus wird gelegentlich nach *Floyd - Warshall* benannt. Ist n die Anzahl der Knoten, so erfordert jede Operation in der Funktion `upd` $\mathcal{O}(n)$ Vergleiche, so daß der Algorithmus insgesamt von der Laufzeit $\mathcal{O}(n^3)$ ist.

Diskussion

Wir werden gelegentlich Rechts- und Linksfaltungen in den folgenden Diskussionen benutzen. Aber warum wollen wir überhaupt eine Faltung verwenden? Wir wissen doch, wie wir eine Liste rekursiv durchlaufen, warum definieren wir dann noch zusätzliche Funktionen? Die Antwort scheint durch einige der Beispiele hindurch: Einige der fundamentalen Funktionen wie etwa `map` oder auch die Konkatenationsfunktion `concat` lassen sich durch Faltungen definieren. Das deutet darauf hin, daß Faltungen fundamentaler sind als die anderen Funktionen. Der andere Grund ist pragmatisch. Wir wissen, daß wir in aller Regel, wenn wir eine Liste rekursiv traversieren wollen, zwei Fälle unterscheiden: Nämlich den Basis-Fall (dem *Induktionsbeginn* vergleichbar), indem wir angeben, was mit der leeren Liste zu geschehen hat. Dann der Schritt zur Berechnung einer nicht-leeren Liste, in der wir meist den Listenbeginn vom Rest der Liste durch Mustererkennung abtrennen, und das Ergebnis für den Kopf der Liste in Verhältnis zum Ergebnis für den Rest der Liste setzen (also dem *Induktionsschritt* vergleichbar). Meist kann der Wert, der sich für die leere Liste ergibt, als Akkumulator verwendet werden, denn die Vorgehensweise bei der Faltung erfordert lediglich einen Schritt, der – zugegebenerweise nach einiger Übung – sich als wesentlich durchsichtiger für die Behandlung der entsprechenden Algorithmen ergibt.

2.4 Aufgaben

Aufgabe 2.1

Erzeugen Sie alle Permutationen von [1 .. n] für positives n.

Aufgabe 2.2

Implementieren Sie eine Funktion, die alle Duplikate aus einer Liste entfernt.

Aufgabe 2.3

Implementieren Sie die Funktion takeWhile rekursiv und durch eine Rechtsfaltung.

Aufgabe 2.4

Implementieren Sie die Funktionen words und unwords. words zerlegt eine Zeichenkette in ihre einzelnen Wörter, trennende Symbole sind Leerzeichen, Symbole für Tabulatoren und für den Zeilenvorschub; das Resultat ist eine Liste von Zeichenketten. Die Funktion unwords konstruiert aus einer Liste von Zeichenketten eine einzige durch Konkatenation.

Aufgabe 2.5

Gegeben sei ein Text als eine (lange) Zeichenkette und eine positive Zahl k. Schreiben Sie ein Programm zum Zeilenumbruch; das Programm soll in die Zeichenkette Zeilenumbrüche einfügen, so daß jede Zeile höchsten k Zeichen lang ist, daß aber das Hinzunehmen des nächsten Worts eine Zeile produzieren würde, deren Länge k überschreitet

Aufgabe 2.6

Der Aufruf match ps ss der Funktion match :: [a] -> [a] -> ([a], [a]) liefert (ps, drop (length ps) ss), falls ps das Anfangsstück von ss der Länge length ps ist, und sonst ([], ss), also z.B.

match [1, 3, 4] [1, 3, 4, 6, 8, 1, 2] = ([1, 3, 4], [6, 8, 1, 2]).

Implementieren Sie die Funktion match.

Aufgabe 2.7

Diese Aufgabe befaßt sich mit der Zerlegung von Listen in Anfangsstücke abhängig von einem Prädikat.

1. Die Funktion `span :: (a -> Bool) -> [a] -> ([a], [a])` zerlegt eine Liste in ein Paar, bestehend aus dem längsten Anfangsstück der als Argument übergebenen Liste, für deren Elemente das Prädikat zutrifft, und dem Rest, also z.B.

   ```
   >>> span (\t -> 2*t+5 /= 11) [1 .. 10]
   ([1,2],[3,4,5,6,7,8,9,10]).
   ```

   Implementieren Sie die Funktion `span`.

2. Die Funktion `break` hat dieselbe Signatur wie `span`, der Aufruf `break p xs` zerlegt die Liste `xs` in das längste Anfangsstück, für das `p` nicht zutrifft, und den Rest, also

   ```
   >>> break (\t -> 2*t + 5 > 18) [1 .. 10]
   ([1,2,3,4,5,6],[7,8,9,10]).
   ```

   Implementieren Sie die Funktion `break`.

Beide Funktionen sind im `Prelude` vorhanden.

Aufgabe 2.8

Ersetzen Sie in einer Zeichenkette jedes 'a' durch 'Y'.

Aufgabe 2.9

Ersetzen Sie in einer Zeichenkette jedes 'g' durch "Fontane hatte es auch nicht leicht".

Aufgabe 2.10

Die *Kleingruppe feministischer Großzwerge* KLEINGROSS e.V. bestimmt ihre Vorstandsvorsitzende wie folgt: Der Vorstand stellt sich im Kreis auf, und jedes zweite Mitglied setzt sich hin, wobei zirkulär von der bisherigen Vorsitzenden aus gezählt wird. Wer als letzter noch steht, bekommt den Vorsitz (bei zehn Mitgliedern und der Nr. 1 als bisheriger Vorsitzenden würde Nr. 5 neue Vorsitzende: die Vorstandsmitglieder setzen sich in der Reihenfolge $2, 4, 6, 8, 10, 3, 7, 1, 9$). Implementieren Sie diesen Wahlmodus von KLEINGROSS.

Hinweis: Betrachten Sie eine Liste der Länge k, falls der Vorstand k Personen enthält. Ein stehendes Vorstandsmitglied hat den Wert 1, ein sitzendes den Wert 0. Vorstandsmitglied `i` sitzt im Kreis unmittelbar vor Mitglied `j`, wenn `(i + 1) mod k == j` gilt.

Dies ist die friedliche Variante des in der Kombinatorik bekannten Josephus-Problems [15, Kapitel 1.3].

Aufgabe 2.11

Eine perfekte Zahl ist die Summe ihrer echten Teiler (z. B. $28 = 1 + 2 + 4 + 7 + 14$). Berechnen Sie alle perfekten Zahlen in einem gegebenen Intervall, sagen wir, zwischen 30 und 547.

Aufgabe 2.12

Sei $s(n)$ die Summe der Teiler der positiven natürlichen Zahl n, die kleiner als n sind, also z. B.

$$1 + 2 + 4 + 71 + 142 = 220$$
$$1 + 2 + 4 + 5 + 10 + 11 + 20 + 22 + 44 + 55 + 110 = 284$$

Weil $s(284) = 220$ und $s(220) = 284$ gilt, heißen 220 und 224 **befreundete Zahlen**. Die natürlichen Zahlen a und b sind also befreundet, wenn $s(b) = a$ und $s(a) = b$ gilt. 220 und 284 sind die kleinsten befreundeten Zahlen; finden Sie die nächsten zehn Paare.

Aufgabe 2.13

Die niederländische Nationalflagge besteht aus den Farben rot (R), blau (B) und weiß (W). Nehmen Sie an, wir haben eine Liste von k Steinchen in diesen drei Farben, allerdings in beliebiger Reihenfolge. Implementieren Sie ein Programm, das die Reihenfolge der Steinchen in Ordnung bringt. Hierbei dürfen Sie lediglich die Farbe von Steinen identifizieren und ggf. Steine miteinander vertauschen (ein Zugang, der einfach die Zahl der entsprechend farbigen Steinchen feststellt und die Liste damit neu definiert wäre also nicht akzeptabel).

Hinweis: Iterieren Sie von unten (d.h. bei 0 beginnend und aufwärts) und von oben (d.h. bei k - 1 beginnend und abwärts) über die Liste.

Dies ist eine vereinfachte Variante des Dutch National Flag-Problems [8, Kap. 14].

3 Erste Anwendungen

In diesem Kapitel wollen wir kurz über die Handhabung unendlicher Listen diskutieren und das an der Fakultätsfunktion und der Folge der Fibonacci-Zahlen dingfest machen. Dann gehen wir auf die Vignère-Verschlüsselung ein, entwickeln zunächst ein Programm eng an der Problemstellung und versuchen dann, das Programm systematischer aufzuschreiben.

3.1 Die Fakultätsfunktion als Liste

Wir repräsentieren die Fakultätsfunktion durch eine unendliche Liste:

```
fakt = [fakt2 n | n <- [0 ..]]
```

(vgl. Abschnitt 1.8). Also gilt `fakt!!n == n!` für alle nicht-negativen ganzen Zahlen n. Diese Darstellung ist nicht besonders interessant, weil sie schließlich die Funktionsaufrufe nur zusammenfaßt, aber nicht ersetzt. Wir wissen, daß `fakt!!0 = 1` gilt, also können wir schreiben

```
fakt = 1:rest
```

für eine geeignete Liste `rest`. Nun gilt

```
rest!!n = fakt!!(n+1) = fakt!!n * (n+1)
        = fakt!!n * [1 ..]!!n = (*) (fakt!!n) ([1 ..]!!n),
```

so daß wir erhalten

```
rest = zipWith (*) fakt [1 ..].
```

Hieraus ergibt sich die Darstellung

```
fakt = 1:(zipWith (*) fakt [1 ..])
```

für die Fakultätsfunktion durch eine unendliche Liste:

```
>>> take 10 fakt
[1,1,2,6,24,120,720,5040,40320,362880]
```

Diese Überlegungen wenden wir jetzt auf die Liste der Fibonacci-Zahlen an.

3.2 Fibonacci-Zahlen

Die Fibonacci-Zahlen $F_0, F_1, \ldots$ sind bekanntlich rekursiv wie folgt definiert:

$$F_n := \begin{cases} 0 & \text{if } n = 0, \\ 1 & \text{if } n = 1, \\ F_{n-1} + F_{n-2} & \text{if } n > 1. \end{cases}$$

Die Folge beginnt so: 0, 1, 1, 2, 3, 5, 8, 13, 21, 34, ... Die Umsetzung dieser Definition kann direkt geschehen, es ergibt sich diese Lösung:

```
fib 0 = 0
fib 1 = 1
fib n =  fib (n-1) + fib (n-2)
```

Wir arbeiten also mit Mustererkennung, mit deren Hilfe wir die Definition direkt umsetzen.

Diese Lösung ist ganz offensichtlich nicht besonders gut. Wenn wir uns das Resultat ansehen, so braucht die Maschine, auf der ich das bearbeite, für die Berechnung von $F_{32} = 2178309$ etwa dreizehn Sekunden. In einer prozeduralen Sprache könnte ich die Rekursion vermeiden, indem ich sie durch eine Iteration ersetze:

```
int a = 0, b = 1;
for (int k = 0; k <= n; k++) {
    int t = a;
    a = b; b = t + a,
    }
return a;
```

Es werden also hier zwei lokale Variablen a und b verwendet, die auf geschickte Art ihre Rollen wechseln, wobei der zweite Parameter jeweils die Summe des ersten mit dem „alten" zweiten Parameter ergibt. Das läßt sich in Haskell durch ein Paar von Funktionen realisieren:

```
fib1 0 (a, b) = (a, b)
fib1 n (a, b) =
    fib1 (n-1) (b, a + b)

fib2 n = fst(fib1 n (0, 1))
```

Die Berechnung von F_{32} läßt sich bei der Verwendung dieser Formulierung nicht mehr direkt messen, meine Zeitmessung gibt 0 Sekunden an. Das scheint also wesentlich effizienter zu sein als die Lösung vorher. Es läßt sich durch Induktion zeigen, daß die Funktionen fib und fib2 dasselbe Resultat ergeben.

Die Fibonacci-Zahlen werden wieder in einer (unendlichen) Liste fibs abgespeichert, also

3.3 Die Vignère-Verschlüsselung

```
fibs = [fib2 n | n <- [0 .. ]].
```

Zunächst ist klar, daß `fibs!!0 = 0` und `fibs!!1 = 1` gelten, so daß wir `fibs` wie oben darstellen können als `fibs = 0:1:rest`. Die Verhältnisse liegen ein wenig komplizierter als bei der Fakultätsfunktion, weil die F_{n+1} von F_n und von F_{n-1} abhängt, also von zwei Elementen derselben Folge. Offensichtlich gilt `rest!!n = fib (n+2)`, weil wir wissen `fib (n+2) = fib n + fib (n+1)`. Andererseits wissen wir

```
fib n = fibs!!n
fib (n+1) = (tail fib)!!n
```

Dies ergibt als Resultat für die n-te Komponente der Liste

```
rest!!n = fibs!!n + (tail fibs)!!n = (+) (fibs!!n) + ((tail fibs)!!n).
```

Wie oben können wir dann mit der Funktion `zipWith` schreiben

```
rest =  zipWith (+) fibs (tail fibs).
```

Insgesamt erhalten wir für die Liste aller Fibonacci-Zahlen diese Darstellung

```
fibs = 0 : 1 : zipWith (+) fibs (tail fibs).
```

Im Gegensatz zur direkten Repräsentation kann auch hier die Berechnung von F_{32} zeitlich nicht erfaßt werden, die Zeitfunktion gibt einen Wert von 0 Sekunden aus.

Wir haben also die Folge der Fibonacci-Zahlen durch eine unendliche Liste repräsentiert; es ist klar, daß nur diejenigen Teile der Liste berechnet werden, die auch wirklich gebraucht werden.

3.3 Die Vignère-Verschlüsselung

Eine bekannte, recht leicht herzustellende, aber überraschend schwer zu entschlüsselnde Kodierung ist die Vignère-Veschlüsselung. Sie wurde im 16. Jahrhundert von dem französischen Diplomaten Blaise de Vignère in seinem 1586 erschienenen Traktat über die Kunst der Verschlüsselung publiziert, geriet dann für zweihundert Jahre ziemlich in Vergessenheit und wurde dann im Jahr 1854 in England von Charles Babbage, der als einer der Gründerväter der Informatik gilt, erfolgreich analysiert und *geknackt*. Die entsprechende Arbeit wurde jedoch in Fachkreisen ignoriert, mehr Aufmerksamkeit fand die Arbeit eines preußischen Offiziers namens F. W. Kasiski, der unabhängig von Babbage gut zehn Jahre später seine Dekodierung publizierte.

Es ist interessant zu fragen, warum der Beitrag von Babbage nicht weiter verfolgt wurde. Seine Entzifferungstechnik wurde kurz nach dem Ausbruch des Krimkriegs entwickelt.

An diesem Krieg waren Großbritannien und das Russische Reich beteiligt, er gilt als der erste moderne Krieg mit seinen mörderischen und zerstörerischen Folgen [14, p. xix]. Eine These lautet, daß Babbage vom britischen Geheimdienst gebeten wurde, seine Entdeckung nicht bekannt zu machen, um Vorteile bei der Verwendung dieser Verschlüsselung nicht aus der Hand zu geben. Das ist gut möglich. Sie können die packende Geschichte der Entschlüsselung dieses Codes im zweiten Kapitel des Buchs von Singh [28] nachlesen.

Nach dieser notwendigen Vorrede widmen wir uns der Entwicklung dieser Kodierungs- und Dekodierungstechnik. Wir benötigen zunächst ein Grundalphabet. Hierzu nehmen wir der Einfachheit halber alle kleinen Buchstaben (ohne Umlaute). Wir sollten auch Leerzeichen darstellen können, wegen der leichteren Erkennbarkeit ersetzen wir das Leerzeichen durch das Zeichen '*'. Damit haben wir

```
alphabet = ['a' .. 'z'] ++ "*".
```

Aus dieser Liste bauen wir jetzt eine Matrix auf; die Zeilen entstehen dadurch, daß wir die Buchstaben wiederholt zyklisch vertauschen. Wir konstruieren also eine neue Liste, indem wir das erste Element der ursprünglichen Liste ans Ende setzen. Diesen Prozeß wiederholen wir so lange, bis die nächste zyklische Vertauschung die ursprüngliche Liste ergeben würde. Im ersten Schritt erhalten wir dann "abcdefghijklmnopqrstuvwxyz*", im zweiten Schritt bekommen wir "bcdefghijklmnopqrstuvwxyz*a" und so fort.

Eine einmalige zyklische Vertauschung wird durch die Funktion

```
shift xs = if (xs == []) then [] else (tail xs) ++ [head xs]}
```

erledigt. Die iterierte zyklische Vertauschung könnte natürlich durch eine rekursive Funktion der folgenden Art erledigt werden:

```
shiftIter 0 xs = xs
shiftIter (n+1) xs = shiftIter n (shift xs)
```

wir würden dann die Ergebnisse in einer Eigenschaftsliste aufsammeln. Glücklicherweise stellt Haskell eine Funktion

```
iterate :: (a -> a) -> a -> [a]
```

zur Verfügung, die eine Funktion a -> a bei gegebenem Argument vom Typ a beliebig oft iteriert: Wir finden also beim Aufruf von iterate f x das Ergebnis [x, f x, f (f x), f (f (f x)), ...]. Auf diese Weise wird eine unendliche Liste spezifiziert. Wir nehmen uns aus dieser Liste dann den entsprechenden Ausschnitt heraus.

Sehen wir uns zur Illustration der Funktion iterate zwei Beispiele an:

```
>>> take 10 (iterate (+1) (-5))
[-5,-4,-3,-2,-1,0,1,2,3,4]

>>> take 6 (iterate shift "abcde")
["abcde","bcdea","cdeab","deabc","eabcd","abcde"].
```

3.3 Die Vignère-Verschlüsselung

Im Hinblick auf die zyklische Vertauschung ist klar, daß, falls die Liste n Elemente enthält, die Iteration nach $n + 1$ Ausführungen zur Ausgangsliste zurückkehrt (das illustriert das zweite Beispiel). Also werden wir unsere Matrix durch die Funktion

```
dieMatrix :: [a] -> [[a]]
dieMatrix xs = take (length xs) (iterate shift xs)
```

konstruieren. Angewandt auf unsere Alphabet-Liste ergibt sich dann die folgende, in Abbildung 3.1 auf Seite 58 wiedergegebene Tabelle.

Um nun einen Text zu verschlüsseln, benötigen wir zusätzlich ein Schlüsselwort. Zur Illustration sei das Schlüsselwort `"beatles"` gewählt, als zu verschlüsselnden Text wählen wir zur Illustration[1]: `"all*you*need*is*love"` (vergessen Sie nicht, daß wir Leerzeichen ' ' durch Sterne '*' ersetzen). Die Verschlüsselung geht nun buchstabenweise vor sich, indem jeweils ein Buchstabe des Schlüsselwortes und des zu verschlüsselnden Textes auf diese Weise miteinander kombiniert werden:

1. Der erste Buchstabe im Schlüssel ist `b`. Der zu verschlüsselnde Buchstabe ist `a`, er steht in der ersten Spalte in der Matrix. Der Buchstabe `b` ist im Schnittpunkt von Zeile und Spalte.

2. Der zweite Buchstabe des Schlüssels ist `e`, der zweite zu verschlüsselnde Buchstabe ist `l`. Wir sehen uns also den Schnittpunkt der `e`-Zeile mit der `l`-Spalte an, dort finden wir den Buchstaben `p`.

3. Der dritte Buchstabe im Schlüssel ist `a`, der dritte Buchstabe im Text ist `l`, der Durchschnitt der `a`-Zeile mit der `l`-Spalte gibt `l`, der Durchschnitt der `t`-Zeile mit der `y`-Spalte ergibt `s`.

4. Und so fort, bis der gesamte Text verschlüsselt ist.

Zur Verschlüsselung des Buchstaben `x` mit dem Schlüssel-Buchstaben `k` sind also in unserer Datenstruktur die folgenden Schritte nötig:

1. Wir suchen in der Matrix die Zeile, die mit dem Buchstaben `k` beginnt; wir nennen sie k-Zeile,

2. wir identifizieren die Position des Buchstaben `x` in dieser Zeile, sagen wir `xpos` (also gilt `xpos!!kZeile == x`),

3. wir geben `alphabet!!xPos` als Verschlüsselung zurück.

Diese Vorgehensweise hat noch einen kleinen Schönheitsfehler, weil sie über den !!-Operator ein Element aus einer Liste adressiert. Es wäre angenehmer, dies über eine

---
[1]Sie sehen daran, daß der Verfasser ein sog. *Alter Achtundsechziger* ist: Wer sonst würde den Anfang eines Songs der Beatles als Beispiel wählen?

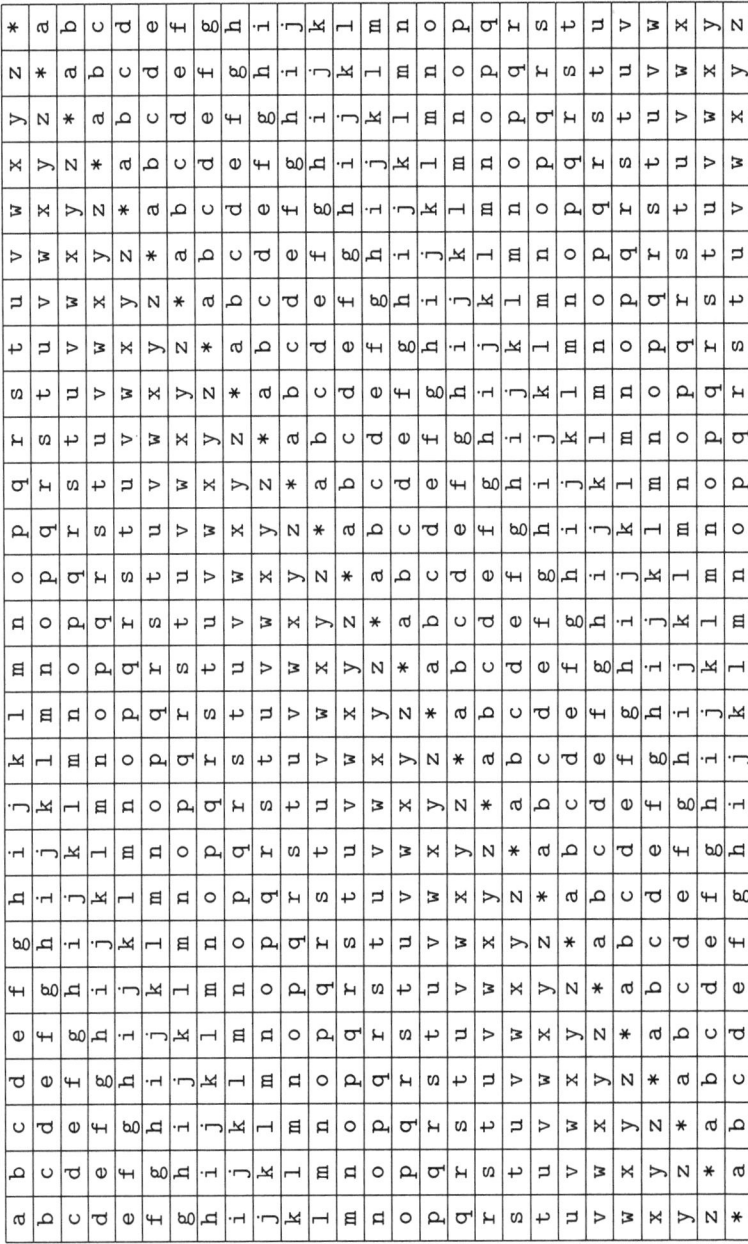

Tabelle 3.1: *Die Tabelle für die Vignère-Verschlüsselung*

3.3 Die Vignère-Verschlüsselung

Kombination von bekannten Funktionen zu erledigen, und hier ist die oben besprochene Funktion `takeWhile` nützlich. Wir suchen die Position eines Buchstabens x in einer Liste xs von Zeichen, indem wir die Anzahl der Zeichen zählen, die *vor* diesem Buchstaben in der Liste positioniert sind, es ergibt sich also zum Beispiel `length(takeWhile (/= 'd') ['a' .. 'z'])` für die Position des Buchstabens 'd' in der Liste `['a' .. 'z']`. Auf diese Weise können wir die Position eines Zeichens in einer Liste durch die Funktion

```
indexIn :: (Eq a) => a -> [a] -> Int
indexIn x xs = length (takeWhile (/= x) xs)
```

beschreiben.

Diese Überlegung betrifft die Position eines Buchstaben in unserer Alphabet-Liste. Wir benötigen aber auch die Zeile innerhalb der Matrix, die mit diesem Buchstaben beginnt. Hier kommt der Stiefzwilling der Funktion `takeWhile`, nämlich die Funktion `dropWhile` zum Tragen. Wenn wir die Zeile innerhalb einer Matrix (also einer Liste von Listen) xss finden wollen, so iterieren wir über xss, bis wir die Liste gefunden haben, die das gesuchte Element x als erstes Element enthält. Diese letzte Aufgabe delegieren wir an die anonyme Funktion

```
(\t -> head t /= x),
```

die für eine Liste genau dann den Wert `True` zurückgibt, wenn das erste Element ungleich x ist. Die Zeile, in der sich der Buchstabe x als erstes Element findet, läßt sich durch die Funktion

```
dieZeile :: (Eq a) => a -> [[a]] -> [a]
dieZeile x xss = head $ dropWhile (\t -> head t /= x) xss
```

bestimmen. Mit Hilfe der Funktion `dropWhile` ignorieren wir all die Matrix-Zeilen, die unser Kriterium *nicht* erfüllen, `dropWhile` liefert eine Liste, deren erstes Element wir extrahieren. Also ergibt sich z. B.:

```
>>> dieZeile 'w' (dieMatrix (['a' .. 'z'] ++ ['*']))
"wxyz*abcdefghijklmnopqrstuv"
```

Damit können wir die oben beschriebene Vorgehensweise zur Verschlüsselung so formulieren:

```
encode :: Char -> Char -> Char
encode x y = alphabet!!k
             where
                 alphabet = ['a' .. 'z'] ++ "*"
                 r = dieZeile y (dieMatrix alphabet)
                 k = indexIn x r
```

Die Verschlüsselung eines Textes mit Hilfe einer Liste von Schlüsselbuchstaben kann dann so geschrieben werden: Um die Verschlüsselung des Textes mit Hilfe unseres vorgegebenen Schlüssels `beatles` vornehmen zu können, müssen wir in der Lage sein, den Schlüssel zyklisch zu wiederholen: Wenn wir nämlich alle seine Buchstaben aufgebraucht haben, so verlangt das Verfahren, daß wir dann beim ersten Buchstaben des Schlüssels wieder anfangen. Das können wir mit Hilfe einer unendlichen Liste so tun: Wir wiederholen also den Schlüssel unendlich oft, und wenn wir ein neues Zeichen aus dieser Kette benötigen, nehmen wir einfach das nächste verfügbare. Das führt zu der Liste, die durch

```
aList = key ++ aList
```

definiert ist.

Insgesamt ergibt sich die folgende Funktion für die Verschlüsselung eines Zeichens x:

```
code :: [Char] -> [Char]
code x = encoding x aList
            where
                encoding = zipWith encode
                key = "beatles"
                aList = key ++ aList
```

Die Entschlüsselung verläuft analog. Zunächst lösen wir das Problem, bei einem gegebenen Buchstaben x und einem Schlüsselbuchstaben y das zugehörige ursprüngliche Zeichen zu berechnen:

1. Wir suchen nach der Position k von x in dem Alphabet der ursprünglich gegebenen Zeichenkette,
2. wir identifizieren die Zeile r in der Matrix, die mit y beginnt,
3. wir geben das Zeichen in r, das an der Position k sitzt, also r!!k, als Ergebnis zurück.

Damit ergibt sich ganz symmetrisch die Funktion zum Entschlüsseln wie folgt:

```
code x = encoding x aList
            where
                key = "beatles"
                aList = key ++ aList

decode x y = r!!k
                where
                    alphabet = ['a' .. 'z'] ++ "*"
                    r = dieZeile y (dieMatrix alphabet)
                    k = indexIn x alphabet

uncode x = decoding x aList
```

3.3 Die Vignère-Verschlüsselung

```
         where
            decoding = zipWith decode
            key      = "beatles"
            aList    = key ++ aList
```

Testen wir die ganze Angelegenheit an einem einfachen Beispiel, führen also

```
>>> uncode (code "all*you*need*is*love")
"all*you*need*is*love"
```

aus, so bekommen wir – Überraschung! – den ursprünglichen Text zurück.

Kritik
Sehen wir uns den gesamten Code kritisch an, dann stellen wir fest, daß wir das Problem eigentlich nicht besonders elegant gelöst haben:

- Dasselbe Code-Muster wird für die Verschlüsselung und auch für die Entschlüsselung verwendet; das nutzen wir aber nicht aus.

- Die Matrix wird für jeden Buchstaben, der verschlüsselt werden soll, *und* für jeden Buchstaben, der entschlüsselt werden soll, erneut berechnet, obgleich es sich jeweils um dieselbe Matrix handelt.

- Die Verschlüsselung und die Entschlüsselung berechnen beide dieselbe unendliche Liste für die Schlüssel.

- Die Änderung des Schlüssels oder des Alphabets, das zur Verschlüsselung verwendet wird, muß an mehr als einer Stelle im Code erfolgen; das ist ziemlich fehleranfällig.

- Der Code ist insgesamt ziemlich schwerfällig, nicht ganz einfach zu verstehen und umständlich zu pflegen.

Nun könnte man einwenden, daß der Optimierer schon dafür sorgen wird, daß überflüssige Rechnungen nicht durchgeführt werden (daß also dieselben Daten nur einmal berechnet werden). Das ist sicherlich zutreffend, auf der anderen Seite ist der Einsatz des Optimierers beileibe kein Argument für nachlässige und redundante Programmierung.

Sehen wir uns die Funktionen für die Verschlüsselung und für die Entschlüsselung noch einmal genauer an: Wir stellen fest, daß wir den Code nach demselben Muster geschrieben haben, lediglich die Funktion, die aufgerufen wird, bei beiden Funktionen variiert wird:

```
encoding :: [Char] -> [Char] -> [Char]
encoding xs ys = zipWith encode xs ys

decoding :: [Char] -> [Char] -> [Char]
decoding xs ys = zipWith decode xs ys
```

Die Position der zu verschlüsselnden Zeichenkette ist jedoch ein bißchen unglücklich, es würde hilfreich sein, wenn wir sie ganz nach links bewegen könnten, so daß wir sie einfacher manipulieren können (wie wir gleich sehen werden).

Hier ist die Funktion `flip :: (a -> b -> c) -> b -> a -> c` ganz hilfreich. Sie erlaubt es, Argumente zu vertauschen:

```
flip f y x = f x y,
```

also zum Beispiel

```
>>> zip "abc" [1, 2, 3]
[('a',1),('b',2),('c',3)]

>>> flip zip "abc" [1, 2, 3]
[(1,'a'),(2,'b'),(3,'c')]
```

Damit können wir die Funktionen für die Verschlüsselung und für die Entschlüsselung etwas geschickter schreiben, die Signaturen bleiben unverändert:

```
code xs   = flip (zipWith decode)  aList xs
uncode xs = flip (zipWith encode)  aList xs
```

Insgesamt könnten wir auf diese Weise unsere Funktionen durch partielle Auswertung so aufschreiben:

```
code   = flip (zipWith decode)  aList
uncode = flip (zipWith encode)  aList
```

Wir können nun auch einen Schritt weiter gehen und das Verschlüsseln bzw. Entschlüsseln durch die geeignete Parametrisierung einer Funktion `vignere` formulieren:

```
vignere :: (a -> Char -> c) -> [a] -> [c]
vignere f = flip (zipWith f) aList
```

so daß sich ergibt

```
code   = vignere encode
uncode = vignere decode
```

Als Beispiel sehen wir

```
>>> code "all*you*need*is*love"
"*hlhnkczjemtwrrwlwka"

>>> uncode (code "all*you*need*is*love")
"all*you*need*is*love"
```

```
key = "beatles"
aList = key ++ aList

alphabet = ['a' .. 'z'] ++ "*"
shift xs = if (xs == []) then [] else (tail xs) ++ [head xs]
dieMatrix xs = take (length xs) (iterate shift xs)
myMatrix = dieMatrix alphabet

dieZeile x xss = head $ dropWhile (\t -> head t /= x) xss
indexIn x xs = length (takeWhile (/= x) xs)

encode x y = alphabet!!k
            where
                r = dieZeile y myMatrix; k = indexIn x r
decode x y = r!!k
            where
                r = dieZeile y myMatrix; k = indexIn x alphabet
vignere p = flip (zipWith p) aList

uncode = vignere decode
code = vignere encode
```

Abbildung 3.1: *Vignère-Verschlüsselung*

Sie finden in der Abbildung 3.1 das Programm, wie es gegenwärtig aussieht, noch einmal für spätere Zwecke zusammengefaßt. Wir könnten eine weitere einfache Optimierung vornehmen, indem wir die Berechnung der vollen Matrix vermeiden und uns nur auf die Einträge beschränken, die auch wirklich im Schlüssel vorkommen. Das könnte durch eine Datenstruktur geschehen, mit deren Hilfe wir mathematische Abbildungen als Relationen modellieren, die uns gegenwärtig aber noch nicht zur Verfügung steht. Wir werden auf diese Vignère-Verschlüsselung in Kapitel 5 noch einmal zurückkommen.

3.4 Aufgaben

Aufgabe 3.1

Gegeben ist die Liste `ls = 0:(zipWith (+) ls [1 ..])`. Zeigen Sie durch vollständige Induktion, daß für die n^{te} Komponente ℓ_n gilt $\ell_n = n \cdot (n+1)/2$.

Aufgabe 3.2

Zeigen Sie durch vollständige Induktion, daß ein Aufruf von `fib2 n` als Wert F_n zurückgibt, wenn $(F_n)_{n \in \mathbb{N}}$ die Folge der Fibonacci-Zahlen bezeichnet. Hierbei wird definiert:

```
fib1 0 (a, b) = (a, b)
fib1 n (a, b) = fib1 (n-1) (b, a + b)
```

```
fib2 n = fst(fib1 n (0, 1))
```

Aufgabe 3.3

Erzeugen Sie alle Permutationen von [1 .. n] für positives n (vgl. Aufgabe 2.1).
Beweisen Sie, daß jede Permutation genau einmal erzeugt wird.

Aufgabe 3.4

Gegeben sei eine Zeichenkette, die runde, eckige und geschweifte Klammern enthält.
Schreiben Sie eine Funktion, die entscheidet, ob die Klammerung korrekt ist (z. B.
ist ([()]{}) korrekt, nicht aber ([{]})).

Aufgabe 3.5

Eine relle $n \times m$-Matrix hat n Zeilen und m Spalten. Sie läßt sich als Liste von
Listen auffassen: n Listen jeweils der Länge m (zeilenweise) oder m Listen jeweils
der Länge n (spaltenweise).

1. Überführen Sie die zeilenweise Darstellung in die spaltenweise (das entspricht
   dem Transponieren der Matrix).
2. Die Multiplikation einer $n \times m$- mit einer $m \times k$-Matrix ergibt eine $n \times k$-Matrix.
   Implementieren Sie die Matrix-Multiplikation.

Aufgabe 3.6

Ist A eine reelle $n \times n$-Matrix, so bezeichnet $A(k \mid \ell)$ die $(n-1) \times (n-1)$-Matrix,
die durch Streichen der k^{ten} Zeile und der ℓ^{ten} Spalte entsteht. Nach dem *Entwicklungssatz von Laplace* läßt sich die Determinante $\det(A)$ von A bei festgehaltenem
Index ℓ rekursiv durch

$$\det(A) = \sum_{k=1}^{n} (-1)^{(k+\ell)} \cdot a_{k,\ell} \cdot \det\bigl(A(k \mid \ell)\bigr)$$

berechnen. Implementieren Sie diese Funktion.

Aufgabe 3.7

Wir übernehmen die Bezeichnungen von Aufgabe 3.5. Sind n und k groß und ist die
Matrix A dünn besetzt, so ist die obige Repräsentation von Matrizen nicht besonders
effizient. Man speichert dann die Matrix z. B. als Menge der nicht verschwindenden
Koeffizienten

$$\{\langle a_{i,j}, i, j \rangle \mid 1 \leq i \leq n, 1 \leq j \leq k, a_{i,j} \neq 0\}$$

ab. Implementieren Sie die Aufgaben 3.5 und 3.6 für solche dünnbesetzten Matrizen.

Anmerkung Diese Aufgabe legt nahe, daß man sich dem interessanten Paradigma der
Koordinierungssprachen wie z. B. `Linda` [6] mit `Haskell` nähern kann.

Aufgabe 3.8

Ein Polynom

$$\sum_{k=0}^{n} a_k \cdot x^k$$

mit $a_n \neq 0$ kann repräsentiert werden als Liste $[a_0, a_1, \ldots, a_n]$. Implementieren Sie Addition, Multiplikation und Differentiation von Polynomen.

Hinweis: Es gilt

$$\sum_{k=0}^{n} a_k \cdot x^k + \sum_{\ell=0}^{m} b_\ell \cdot x^\ell = \sum_{i=0}^{\max(n,m)} (a_i + b_i) \cdot x^i$$

und

$$\left(\sum_{k=0}^{n} a_k \cdot x^k\right) \cdot \left(\sum_{\ell=0}^{m} b_\ell \cdot x^\ell\right) = \sum_{j=0}^{n+m} \left(\sum_{i=0}^{j} a_i \cdot b_{j-i}\right) \cdot x^j,$$

wobei fehlende Koeffizienten zur Not mit 0 aufgefüllt werden.

Aufgabe 3.9

Caesars Chiffre zur Verschlüsselung eines Texts ersetzt jeden Buchstaben durch seinen dritten Nachfolger (also etwa 'a' durch 'd', 'b' durch 'e', ... 'w' durch 'z', 'x' durch 'a', 'z' durch 'c'), vgl. [28, p. 10]. Hätte Caesar Umlaute und Sonderzeichen gekannt, so hätte er sie nicht durch andere verschlüsselt. Schreiben Sie Funktionen `verschl` und `entschl` zur Ver- und zur Entschlüsselung von Nachrichten mit Caesars Chiffre. Testen Sie mit `quidquid agis, prudenter agas et respice finem`.

4 Algebraische Typen

Wir haben bislang mit vordefinierten Datentypen gearbeitet, mit den eingebauten primitiven Typen und mit Listen. In diesem Kapitel wollen wir uns ansehen, wie wir eigene Typen definieren können. Das ist dann hilfreich, wenn ein komplexeres Problem gelöst werden soll und man sich um eine problemnahe Modellierung der Daten und der darauf operierenden Algorithmen bemüht. Hier können auch Gesichtspunkte der Effizienz eine Rolle spielen.

Zunächst betrachten wir Punkte und andere eher elementare Konstruktionen aus der Bauklötzchenwelt. Sie machen uns mit den grundlegenden Mechanismen vertraut und zeigen, wie wir einen selbst definierten Datentyp zum Mitglied der wichtigen Typklassen `Show` und `Eq` machen können. Dann parametrisieren wir unsere Datentypen, machen sie also von einem bereits existierenden Datentyp abhängig. Nach der Diskussion der grundlegenden Eigenschaften definieren wir zur Illustration einen eigenen Listen- und einen eigenen Mengentyp. Mengen spielen auch eine Rolle, wenn wir mit ungerichteten Graphen arbeiten. Hier diskutieren wir die Berechnung aller Cliquen eines ungerichteten Graphen. Binäre Bäume, insbesondere binäre Suchbäume, dürfen nicht fehlen, sie werden mit ihren Durchlaufstrategien und den üblichen Operationen diskutiert. Den Abschluss bildet eine wichtige und populäre Anwendung, nämlich die Implementierung des Algorithmus von Kruskal zur Berechnung des minimalen Gerüsts eines ungerichteten und zusammenhängenden Kostengraphen.

4.1 Punkte und all das

Wir wollen Punkte in der Ebene darstellen, wir können dies tun, indem wir jedem Punkt der Ebene seine Koordinaten als Paar zuweisen. Damit haben wir freilich lediglich eine Darstellung gewonnen, die aber nicht besonders repräsentativ ist – Paare reeller Zahlen können alles mögliche darstellen, unter anderem eben auch Punkte. Diese Lösung ist ziemlich unspezifisch, es wäre besser, wenn wir einen eigenen Datentyp hierzu definieren könnten. Wie das geht, das zeige ich Ihnen jetzt.

Wir definieren

```
data EinPunkt = Punkt Float Float
```

Dann sagt das Schlüsselwort `data`, daß wir einen eigenen Datentyp definieren. Der Name des Typs ist ein `EinPunkt`, er hat einen *Konstruktor* mit Namen `Punkt` und zwei Komponenten vom Typ `Float`. Die Schreibweise ist bemerkenswert: Während wir bislang meist Namen benutzt haben, die mit Kleinbuchstaben beginnen, verwenden wir hier Bezeichner, die mit einem großen Buchstaben anfangen. *Das muß so sein!*

Zur Typisierung stellen wir fest

```
>>> :t Punkt
Punkt :: Float -> Float -> EinPunkt
```

Der Konstruktor `Punkt` ist also eine Funktion mit zwei Argumenten, die eine Instanz des Datentyps `EinPunkt` produziert. Manchmal werden übrigens der Datentyp und der Konstruktor für den Typ mit dem gleichen Namen bezeichnet, wir halten es jedoch nicht durchgängig mit der einen oder der anderen Gepflogenheit.

Konstruieren wir nun einen Punkt `EinPunkt`:

```
>>> Punkt 3.0 4.0

<interactive>:1:0:
    No instance for (Show EinPunkt)
      arising from a use of 'print' at <interactive>:1:0-12
```

Hier scheint etwas Furchtbares passiert zu sein, denn wir bekommen eine Fehlermeldung, die zeigt, daß wir unseren Datentyp nicht als Instanz der Klasse `Show` ausgewiesen haben. Das holen wir durch die folgende Deklaration nach:

```
instance Show(EinPunkt) where
    show (Punkt x y) = "x: " ++ show x ++ ", y: " ++ show y
```

Wir deklarieren also den Typ `EinPunkt` als Instanz der Klasse `Show`, indem wir die Funktion `show` für Instanzen des Typs `EinPunkt` erklären. Eine Instanz des Typs `EinPunkt` ist dadurch gegeben, daß wir den Konstruktor mit zwei reellen Zahlen aufrufen, also gehen wir auch bei der Deklaration der Funktion `show` entsprechend vor und geben ihr als Argument das Resultat der Konstruktion. Das Ergebnis der Funktion `show` muß eine Zeichenkette ergeben; diese Zeichenkette konstruieren wir hier, indem wir die Funktion `show` für die reellwertigen Komponenten des Punkts aufrufen – dies resultiert jeweils in Zeichenketten – und diese Zeichenketten mit einem erklärenden Text, also wieder einer Zeichenkette, verbinden. Diese Vorgehensweise ist möglich, weil wir wissen, daß der Datentyp `Float` sozusagen *von Geburt aus* ein Mitglied der Typklasse `Show` ist. Sie sollten auch bemerken, daß die Konstruktion der Funktion mit Mustererkennung arbeitet: Sobald das Muster erkannt wird, mit dessen Hilfe eine Instanz von `EinPunkt` konstruiert wird, wird die entsprechende Zeichenkette konstruiert. Wir erhalten also

```
>>> Punkt 3.0 4.0
x: 3.0, y: 4.0
```

Es wäre auch ganz schön, wenn wir berechnen könnten, ob zwei Punkte gleich sind:

```
>>> Punkt 3.0 4.0 == Punkt 3.0 4.0

<interactive>:1:0:
    No instance for (Eq EinPunkt)
      arising from a use of '==' at <interactive>:1:0-29
```

4.1 Punkte und all das

Auch hier sehen wir, daß wir wohl eine Unterlassung begangen haben: Wir haben nicht erklärt, wann zwei Punkte identisch sind (denn das fällt natürlich nicht vom Himmel). Die nachgeholte Deklaration sieht wie folgt aus:

```
instance Eq(EinPunkt) where
        Punkt x y == Punkt x' y' = x == x' && y == y'
```

Auch hier arbeiten wir wieder mit Mustererkennung: Sobald wir sehen, daß zwei Werte mit Hilfe des Konstruktors `Punkt` konstruiert werden, sehen wir uns die entsprechenden Argumente an; zwei Punkte sind selbstverständlich dann gleich, wenn die einzelnen Komponenten übereinstimmen. Auch hier benutzen wir wieder die Tatsache, daß die Gleichheit für reelle Zahlen definiert ist.

Wo Gleichheit definiert ist, sollte man auch Ungleichheit kennen: Die Definition der Funktion `/=` ergibt sich unmittelbar als Negation aus der Gleichheit, so daß eine separate Definition nicht notwendig ist. Zur Bestätigung:

```
>>> Punkt 3.0 4.0 == Punkt 3.0 4.0
True
>>> Punkt 3.0 4.0 /= Punkt 3.0 5.0
True
```

Die Verwendung von Typklassen in `Haskell` ist mit der Benutzung von Interfaces in `Java` vergleichbar. Ein Interface spezifiziert neben Konstanten vor allem Methoden. Dies geschieht durch die Angabe ihrer Signaturen. Jede Klasse in `Java`, die ein Interface implementiert, ist daran gebunden, die entsprechenden Methoden zur Verfügung zu stellen. Analog sieht es mit Typklassen in `Haskell` aus: Die Mitgliedschaft eines Datentyps in einer Typklasse stellt sicher, daß die Funktionen, die für Instanzen des Typs in der Typklasse vorhanden sein müssen, auch tatsächlich vorhanden sind; dies geschieht, indem die Implementierung vorgezeigt wird. In beiden Fällen wird verlangt, eine vorgegebene Signatur zu erfüllen, ohne die Implementierung selbst durch Einschränkungen zu binden.

Wir haben uns mit der Definition von `==` und von `show` ein bißchen zu viel Arbeit gemacht, weil wir die Definition der Funktion `show` und auch die Definition der Gleichheit direkt aus den entsprechenden Definitionen für reelle Zahlen hätten ableiten können. Wir hätten nämlich den Datentyp `EinPunkt` so definieren können:

```
data EinPunkt = Punkt Float Float deriving (Show, Eq)
```

Die Mitgliedschaft in den Typklassen `Show` und `Eq` stützt sich darauf, daß die entsprechenden Komponenten Elemente der zugehörigen Typklassen sind:

```
>>> Punkt 3.0 4.0
Punkt 3.0 4.0
>>> Punkt 3.0 4.0 == Punkt 3.0 4.0
True
```

Das ist das übliche Vorgehen, wenn man sich auf eine meist *natürlich* gegebene Art von Gleichheit oder auch von der Konstruktion einer repräsentierenden Zeichenkette verlassen will. Wir müssen also nicht notwendig diese Funktionen show und (==) explizit definieren, wenn wir wollen, können wir uns auf die Mitgliedschaft der Komponenten in den entsprechenden Klassen abstützen. An der einen oder der anderen Stelle werden wir aber lieber auf die Möglichkeit zurückgreifen, unsere eigene Definition für die Gleichheit oder für die Repräsentation als Zeichenkette zu benutzen.

Durch Mustererkennung können wir die Komponenten eines Punkts extrahieren:

```
xVal (Punkt x _) = x
yVal (Punkt _ y) = y

>>> :type xVal
xVal :: EinPunkt -> Float
```

Hier geschieht nichts besonders Aufregendes. Gelegentlich ist es hilfreich, wenn man diese Extraktionsmöglichkeiten gleich in die Definition des Datentyps integriert, so daß man dann bei der folgenden Definition anlangt:

```
data EinPunkt = Punkt {xVal :: Float, yVal:: Float}
                       deriving (Show, Eq)
```

Auch hier ergibt sich wie oben Typisierung

```
>>> :type xVal
xVal :: EinPunkt -> Float
```

Als weiteres Beispiel sehen wir uns einen Kreis an. Ein Kreis hat einen Mittelpunkt (also einen Punkt) und einen Radius, was zu dieser Definition führt

```
data Kreis = Kreis {mittelPunkt :: EinPunkt, radius :: Float}
                    deriving (Show, Eq)
```

Sie sehen, daß ich denselben Namen Kreis für den Typ und auch für den Konstruktor verwendet habe:

```
>>> :type Kreis
Kreis :: EinPunkt -> Float -> Kreis
```

Die Mitgliedschaft in der Typklasse Show und Eq wird durch die entsprechenden Eigenschaften der Komponenten abgeleitet. Weil der Punkt keine primitive Datenstruktur ist, setzen wir natürlich voraus, daß EinPunkt ein Mitglied dieser Typklassen ist.

Der mittelPunkt und der radius sind Komponentenfunktionen mit den Signaturen

4.1 Punkte und all das

```
mittelPunkt :: Kreis -> EinPunkt,
radius :: Kreis -> Float.
```

Als Beispiel betrachten wir die Flächenberechnung:

```
flaeche :: Kreis -> Float
flaeche c = pi * (radius c)^2
>>> let w = Kreis (Punkt 3.0 4.0) 3.0
>>> w
Kreis {mittelPunkt = Punkt {xVal = 3.0, yVal = 4.0}, radius = 3.0}
>>> flaeche w
28.274334
```

Eine andere Definition für die Fläche hätte durch Mustererkennung erfolgen können:

```
kreisFlaeche :: Kreis -> Float
kreisFlaeche (Kreis _ r) = pi*r^2
```

Diese Definition nutzt aus, daß die Fläche eines Kreises unabhängig von seinem Mittelpunkt ist, den wir daher in der Definition der Fläche nicht explizit aufführen. In derselben Manier können Rechtecke definiert werden:

```
data Rechteck = Rect {obenLinks :: EinPunkt, untenRechts :: EinPunkt}
              deriving(Show)
```

Hier geben wir zwei Punkte, den oberen linken und den unteren rechten Punkt vor und können daraus die entsprechende Figur definieren. Es ergibt sich also etwa

```
>>> Rect (Punkt 3.0 4.0) (Punkt 15.0 17.0)
Rect {obenLinks = Punkt {xVal = 3.0, yVal = 4.0},
      untenRechts = Punkt {xVal = 15.0, yVal = 17.0}}
```

Sie sehen an diesem Beispiel, daß wir zwar die Mitgliedschaft in der Typklasse `Show` abgeleitet, aber keinen zusätzlichen Komfort dadurch gewonnen haben: Wir bedienen uns einfach der Standard-Darstellung, so umständlich sie uns auch erscheinen mag. Wenn wir also eine angemessenere Darstellung für ein Rechteck haben möchten, so müssen wir schon selbst zum Stift greifen und die Funktion `show` für Rechtecke nach unseren Vorstellungen definieren.

Die Fläche eines Rechtecks kann wie üblich so definiert werden:

```
rechtEckFlaeche :: Rechteck -> Float
rechtEckFlaeche (Rect p1 p2) = abs (a1 * a2)
    where
        a1 = (xVal p1 - xVal p2)
        a2 = (yVal p1 - yVal p2)
```

Gehen wir einen Schritt weiter und überlegen uns, daß geometrische Figuren in einer eingeschränkten Bauklötzchenwelt Kreise oder Rechtecke sein können. Das wollen wir durch eine geeignete Haskell-Typdefinition in den Griff bekommen. Wir definieren:

```
data Figur = Rect {obenLinks :: EinPunkt, untenRechts :: EinPunkt}
            |
            Kreis {mittelPunkt :: EinPunkt, radius :: Float}
            deriving(Show)
```

Damit ist eine geometrische Figur entweder ein Rechteck mit den zugehörigen Komponenten oder ein Kreis, auch wieder mit den entsprechenden Komponenten. Die Alternative wird durch den senkrechten Strich | angedeutet. Die Mitgliedschaft in der Typklasse Show wird aus den Komponenten abgeleitet.

Sehen wir uns einige Typsignaturen an

```
>>> :type Kreis
Kreis :: EinPunkt -> Float -> Figur
>>> :type radius
radius :: Shape -> Float
>>> :type mittelPunkt
mittelPunkt :: Shape -> EinPunkt
```

Wir haben also beide Typen unter ein Dach bekommen. Wenn wir aber jetzt eine geometrische Figur gegeben haben, so stellt sich natürlich die Frage, zu welcher Klasse (Rechteck oder Kreis) diese Figur gehört. Das können wir durch Mustererkennung leicht entscheiden

```
istRechteck(Rect _ _) = True
istRechteck _ = False
istKreis(Kreis _ _) = True
istKreis _ = False
```

Diese Funktionen sind z. B. dann hilfreich, wenn es darum geht, die Fläche einer geometrischen Figur zu berechnen.

```
flaeche :: Figur -> Float
flaeche s = if (istRechteck s)
              then (rechtEckFlaeche s)
              else (kreisFlaeche s)
>>> let p = Punkt 5 4
>>> let q = Punkt 14 18
>>> Rect p q
Rect {obenLinks  = Punkt {xVal = 5.0, yVal = 4.0},
      untenRechts = Punkt {xVal = 14.0, yVal = 18.0}}
>>> flaeche (Rect p q)
126.0
```

4.1 Punkte und all das

```
>>> Kreis q 12
Kreis {mittelPunkt = Punkt {xVal = 14.0, yVal = 18.0},
      radius = 12.0}
>>> flaeche (Kreis q 12)
452.38934
```

Im nächsten Beispiel soll eine eigene Typklasse definiert werden. Hierzu wird ein Beispiel aus der elementaren Mengenlehre herangezogen. Dort werden beim Aufbau des Zahlensystems die rationalen Zahlen als Äquivalenzklassen von Paaren ganzer Zahlen eingeführt. Hierbei wird definiert

$$\langle x, y \rangle \approx \langle x', y' \rangle \iff x \cdot y' = y \cdot x',$$

motiviert durch die Beobachtung

$$\frac{x}{y} = \frac{x'}{y'} \iff x \cdot y' = y \cdot x'.$$

Die Klasse $[\langle x, y \rangle]$ entspricht dann für $y \neq 0$ dem Bruch x/y, die Operationen auf den Äquivalenzklassen imitieren dann die Operationen für Brüche.

Wir definieren den Typ

```
data Quot = Quot Int Int
```

und machen ihn auch gleich zum Mitglied der Typklassen Show und Eq:

```
instance Show Quot where
   show (Quot x y) = (show x) ++ "/" ++ (show y)

instance Eq Quot where
   (Quot x y) == (Quot x' y') = x * y' = x' * y
```

Man könnte für die Repräsentation von Quot x y mittels show sicher auch die gekürzte Fassung heranziehen, die den größten gemeinsamen Teiler von x und y benötigt, aber wir nehmen die Zahlen einfach so, wie sie sind.

Beispiele:

```
>>> Quot 4 5
4/5
>>> Quot 4 5 == Quot 8 10
True
```

Wir definieren Addition, Multiplikation und unäres Minus auf Quot, indem wir den Typ zur Instanz der Typklasse Frege machen.

```
class Frege a where
   pp :: a -> a -> a
   mm :: a -> a -> a
   ne :: a -> a
```

Auf der Klasse **Frege** sind also zwei binäre Operationen **pp** und **mm** definiert, zudem eine unäre Operation **ne**. Das weitere Vorgehen ist jetzt ziemlich kanonisch:

```
instance Frege Quot where
  (Quot x y) 'pp' (Quot x' y') = Quot (x * y' + x' * y) (y * y')
  (Quot x y) 'mm' (Quot x' y') = Quot (x * x') (y * y')
  ne (Quot x y) = Quot (-x) y
```

Also

```
>>> (Quot 3 4) 'pp' (Quot 6 7)
45/28
>>> ne (Quot 3 4)
-3/4
>>> (Quot 3 4) 'mm' (Quot 6 7) == (Quot 9 14)
True
>>> ne (Quot 3 4) == Quot 3 (-4)
True
```

Als Information über unsere selbstdefinierte Typklasse **Frege** erhalten wir

```
>>> :info Frege
class Frege a where
  pp :: a -> a -> a
  mm :: a -> a -> a
  ne :: a -> a
        -- Defined at ...
instance Frege Quot -- Defined at ...
```

Abkürzungen mit type.
Mit Hilfe von **data** wird ein neuer Datentyp eingeführt, dessen Instanzen durch Konstruktoren erzeugt werden. Es ist gelegentlich hilfreich, einen vorhandenen Datentyp umzubenennen, um einen aussagekräftigeren Namen zu haben. Das wohl bekannteste Beispiel ist **String**: Hierbei handelt es sich um eine Umbenennung von [Char] – und mehr nicht. Die Einführung einer solchen Umbenennung geschieht durch das Schlüsselwort **type**, wie diese Beispiele demonstrieren:

```
type ZweiChar = (Char, Char)
type BewertetesPaar = (ZweiChar, Int)
```

Wir können also derartige Namen auch in weiteren **type**-Definitionen verwenden, ebenfalls in der Vereinbarung von Datentypen:

```
data WW = WW {dieChar::ZweiChar, einChar::Char} deriving(Show)
>>> :t WW
WW :: ZweiChar -> Char -> WW
>>> :t dieChar
dieChar :: WW -> ZweiChar
```

Daß es sich allerdings um Synonyme, also Abkürzungen handelt, wird schnell sichtbar, wenn wir versuchen, ZweiChar zum Mitglied der Typklasse Show zu machen:

```
instance Show ZweiChar where
   show _ = "Testfall"
```

Wir erhalten als Fehlermeldung:

```
Illegal instance declaration for 'Show ZweiChar'
   (All instance types must be of the form (T t1 ... tn)
    where T is not a synonym.
```

Es handelt sich also hier nicht um einen „richtigen" Typ, der eigene Bürgerrechte im Typsystem hat.

4.2 Parametrisierte Datentypen

Die Datentypen, die wir bis jetzt selbst definiert haben, hingen von bereits vorhandenen Datentypen wie etwa dem Typ Float ab. Wir haben bislang jedoch keinen Typparameter benutzt, über dem ein neuer Datentyp definiert wird. Parametrisierte Datentypen sind jedoch unverzichtbar, wie wir am Beispiel der Listen gesehen haben.

Als erstes Beispiel definieren wir den Typ Maybe a, der uns helfen wird, partiell definierte Berechnungen zu beschreiben.

```
data Maybe a = Nothing | Just a
     deriving (Show)
```

Eine Instanz des Typs Maybe a ist also entweder die Konstante Nothing oder von der Gestalt Just x, wenn x vom Typ a ist, Just :: a -> Maybe a ist also ein Konstruktor.

Als Beispiel für die Verwendung dieses Typs definieren wir eine Funktion, die für eine Liste und für ein Element das erste nachfolgende Element in der Liste zurückgibt. Diese Definition ist insofern ein wenig problematisch, als das letzte Element einer (endlichen) Liste keinen Nachfolger hat. Ebensowenig ist es sinnvoll, von einem nachfolgenden Element zu sprechen, wenn die Liste leer ist, oder wenn das Element nicht in der Liste ist.

```
nachfolger :: (Eq a) => a -> [a] -> Maybe a
nachfolger x [] = Nothing
nachfolger x (y:xs)
           | xs == []              = Nothing
           | x == y && xs /= []    = Just (head xs)
           | not (x `elem` xs)     = Nothing
           | otherwise             = nachfolger x xs
```

Wir sorgen also dafür, daß wir für jede auftretende Situation mit einem Rückgabewert rechnen können, obgleich unsere Funktion nur partiell definiert ist.

```
>>> nachfolger 2 [1 .. 10]
Just 3
>>> nachfolger 9 [1 .. 9]
Nothing
>>> nachfolger 2 [1, 2, 3, 4, 2]
Just 3
```

Wir werden uns in Kapitel 7 mit Konstruktionen wie `Maybe a` weiter beschäftigen.

4.2.1 Ein eigener Listentyp

Listen sind nicht einfach *Listen* schlechthin, sie sind Listen *von irgendetwas*. Die Liste [1,2,3] kann – scheinbar umständlicher – ein wenig anders geschrieben werden als 1:2:3:[]. Was ist wichtig an dieser Beobachtung?

- Wir benötigen einen *Grundtyp*, über dem wir den Listentyp aufbauen (in unserem Beispiel ist das der Datentyp `Int`).

- Wir benötigen weiterhin einen *Konstruktor*, der es uns erlaubt, Instanzen des Datentyps zu konstruieren. In unserem Beispiel ist das der Operator

    ```
    (:) :: a -> [a] -> [a],
    ```

    instanziiert für `a = Int`.

- Wir brauchen schließlich ein *Bildungsgesetz*, mit dessen Hilfe wir Instanzen zusammensetzen können (was in unserem Beispiel etwa durch den Funktionsaufruf

    ```
    (:) 3 (5:[]) = 3:(5:[])
    ```

    illustriert wird).

- Wir benötigen schließlich *Konstanten* dieses Typs (in unserem Beispiel die leere Liste []).

Unser selbst gebauter Datentyp `MeineListe` sollte also von einem Typparameter abhängen, er muß eine Konstante haben, und er wird eine Funktion definieren müssen, mit deren Hilfe wir Instanzen dieses Datentyps definieren können. Wir wollen auch in der Lage sein, Instanzen dieses Datentyps als Zeichenkette darzustellen, so daß wir ihn als Mitglied der Typklasse `Show` verankern sollten. Die Definition könnte so aussehen:

```
infixr 5 :+:
data MeineListe a = Null | a :+: (MeineListe a) deriving(Show)
```

Wir *definieren* also zunächst einen rechts-assoziativen Infix-Operator :+: der Priorität 5, der dazu dient, Elemente des Datentyps `MeineListe` zu konstruieren, also als Konstruktor für diesen Datentyp; die Wahl des Namens können Sie mit den Hinweisen auf Seite 12 nachvollziehen. Wir geben einen Typ `a` vor, dann ist eine Instanz des Typs `MeineListe a` rekursiv durch einen der folgenden Fälle definiert: Entweder es ist die Konstante `Null` oder es ist eine Instanz des Typs `a` gefolgt vom Operator :+: und einer Instanz vom Typ `MeineListe a`. Also erhalten wir etwa

4.2 Parametrisierte Datentypen

```
>>> 5 :+: (4 :+: Null)
5 :+: (4 :+: Null)
>>> 3 + 4 :+: Null
7 :+: Null
```

Die Definition des Typs `MeineListe` sieht einigermaßen vertraut aus, wenn man sich etwa die entsprechende Definition eines rekursiven Datentyps in der Sprache C anschaut:

```
struct intList {
        int Element;
        intList *next;
};
```

Eine Instanz von `int` wird in die Komponente `Element` gesteckt, die Verknüpfung, die wir oben über die Konkatenation mit Hilfe des Operators `:+:` definiert haben, wird hier durch das Verlinken von Referenzen erledigt, also durch eine Standardoperation, die in der Sprache selbst angelegt ist, und nicht durch einen separaten Operator; die Konstante, die unserem leeren Wert entsprechen würde, ist die leere Liste `NULL`, ein vordefinierter Wert, über dessen Namen wir nicht, wie in `Haskell`, selbst verfügen können. Die Definition für die Programmiersprache `Java` sieht völlig analog aus, die Referenz wird jedoch nicht explizit gemacht.

In der aus C zitierten Definition stützen wir uns also auf die vordefinierten Mechanismen der Sprache ab, indem wir die Verknüpfung von Elementen mit einer bereits vorhandenen Liste über Referenzen, also über Adressen regeln. Wir haben an dieser Stelle keine Möglichkeit, etwa die Assoziativität eines Verknüpfungsoperators zu definieren oder seine Priorität. Weiterhin fällt auf, daß der Datentyp für die Komponente an dieser Stelle bereits in der Definition festgeschrieben wird. Es gibt natürlich in C ähnlich wie in `Java` die Möglichkeit, derartige Definitionen zu parametrisieren, indem ein Parametertyp für die Grundtypen angegeben wird. Dieser Mechanismus ist aber weit weniger flexibel und ausdrucksfähig als die Möglichkeiten, die `Haskell` bietet. Weiterhin haben wir in C keine vordefinierbare Möglichkeit, Instanzen dieses Datentyps ausdrucken, in `Haskell` können wir dies recht einfach durch die Klausel `deriving(Show)` spezifizieren, wie wir sehen werden.

Ist `a` ein Typ, so ist `MeineListe a` ebenfalls ein Typ, so daß wir im Grunde eine *Familie* von Typen definiert haben: Wir haben etwa `MeineListe Char`, `MeineListe Int`, `MeineListe Float` etc. Die einzige aus der Definition des Datentyps sichtbare Nebenbedingung ist die Einschränkung, daß der Grundtyp der Typklasse `Show` angehören muß (sonst würde die Klausel `deriving (Show)` keinen besonderen Sinn machen).

Wir können nun mit diesem Datentyp allerlei Allotria treiben, wir können z. B. für ihn die Konkatenation definieren. Hierzu definieren wir einen Infix-Operator, der die Konkatenation durchführen soll (analog dem vordefinierten ++-Operator):

```
infixr 5 #

Null # ys = ys
(x :+: xs) # ys = x :+: (xs # ys)
```

Der infix-Operator

```
(#) :: MeineListe t -> MeineListe t -> MeineListe t
```

zur Konkatenation ist also rechts-assoziativ und hat die Priorität 5. Auf diese Weise

```
>>> (3 :+: (5 :+: Null)) # (30 :+: (100 :+: Null))
3 :+: (5 :+: (30 :+: (100 :+: Null)))
```

Das ist alles nicht besonders aufregend.

Nehmen wir an, daß wir den Datentyp MeineListe so definiert hätten, daß seine Darstellung nicht aus der Darstellung für Zeichenketten abgeleitet wird. Wir wollen für diesen Fall gleichwohl in der Lage sein, Elemente dieses Typs als Zeichenketten darzustellen, also müssen wir die Funktion show definieren, um einen Typ der Form MeineListe a als Mitglied der Typklasse Show kenntlich zu machen. Das setzt natürlich voraus, daß wir wissen, daß der Datentyp a, über dem MeineListe definiert ist, ein Mitglied dieser Typklasse ist. Die entsprechende Definition sieht so aus:

```
instance (Show a) => Show (MeineListe a) where
  show Null     = ">|"
  show (x :+: y) = (show x) ++ " " ++ (show y)
```

Wir stellen zunächst sicher, daß der Typ a Mitglied der Typklasse Show ist, dann können wir MeineListe a zum Mitglied dieser Typklasse erklären, indem wir die Funktion show für Instanzen dieses Typs definieren. Sie sehen, wie das syntaktisch geschieht. Weiterhin schreiben wir auf, welche Zeichenkette wir für die leere Liste zurückbekommen möchten und wir zeigen weiterhin, wie wir die Funktion show definieren, wenn wir eine Liste rekursiv definieren. Als Beispiel ergibt sich etwa

```
>>> (3 :+: (5 :+: Null)) # (30 :+: (100 :+: Null))
3 5 30 100 >|
```

Ähnlich definieren wir die Gleichheit: Auch hier müssen wir uns darauf verlassen können, daß der grundlegende Datentyp a Mitglied der Typklasse Eq ist, dann definieren wir die Gleichheit zweier Listen rekursiv durch die Gleichheit entsprechender Elemente. Zum Schluß sagen wir, daß, falls das erste Muster nicht angewandt werden kann, die Gleichheitsfunktion den Wert False zurückgeben soll, gleichgültig wie die Parameter in diesem Falle aussehen. Es ergibt sich also

```
instance (Eq a) => Eq (MeineListe a) where
  Null == Null              = True
  (x :+: y) == (x' :+: y')  = x == x' && y == y'
  z == _                    = False
```

Einige einfache Beispiele:

4.2 Parametrisierte Datentypen

```
>>> 3 :+: (4 :+: Null) == 1 + 2 :+: (4 :+: Null)
True
>>> 3 :+: (4 :+: Null) /= 4 :+: Null
True
```

Der Operator + zur Addition bindet wegen seiner höheren Priorität 6 stärker als der Operator :+: zur Konstruktion, der lediglich die Priorität 5 hat.

Eine etwas kompliziertere Frage ist die Anwendung der map-Funktion: Wir haben bei Listen gesehen, daß die map-Funktion es erlaubt, eine Funktion über eine Liste zu schicken und auf jedes Element der Liste anzuwenden. Eine rekursive Definition der map-Funktion könnte so aussehen:

```
map f [] = []
map f (x:xs) = (f x):(map f xs)
```

Hierbei hat die Funktion f die Signatur f :: a -> b, die als Argument mitgegebene Liste ist vom Typ [a]. Wir könnten natürlich diese Vorgehensweise als Muster nehmen und eine der map-Funktion entsprechende eigene Funktion auf unseren eigenen Datentyp MeineListe definieren. Auf der anderen Seite ist diese Fragestellung der Anwendung einer Funktion, die ursprünglich nur für einfache Werte definiert wurde, auf eine daraus konstruierte komplexe Struktur recht allgemein und kommt auch bei den anderen selbstdefinierten Datentypen vor. Haskell definiert eine allgemeine Typklasse mit Namen Functor, die wie folgt spezifiziert ist

```
class Functor f where
  fmap :: (a -> b) -> f a -> f b
```

Das ist ein wenig komplizierter als vorher, weil an dieser Stelle nicht nur zwei Typen a und b involviert sind, sondern ebenfalls eine etwas merkwürdig aussehende Entität mit Namen f. Dies ist ein Typ*konstruktor*, der als Wert z. B. MeineListe annehmen kann. Interpretieren wir die obige Spezifikation im Licht dieser Erläuterung, so sagt sie Folgendes: Falls wir eine Funktion g :: a -> b vorgeben, so ist fmap g :: MeineListe a -> MeineListe b ebenfalls eine Funktion mit dieser Signatur. Um es spezifisch zu machen: Ist g :: a -> b eine Funktion, dann ist fmap g :: MeineListe a -> MeineListe b eine Funktion, sofern MeineListe ein Mitglied der Typklasse Functor ist. Durch

```
instance Functor MeineListe where
  fmap f Null = Null
  fmap f (x :+: y) = (f x) :+: (fmap f y)
```

ernennen wir MeineListe zum Angehörigen dieser Typklasse. Die Definition von map wird also an dieser Stelle durch sorgfältiges Nachvollziehen der rekursiven Struktur nachempfunden. Sehen wir uns Beispiele an:

```
>>> fmap (+3) (17 :+: (18 :+: Null))
20 21 >|
>>> fmap (==3) (17 :+: (15 :+: Null))
False False >|
>>> fmap (== 'a') (foldr (:+:)  Null "all right")
True False False False False False False False False >|
```

Funktoren sind aus der Theorie der Kategorien bekannt, wo sie erlauben, Morphismen von einer Kategorie in eine andere zu transportieren. Hierbei sind einige Eigenschaften zu beachten: die Identität wird in die Identität transformiert (es müßte also gelten `fmap id = id`, wenn wir die Identität kurzerhand mit `id` bezeichnen), weiterhin muß ein Funktor die Komposition von Morphismen respektieren, so daß also gilt[1]

```
fmap (f.g) == (fmap f).(fmap g)
```

Obgleich in `Haskell` diese Eigenschaften nicht nachgeprüft werden können, muß man doch sicherstellen, daß diese Eigenschaften gelten. Sehen wir uns das für `MeineListe` an. Die Identität wird in die Identität überführt, und

```
fmap (f.g) Null == Null == (fmap f)(fmap g) Null
```

ist trivial. Weiter:

```
fmap (f.g) (x :+: y) == ((f.g) x) :+: (fmap (f.g) y)
== (f (g x)) :+: (fmap f)((fmap g) y)
== (fmap f).(g x) :+: (fmap f)((fmap g) y)
== (fmap f).(fmap g) (x :+: y)
```

Also sind die Gesetze für einen Funktor erfüllt.

Die Typklasse `Functor` ist offenbar ein sehr mächtiges Instrument, weil sie Funktionen höherer Ordnung zu manipulieren gestattet.

4.2.2 Mengen

Mengen sind *der* fundamentale Datentyp in der Mathematik, daher wollen wir einen Datentyp `Menge` implementieren. Dieser Typ wird auf Listen basieren, daher werden Mengen homogen sein müssen, also aus Elementen bestehen, die sämtlich denselben Grundtyp haben. Das ist auch in Anwendungen in der Informatik nicht ganz realistisch; die von J. T. Schwartz und seiner Gruppe in den achtziger Jahren definierte Programmiersprache `SETL` [27, 12] erlaubt die Repräsentation endlicher Mengen, die auch heterogen sein können. Der Aufwand ist allerdings beträchtlich, die Performanz

---

[1] Das Gleichheitszeichen == wird hier und an anderer Stelle nicht ohne Bedenken für den Vergleich von Funktionen verwendet. Es ist klar, daß für die Funktionen f und g der Vergleich f == g keinen Sinn ergibt, vordergründig, weil Funktionen keine Mitglieder der Typklasse Eq sind. Da wir uns hier auf der Meta-Ebene befinden, also über `Haskell`-Funktionen sprechen, und da die Programm-Ebene davon sauber geschieden ist, verwende ich diese Notation trotzdem, auch weil sie so suggestiv ist.

4.2 Parametrisierte Datentypen

folgt dem Slogan *slow is beautiful*. Daher ist es kein Wunder, daß Sprachen dieser Art sich nicht durchgesetzt haben.

Auf geht's! Mengen haben eine universelle Konstante `Leer`, und endliche Mengen werden durch iteratives Einfügen in die leere Menge gebildet.

```
infixr 5 :<:
data MeineMenge a = Leer | a :<: MeineMenge a
```

Eine Menge vom Grundtyp `a` ist also entweder `Leer`, oder sie entsteht durch Einfügen eines Elements des Typs `a` in eine andere Menge über dem Typ `a`.

Die Frage, ob eine Menge leer ist, läßt sich leicht beantworten, bezieht sich aber lediglich auf die syntaktische Struktur einer Menge:

```
istleer Leer = True
istLeer _    = False
```

Wollen wir wissen, ob ein Element in der Menge enthalten ist, können wir das durch die Funktion `element :: (Eq a) => a -> MeineMenge a -> Bool` formulieren:

```
element x Leer = False
element x (y :<: xs) = if (x == y) then True else (element x xs)
```

Offensichtlich muß der Grundtyp `a`, über dem die Mengen definiert sind, ein Mitglied der Typklasse `Eq` sein, denn es muß ja auf Gleichheit auf der Ebene der Elemente verglichen werden können.

Damit kann die Funktion

```
teilMenge :: (Eq t) => MeineMenge t -> MeineMenge t -> Bool
```

definiert werden; mathematisch gilt bekanntlich

$$A \subseteq B \iff (\forall x : x \in A \Rightarrow x \in B)$$
$$A = B \iff A \subseteq B \text{ und } B \subseteq A$$

für die Mengen A und B. Jedes Element von A muß also auch ein Element von B sein, dann gilt $A \subseteq B$, und diese Mengen sind gleich, wenn $A \subseteq B$ und $B \subseteq A$ beide gelten. Aus der Beobachtung folgt, daß leere Menge Teilmenge jeder Menge ist, und daß gilt $A \cup \{x\} \subseteq B$, falls $x \in B$ und $A \subseteq B$.

```
teilMenge :: (Eq t) => MeineMenge t -> MeineMenge t -> Bool
teilMenge Leer ms = True
teilMenge (a :<: ns) ms = if (a 'element' ms)
                         then teilMenge ns ms
                         else False
```

Damit können wir die Gleichheit von Mengen definieren, also die Klasse `MeineMenge a` zum Mitglied der Typklasse `Eq` machen. Offensichtlich ist hierfür notwendig, daß der Basistyp `a` ein Mitglied dieser Typklasse ist.

```
instance (Eq a) => Eq (MeineMenge a) where
    ns == ms = (teilMenge ns ms) && (teilMenge ms ns)
```

Es ist ganz hilfreich, die Elemente einer Menge als Liste zur Verfügung zu haben, und umgekehrt aus einer Liste rasch eine Menge zu konstruieren. Hierzu dienen die Funktionen

```
toListe :: MeineMenge a -> [a]
toMenge :: (Eq a) => [a] -> MeineMenge a.
```

Das Einfügen in eine Menge muß auf die mathematische Semantik von Mengen Rücksicht nehmen. Wir fügen ein Element nur dann in eine Menge ein, wenn es nicht schon dort vorhanden ist. Als Sonderfall ergibt sich die Menge mit nur einem Element, die durch die Funktion `singleton :: a -> MeineMenge a` berechnet wird, vgl. die Funktion `uInsert` von Seite 48.

```
insert :: (Eq a) => a -> MeineMenge a -> MeineMenge a
insert x xs
    | x 'element' xs = xs
    | otherwise      = x :<: xs

singleton :: a -> MeineMenge a
singleton x = x :<: Leer
```

Die Liste, die alle Elemente der leeren Menge aufführt, ist die leere Liste, und wenn wir ein Element `x` in eine Menge `ms` eingefügt haben, so entsteht die Liste für `x :<: ms` durch Einfügen von `x` an den Anfang der Liste für `ms`. Analog konstruieren wir eine Menge aus einer Liste, indem wir die Listenelemente iterativ in die leere Menge einfügen; das wird am besten durch eine Rechtsfaltung formuliert.

```
toListe Leer = []
toListe (x :<: ms) = x:(toListe ms)
toMenge xs = foldr insert Leer xs
```

Analog wird die Entfernung aus einer Menge formuliert. Aus der leeren Menge läßt sich nichts entfernen, und die Entfernung des Elements x aus der Menge $A \cup \{y\}$ muß das Verhältnis von y zu x und A untersuchen:

```
delete :: (Eq a) => a -> MeineMenge a -> MeineMenge a
delete x Leer = Leer
delete x (y :<: xs)
    | x == y = delete x xs
    | otherwise = y :<: (delete x xs)
```

4.2 Parametrisierte Datentypen

Die Darstellung von Mengen hängt natürlich von der Darstellung des Grundtyps ab. Wir gehen so vor, daß wir eine durch Kommata getrennte Liste der Elemente zwischen geschweifte Klammern {...} einschließen.

```
instance (Show a) => Show (MeineMenge a) where
    show Leer       = "{ }"
    show (a :<: ms) = "{" ++ (show a) ++ (concat showRest) ++ "}"
        where
            showRest
                | istLeer ms = [""]
                | otherwise  = map (", "++) (map show (toListe ms)))
```

Das Beispiel erläutert die Konstruktionen.

```
>>> let r = toMenge [1 .. 12]
>>> r
{1, 2, 3, 4, 5, 6, 7, 8, 9, 10, 11, 12}
>>> let s = toMenge ([1 .. 5] ++ [7 .. 12])
>>> s
{1, 2, 3, 4, 5, 7, 8, 9, 10, 11, 12}
>>> s `teilMenge` r
True
>>> r == s
False
>>> r == insert 6 s
True
```

Wir wollen die Potenzmenge $\mathcal{P}(A)$ einer Menge A berechnen. Offensichtlich gilt

$$\mathcal{P}(\emptyset) = \{\emptyset\},$$
$$\mathcal{P}(A \cup \{x\}) = \mathcal{P}(A) \cup \{B \cup \{x\} \mid B \in \mathcal{P}(A)\}, \text{ falls } x \notin A.$$

Das liefert eine Rekursionsgleichung; vorher sollten wir eine Funktion für die Vereinigung zweier Mengen definieren. Dies geschieht durch den Infix-Operator # mit

```
(#) :: (Eq a) => MeineMenge a -> MeineMenge a -> MeineMenge a.
```

Zur Formulierung der Vereinigung ms # ns benutzen wir eine Rechtsfaltung, indem wir die Elemente der Menge ns iterativ in die Menge ms einfügen.

```
infixr 5 #
ms # ns = foldr insert ms (toListe ns)
```

Analog kann die Vereinigung bigUnion nss über eine Familie nss von Mengen berechnet werden. Wir konvertieren nss in eine Liste von Mengen und berechnen iterativ die Vereinigung dieser Mengen durch eine Rechtsfaltung. Die zu faltende Funktion ist die Vereinigung, die leere Menge initialisiert den Akkumulator.

```
bigUnion :: (Eq a) => MeineMenge (MeineMenge a) -> MeineMenge a
bigUnion nss = foldr (#) Leer (toListe nss)
```

Der Durchschnitt für zwei Mengen berechnet zunächst die Liste aller Elemente, die in beiden Mengen enthalten sind, und konvertiert diese Liste dann in eine Menge; wir definieren hierzu den Operator %:

```
infixr 5 %
ms % ns = toMenge (filter (\y -> y 'element' ns) (toListe ms))
```

Damit können wir *fast* schon die Funktion

```
potenzMenge :: (Eq a) => MeineMenge a -> MeineMenge (MeineMenge a)
```

definieren. Die oben gewählte Formulierung $\{B \cup \{x\} \mid B \in \mathcal{P}(A)\}$ zeigt, daß wir das Einfügen eines Elements in eine Menge für eine Menge von Mengen formulieren müssen; das erinnert an die Funktion map, die es erlaubt, eine Funktionsanwendung über die Elemente einer Liste zu verteilen. Der allgemeinere Rahmen ist die Funktion fmap für die Typklasse Functor. Wir machen also Typen der Form MeineMenge a zu Elementen der Typklasse Functor, indem wir der rekursiven Konstruktion der Elemente folgen:

```
instance Functor MeineMenge where
    fmap f Leer = Leer
    fmap f (a :<: ms) = (f a) :<: (fmap f ms)
```

Aus diesen Überlegungen ergibt sich insgesamt

```
potenzMenge Leer = singleton Leer
potenzMenge (x :<: ms)
    | x 'element' ms = alle
    | otherwise      = alle # (fmap (insert x) alle)
      where
          alle = potenzMenge ms
```

Die Rekursionsverankerung in der ersten Zeile konstruiert die Menge $\{\emptyset\}$, die nur aus der leeren Menge besteht (analog zur Konstruktion x :<: Leer, mit der die Menge $\{x\}$ konstruiert wird). Die Konstruktion für x :<: ms überprüft zunächst, ob das Element x bereits in ms vorhanden ist. Ist das der Fall, so können wir uns auf die Konstruktion der Potenzmenge für ms beschränken. Ist es nicht der Fall, so konstruieren wir die Potenzmenge für ms und vereinigen mit dieser Menge die Menge aller Mengen, die entstehen, indem wir x in die Elemente der Potenzmenge für ms einfügen. Diese Menge konstruieren wir, indem wir die curryfizierte Funktion insert x mit fmap über die Potenzmenge für ms schicken.

Die Berechnung der Potenzmenge von $\{\text{'a'}, \text{'1'}, \text{'Y'}\}$ ergibt

4.2 Parametrisierte Datentypen

```
>>> potenzMenge (toMenge ['a', '1', 'Y'])
{{'a', '1', 'Y'}, {'a', '1'}, {'a', 'Y'},
     {'a'}, {'1', 'Y'}, {'1'}, {'Y'}, { }}
```

Mit ähnlichen Überlegungen können wir alle Teilmengen einer Menge in einer Liste abspeichern; das ist dann praktisch, wenn wir über alle Teilmengen einer Menge iterieren wollen. Die Liste aller Teilmengen kann durch die Komposition von `toListe` mit `potenzMenge` geschehen; eine direkte Berechnung sieht so aus:

```
alleTeilmengen :: (Eq a) => MeineMenge a -> [MeineMenge a]
alleTeilmengen Leer = [Leer]
alleTeilmengen (x :<: ms)
    | x 'element' ms = alle
    | otherwise      = alle ++ (map (insert x) alle)
        where
            alle = alleTeilmengen ms
```

Das Beispiel berechnet die Liste aller Teilmengen von $\{1, 2, 3\}$.

```
>>> alleTeilmengen (toMenge [1 .. 3])
[{ },{3},{2},{2, 3},{1},{1, 3},{1, 2},{1, 2, 3}]
```

4.2.3 Ungerichtete Graphen

Ein *ungerichteter Graph* (V, E) besteht aus einer Menge V von Knoten und einer Menge E von unterrichteten Kanten; die Kante $\{a, b\} \in E$ verbindet die Knoten a und b mit $a \neq b$. Offensichtlich gilt $\{a, b\} = \{b, a\}$, so daß der ungerichtete Charakter einer Kante sichtbar wird. Ein *gerichteter Graph* (V, K) besteht wieder aus einer Menge V von Knoten und einer Menge $K \subseteq V \times V$ von gerichteten Kanten; die Kante $\langle a, b \rangle \in K$ verbindet die Knoten a und b in dieser Richtung (es muß also nicht unbedingt gelten, daß für $\langle a, b \rangle \in K$ auch $\langle b, a \rangle \in K$ gilt); gerichtete Graphen wurden in relationaler Form bereits in Abschnitt 2.3 eingeführt, sie werden in den Übungsaufgaben weiter betrachtet.

Wir konzentrieren uns zunächst auf ungerichtete Graphen. Es sollen alle Cliquen in dem Graphen $\mathcal{G}$ berechnet werden. Hierbei folgen wir dem klassischen Ansatz von Bron-Kerbosch [16, 13]. Der ungerichtete Graph $\mathcal{G} = (V, E)$ wird im folgenden festgehalten.

Eine *Clique* $A \subseteq V$ ist eine maximal vollständige Menge, es gilt also

Vollständigkeit Je zwei unterschiedliche Knoten in A sind durch eine Kante miteinander verbunden.

Maximalität Ist $A \subseteq B$ und B vollständig, so gilt $A = B$ (gleichwertig damit ist, daß es zu jedem $x \notin A$ einen Knoten $y \in A$ gibt, so daß die Knoten x und y nicht durch eine Kante miteinander verbunden sind).

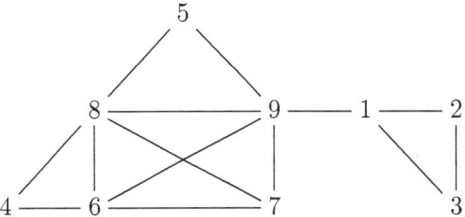

Abbildung 4.1: *Ungerichteter Graph*

Für den Graphen in Abbildung 4.1 besteht die Menge aller Cliquen aus

$$\{\{1,2,3\},\{1,9\},\{4,6,8\},\{5,8,9\},\{6,7,8,9\}\}.$$

Die Menge $\{6,7,8\}$ ist vollständig, aber keine Clique.

Wir setzen

$$W_{\mathcal{G}}(A) := \{x \in V \mid \{x,y\} \in E \text{ für alle } y \in A\}$$

für die Kantenmenge $A \subseteq V$. Es gilt also für den Beispielgraphen $W_{\mathcal{G}}(\{6,7,8\}) = \{9\}$. Ein Knoten x ist also genau dann in der Menge $W_{\mathcal{G}}(A)$, wenn x mit allen Knoten der Menge A verbunden ist. Es gilt

Lemma 4.2.1
 A ist genau dann eine Clique, wenn A vollständig ist und $W_{\mathcal{G}}(A) = \emptyset$.

Beweis 1. Ist A eine Clique, so ist A vollständig. Gibt es einen Knoten $x \in W_{\mathcal{G}}(A)$, so ist x mit allen Knoten in A verbunden, also ist $V \cup \{x\}$ auch vollständig, im Widerspruch zur Annahme, daß A eine Clique ist.

2. Sei nun A vollständig mit $W_{\mathcal{G}}(A) = \emptyset$. Ist A keine Clique, so gibt es eine vollständige Menge B, in der A als echte Teilmenge enthalten ist. Also gibt es ein $y \in V$ mit $y \notin A$, so daß y mit allen Elementen von A verbunden ist, also $y \in W_{\mathcal{G}}(A)$, was im Widerspruch zu $W_{\mathcal{G}}(A) = \emptyset$ steht. ⊣

Die Adjazenzliste $adj_{\mathcal{G}}(x)$ des Knotens x ist die Menge aller Konten, die mit x verbunden sind, also

$$adj_{\mathcal{G}}(x) := \{y \in V \mid \{x,y\} \in E\}.$$

Die Menge $W_{\mathcal{G}}(A)$ kann mit Hilfe der Adjazenzlisten einfach berechnet werden:

$$W_{\mathcal{G}}(\emptyset) = V,$$
$$W_{\mathcal{G}}(A \cup \{x\}) = W_{\mathcal{G}}(A) \cap adj_{\mathcal{G}}(x) \text{ für } x \notin A.$$

Die erste Gleichung ist trivial: Gäbe es nämlich ein $y \in V$ mit $y \notin W_\mathcal{G}(\emptyset)$, so gäbe es ein $x \in \emptyset$ mit $\{x,y\} \in E$. Das aber ist unmöglich. Ist $y \in W_\mathcal{G}(A \cup \{x\})$, so muß y mit allen Knoten in A durch eine Kante verbunden sein, also $y \in W_\mathcal{G}(A)$, zudem muß gelten $\{x,y\} \in E$, also $y \in adj_\mathcal{G}(x)$. Daraus ergibt sich $W_\mathcal{G}(A \cup \{x\}) \subseteq W_\mathcal{G}(A) \cap adj_\mathcal{G}(x)$. Ist umgekehrt der Knoten y mit dem Knoten x und allen Knoten in A verbunden, also $y \in W_\mathcal{G}(A) \cap adj_\mathcal{G}(x)$, so gilt auch $y \in W_\mathcal{G}(A \cup \{x\})$; daraus ergibt sich $W_\mathcal{G}(A \cup \{x\}) \supseteq W_\mathcal{G}(A) \cap adj_\mathcal{G}(x)$.

Die Vollständigkeit einer Menge kann ebenfalls mit den Adjazenzlisten überprüft werden: Für $x \notin A$ ist die Menge $A \cup \{x\}$ genau dann vollständig, wenn A vollständig ist und $A \subseteq adj_\mathcal{G}(x)$ gilt. Denn ist $A \cup \{x\}$ vollständig, so muß A vollständig sein, und jeder Knoten in A muß mit x durch eine Kante verbunden sein, also $A \subseteq adj_\mathcal{G}(x)$. Ist umgekehrt A vollständig und gilt $A \subseteq adj_\mathcal{G}(x)$, aber $A \cup \{x\}$ ist nicht vollständig, so muß es wegen der Vollständigkeit von A einen Knoten $y \in A$ geben, der nicht mit x durch eine Kante verbunden ist. Das ist aber unmöglich.

Zur Implementierung dieser Überlegungen stellen wir zunächst ungerichtete Kanten dar. Die Versuchung ist groß, eine solche Kante als Zweiermenge zu realisieren. Dann aber könnten wir eine Kante nicht von einer anderen Zweiermenge unterscheiden. Also muß ein eigener Datentyp her:

```
data UKante a = UKante a a

instance (Eq a) => Eq (UKante a) where
        UKante x y == UKante x' y'
            = (toMenge [x, y]) == (toMenge [x', y'])

instance (Show a) => Show (UKante a) where
        show (UKante x y)
            = (show x) ++ " <-> " ++ (show y)
```

Wir formulieren also ungerichtete Kanten als parametrisierten Datentyp, dabei nehmen wir an, daß der zugrundeliegende Typ ein Mitglied der Typklassen Eq und Show ist. Zwei Kanten sind genau dann gleich, wenn die entsprechenden Zweiermengen gleich sind (das entspricht intuitiv dem ungerichteten Charakter der Kanten). Wir repräsentieren eine Kante zwischen den Knoten x und y durch x <-> y.

Die Menge, die einer Kante entspricht, läßt sich berechnen durch

```
dieKante :: (Eq t) => UKante t -> MeineMenge t
dieKante (UKante x y) = insert x (singleton y)
```

Zur Berechnung der Adjazenzliste eines Knotens gehen wir ein wenig allgemeiner vor: Wir berechnen alle Knoten, die von einer gegebenen Knotenmenge aus durch eine ungerichtete Kante erreichbar sind. Ist $A \subseteq V$ also eine Menge von Knoten, so berechnen wir

$$\{y \in V \mid \text{es gibt ein } x \in A \text{ mit } \{x,y\} \in E\},$$

die Adjazenzliste für den Knoten x ergibt sich dann durch den Spezialfall $A = \{x\}$.

Zur Formulierung als Funktion benötigen wir den Graphen als zweiten Parameter, wobei wir den Graphen als Menge von Kanten repräsentieren (damit schließen wir die Knoten aus, die nicht durch eine Kante erreichbar sind).

```
erreichbar ::
    (Eq a) => MeineMenge a -> MeineMenge (UKante a) -> MeineMenge a

erreichbar ns derGraph = bigUnion (toMenge ([dieKante (UKante a b) |
        UKante a b <- kantenListe,
               x <- knotenListe, verbindet x a b]))
    where
        kantenListe = toListe derGraph
        knotenListe = toListe ns
        verbindet x a b = x 'element' (dieKante (UKante a b))
```

Die kantenListe ist die Liste der Kanten, die knotenListe die Liste der Knoten in der Knotenmenge ns. Wir konstruieren die Menge aller Knoten, die von einem Element aus der knotenListe erreichbar sind, in zwei Schritten: Zunächst werden die entsprechenden Zweiermengen berechnet, die gewünschte Menge ist dann die Vereinigung über diese Mengenfamilie.

```
adj :: (Eq a) => a -> MeineMenge (UKante a) -> MeineMenge a
adj x derGraph = delete x erreichbarVonx
    where
        singl = (singleton x)
        erreichbarVonx = erreichbar singl derGraph
```

Die Adjazenzliste eines Knotens x ist dann die Menge aller Konten, die von $\{x\}$ aus erreichbar sind, wobei x ausgeschlossen wird.

Die Knoten eines Graphen, der als Liste von Kanten dargestellt wird, lassen sich rekursiv so berechnen:

```
alleKnoten :: (Eq a) => MeineMenge (UKante a) -> MeineMenge a
alleKnoten Leer = Leer
alleKnoten ((UKante a b) :<: dGr) =
        insert a (insert b (alleKnoten dGr))
```

Die wichtige Menge $W_{\mathcal{G}}(A)$ aller Knoten, die mit allen Knoten der Menge A verbunden sind, kann nun rekursiv berechnet werden. Hierzu dient die Funktion alleFreunde. Für die leere Menge berechnen wir alle Knoten des Graphen, für die Menge $A \cup \{x\}$ berechnen wir zunächst die Menge aller Freunde für A und schneiden dann mit der Adjazenzliste von x.

```
alleFreunde
    :: (Eq a) => MeineMenge (UKante a) -> MeineMenge a -> MeineMenge a
```

4.2 Parametrisierte Datentypen

```
alleFreunde  derGraph Leer = alleKnoten derGraph
alleFreunde  derGraph (a :<: ns) =
             (adj a derGraph) % (alleFreunde  derGraph ns)
```

Ähnlich berechnen wir, ob eine Menge vollständig ist. Wir wissen, daß die leere Menge vollständig ist, und die Menge $A \cup \{x\}$ ist vollständig, falls A vollständig ist, und falls jedes Element in A mit x verbunden ist.

```
vollstaendig
    :: (Eq t) => MeineMenge (UKante t) -> MeineMenge t -> Bool
vollstaendig derGraph Leer = True
vollstaendig derGraph (a :<: ns) =
            (vollstaendig derGraph ns)
                && (ns 'teilMenge' (adj a derGraph))
```

Die Funktion `istClique` stellt dann fest, ob in einem Graphen eine vorgegebene Menge von Knoten eine Clique ist.

```
istClique :: (Eq t) => MeineMenge (UKante t) -> MeineMenge t -> Bool
istClique gr ns = (vollstaendig gr ns)
                && ((alleFreunde gr ns) == Leer)
```

Insbesondere ist die curryfizierte Funktion `istClique gr` ein Prädikat auf der Potenzmenge aller Knoten, das Cliquen herausfiltern kann.

```
alleCliquen
    :: (Eq a) => MeineMenge (UKante a) -> MeineMenge (MeineMenge a)
alleCliquen gr = toMenge listeAllerCliquen
    where
        knotenMenge = alleKnoten gr
        listeAllerTeilmengen = alleTeilmengen knotenMenge
        listeAllerCliquen = filter (istClique gr)
                                    listeAllerTeilmengen
```

Wir berechnen die Menge aller Knoten des Graphen, daraus die Liste aller Teilmengen von Knoten. Diese Liste wird mit dem Prädikat `istClique gr` gefiltert, die resultierende Liste wird wieder in eine Menge verwandelt. Für den Graphen `gs` in Abbildung 4.1 finden wir

```
>>> alleCliquen gs
{{1, 2, 3}, {9, 1}, {8, 6, 7, 9}, {5, 8, 9}, {4, 8, 6}}
```

Aber:

Die vorgeschlagene Lösung zur Berechnung aller Cliquen ist ziemlich ineffektiv. Das liegt daran, daß *alle* Teilmengen erzeugt und untersucht werden. Das aber ist unnötig: Ist A eine Clique und B eine echte Obermenge von A, so kann B wegen der Maximalitätseigenschaft einer Clique keine sein, wird aber trotzdem daraufhin untersucht.

Wir wollen die Berechnung aller Cliquen von diesen Ungereimtheiten befreien und einen anderen Algorithmus angeben. Vorher modifizieren wir die Berechnung aller Teilmengen einer Menge. Dabei gehen wir von dieser Überlegung aus: Wenn wir alle Teilmengen $\mathcal{P}(A)$ einer Menge $A \subseteq X$ erzeugt haben, so können wir, um alle Teilmengen von X zu erhalten, zu $\mathcal{P}(A)$ alle Teilmengen $\mathcal{P}(X \setminus A)$ berechnen und erhalten

$$\mathcal{P}(X) = \mathcal{P}(A) \cup \{C \cup B \mid C \in \mathcal{P}(A), B \in \mathcal{P}(X \setminus A)\}.$$

Das läßt sich in eine Funktion `teilM` übersetzen, deren erster Parameter eine Menge `ms` ist, der zweite Parameter ist eine Liste, die mit `ms` kein Element gemeinsam hat, und der letzte Parameter dient schließlich als Akkumulator:

```
teilM :: (Eq a) => MeineMenge a -> [a] -> MeineMenge (MeineMenge a)
         -> MeineMenge (MeineMenge a)
teilM ms b alle
     | b == [] = insert ms alle
     | otherwise = foldr (#) (insert ms alle) hilf
     where
       t = length b - 1
       alleT = [drop k b | k <- [0 .. t]]
       hilf = [teilM (insert r ms) rs alle | (r:rs) <- alleT]
```

Ist also $M \subseteq X$ eine Menge, die dem ersten Parameter `ms` entspricht, und $B = [i_1, \ldots, i_k]$ eine Liste `b` mit $M \cap \{i_1, \ldots, i_k\} = \emptyset$, $\mathcal{A}$ eine Menge von Teilmengen von X (die Mengen `alle`), so gibt ein Aufruf von `teilM ms [] alle` die Menge $\mathcal{A} \cup \{M\}$ zurück. Ist hingegen B nicht leer, so erfolgt für $1 \leq j \leq k$ ein Aufruf für die Kombination $M \cup \{i_j\}, \{i_{j+1}, \ldots i_k\}$ und $\mathcal{A}$. Die Ergebnisse werden in einer Hilfsstruktur gesammelt und in die Menge $\mathcal{A} \cup \{M\}$ eingefügt. Diese Funktion berechnet dann alle Teilmengen der Menge `ms`:

```
dieTeilmengen :: (Eq a) => MeineMenge a -> MeineMenge (MeineMenge a)
dieTeilmengen ms = teilM Leer (toListe ms) Leer
```

Über die Korrektheit der Funktion `dieTeilmengen` sagt das folgenden Lemma etwas aus.

Lemma 4.2.2

Der Aufruf der Funktion *dieTeilmengen ms* erzeugt jede Teilmenge der Menge *ms* genau einmal.

Beweis Aufgabe 4.1. ⊣

Zur Erzeugung aller Cliquen für den ungerichteten Graphen $\mathcal{G}$ wird dieser Algorithmus modifiziert. Die Idee besteht darin, daß kein weiterer Aufruf mehr stattfinden sollte, wenn eine Clique gefunden wurde. Ein rekursiver Aufruf kommt zustande, indem ein

4.2 Parametrisierte Datentypen

neues Element zu der Menge M im ersten Parameter hinzugefügt wird. Bei der Erzeugung aller Teilmengen kann hierzu ein beliebiges Element aus dem zweiten Parameter B genommen werden. Hierbei dient B als Reservoir für Kandidaten. Bei der Erzeugung von Cliquen ist es geschickt, nur solche Elemente hinzuzufügen, die mit allen anderen Elementen von M verbunden sind, also einem Element von $W_{\mathcal{G}}(M)$. Wenn wir dafür sorgen, daß die Menge M vollständig ist, so haben wir durch $W_{\mathcal{G}}(M) = \emptyset$ auch gleich mit Lemma 4.2.1 ein Kriterium dafür, daß wir keinen weiteren rekursiven Aufruf benötigen.

Das führt zu der folgenden Funktion

```
clique :: (Eq t) =>
    MeineMenge (UKante t) -> MeineMenge t -> [t]
                        -> MeineMenge (MeineMenge t)
                        -> MeineMenge (MeineMenge t)

clique gra ms b alle
      | b == [] = (insert ms  alle)
      | otherwise = foldr (#) alle hilf
        where
            q z  =  (\h -> h 'element' adj z gra)
            hilf =
                [clique gra (insert y ms)
                        (filter (q y) b)  alle | y <- b]

dieCliquen gra = clique gra Leer (knotenListe gra)  Leer
      where
            knotenListe = toListe.alleKnoten
```

Wir rufen also die Funktion `clique` für den Graphen `gra` mit einer Menge `ms` von Knoten auf, die Liste `b` enthält die Kandidaten, die beim rekursiven Aufruf zu `ms` hinzugefügt werden sollen; die Menge `alle` enthält die bisher erzeugten Cliquen. Enthält `b` kein Element so wird `ms` zur Menge der Resultate hinzugefügt, im anderen Falle findet für jedes Element `y` von `b` ein Aufruf statt. Hierbei wird `clique` mit den Parametern `insert y ms` und der Liste aller Elemente von `b`, die mit `y` verbunden sind, aufgerufen.

Für den Graphen `gs` in Abbildung 4.1 finden wir auch hier

```
>>> dieCliquen gs
{{3, 2, 1}, {1, 9}, {9, 7, 6, 8}, {9, 8, 5}, {6, 8, 4}}
```

Lemma 4.2.3

Der Aufruf *dieCliquen gra* erzeugt jede Clique des Graphen *gra* .

Beweis 0. Wir zeigen zunächst durch vollständige Induktion nach der Anzahl der Knoten in der vollständigen Menge M, daß ein Aufruf der Funktion mit den Parametern M und $W_{\mathcal{G}}(M)$ alle Cliquen erzeugt, die M enthalten.

1. Der Induktionsbeginn liegt bei n, der Anzahl der Knoten des Graphen. In der Tat muß hier M mit der Menge aller Knoten des Graphen übereinstimmen, und es gilt $W_{\mathcal{G}}(M) =$

∅ (beachten Sie, daß die Konklusion leer ist, wenn M als die Menge der Knoten nicht vollständig ist). Gelte die Voraussetzung nun für alle vollständigen Mengen der Größe $k+1$, so gilt sie auch für vollständige Mengen der Größe k. Wir können annehmen, daß $W_{\mathcal{G}}(M) \neq \emptyset$, da M sonst bereits eine Clique ist (Lemma 4.2.1). Für $i \in W_{\mathcal{G}}(M)$ ist die Menge $M \cup \{i\}$ vollständig, und es gilt $W_{\mathcal{G}}(M \cup \{i\}) = W_{\mathcal{G}}(M) \cap adj_{\mathcal{G}}(i)$. Also greift die Induktionsvoraussetzung, jeder Aufruf mit den Parametern $M \cup \{i\}$ und $W_{\mathcal{G}}(M \cup \{i\})$ erzeugt alle Cliquen, die $M \cup \{i\}$ enthalten, wenn $i \in W_{\mathcal{G}}(M)$. Ist Q eine Clique, die M enthält, so gilt $Q \setminus M \subseteq W_{\mathcal{G}}(M)$, also erzeugt der Aufruf für M alle Cliquen, die M enthalten.

2. Aber daraus folgt die Behauptung, daß $W_{\mathcal{G}}(\emptyset) = V$ gilt, wenn V die Menge der Knoten des Graphen ist. ⊣

Das Problem, eine Clique maximaler Größe in einem Graphen zu finden, ist NP-vollständig [7, Theorem 36.11], so daß keiner der hier vorgestellten Algorithmen effizient ist, wenn wir $P \neq NP$ voraussetzen. Gleichwohl ist der zweite vorzuziehen, auch wenn er auf den ersten Blick weniger durchsichtig ist, denn er vermeidet überflüssige Arbeit.

4.2.4 Eine Notiz zu Moduln

Dieser Modul definiert einen Typ EitherOr, der Daten zweier Grundtypen zu behandeln gestattet:

```
module EntwederOder where
data EitherOr a b = Ja a | Nein b
instance (Show a, Show b) => Show (EitherOr a b) where
        show (Ja x)   = "+++ Ja " ++ (show x)
        show (Nein y) = "-- No " ++ (show y)

sagJa x            = Ja x
sagNein y          = Nein y
istJa (Ja j)       = True
istJa _            = False
istNein (Nein f)   = True
istNein _          = False
```

Wir können den gesamten Modul importieren und mit diesem Datentyp arbeiten, wir können auch einzelne Funktionen selektiv importieren. Zum Beispiel ergibt sich nach diesem Import

```
import   EntwederOder (sagJa,sagNein)
```

folgendes Bild

```
>>> sagJa 3
+++ Ja 3
>>> :type sagJa 3
sagJa 3 :: EntwederOder.EitherOr Integer b
```

4.2 Parametrisierte Datentypen

Konstruktoren werden hier nicht explizit sichtbar. Importieren wir nur `EitherOr` wie in

```
import EntwederOder (EitherOr)
```

so haben wir die Konstruktoren qualifiziert zur Verfügung:

```
data EitherOr a b = EntwederOder.Ja a | EntwederOder.Nein b
    -- Defined at ...
instance (Show a, Show b) => Show (EitherOr a b)
    -- Defined at ...
```

Die Sache ändert sich mit diesem Import:

```
import EntwederOder (EitherOr(..))
```

dann finden wir nämlich

```
>>> :info EitherOr
data EitherOr a b = Ja a | Nein b
    -- Defined at ...
instance (Show a, Show b) => Show (EitherOr a b)
    -- Defined at ...
>>> :type Ja
Ja :: a -> EitherOr a b
```

Durch den Import von `EitherOr(..)` werden also ebenfalls die Konstruktoren des Typs importiert. Über die Verfügbarkeit der in dem Modul vereinbarten Funktionen gibt diese Tabelle Auskunft:

	EitherOr	Ja	Nein	sagJa	sagNein	istJa	istNein
①	+	−	−	−	−	−	−
②	+	+	+	−	−	−	−
③	+	−	−	+	+	−	−
④	+	+	+	+	−	−	+
⑤	+	+	+	+	+	+	+

① `module EntwederOder (EitherOr) where`
② `module EntwederOder (EitherOr(..)) where`
③ `module EntwederOder (EitherOr, sagJa, sagNein) where`
④ `module EntwederOder (EitherOr(..), sagJa, sagNein) where`
⑤ `module EntwederOder where`

Es soll rasch angemerkt werden, daß die Mitgliedschaft in der Typklasse `Show` für den Typ `EitherOr` ebenfalls in dem Modul erklärt wird, in dem sich die Typdefinition befindet. Das ist nicht verpflichtend: Man kann den Datentypen importieren und dann erst seine Mitgliedschaft in einer Typklasse vereinbaren, was offensichtlich recht flexibel ist.

Der Typkonstruktor `EitherOr` hängt von den beiden Typen a und b ab, und analog zu Funktionen findet auch hier eine Art Curryfizierung statt. `Haskell` faßt diesen Typ als `(EitherOr a) b` auf, so daß wir implizit einen Typkonstruktor `EitherOr a` konstruiert haben, der von einem einzigen Typparameter abhängt und der zur Konstruktion des Typs `EitherOr a b` dient.

Wir können diesen Typkonstruktor dazu benutzen, um `(EitherOr a)` zum Mitglied der Typklasse `Functor` zu machen.

Das geschieht wie üblich durch eine Beitrittserklärung:

```
instance Functor (EitherOr a) where
        fmap f (Nein y) = Nein (f y)
```

und hat diesen Effekt:

```
>>> fmap (+3) (Nein 4)
-- No 7
```

Da `EitherOr a` – und nicht `EitherOr` – der Typkonstruktor für `EitherOr a b` ist, muß der Versuch, `EitherOr` zum Mitglied der Typklasse `Functor` zu machen, scheitern.

Vereinfachung: newtype

Wir haben oben die Möglichkeit gesehen, aussagekräftige Namen für Typen zu schaffen, indem wir eine Umbenennung mittels `type` vornehmen. `Haskell` bietet neben `data` und `type` noch eine weitere Möglichkeit, Namen einzuführen.

```
newtype  EntOder b a = EntOder (EitherOr a b)
         deriving Show

>>> :t EntOder
EntOder :: EitherOr a b -> EntOder b a
>>> :info EntOder
newtype EntOder b a = EntOder (EitherOr a b)
        -- Defined at ..
instance (Show b, Show a) => Show (EntOder b a)
  -- Defined at ..
```

Wir haben hier im wesentlichen den Typ `EntwederOrder a b` vor uns, allerdings haben wir die Reihenfolge der Typparameter vertauscht. Die Mitgliedschaft in Typklassen kann bei der Verwendung von `newtype` spezifiziert werden, und zwar auf dieselbe Art wie bei `data`. Wir können das auch explizit tun:

```
instance Functor (EntOder a) where
        fmap f (Ja y) = Ja (f y)
```

4.2 Parametrisierte Datentypen

mit

```
>>> fmap (+3) (Ja 4)
+++ Ja 7
```

So ähnelt die `newtype`-Vereinbarung der `data`-Vereinbarung. Es gibt allerdings eine wesentliche Restriktion bei der Verwendung von `newtype`, nämlich die Einschränkung, daß lediglich ein einziger Konstruktor verwendet werden darf.

Damit haben wir drei Möglichkeiten, Namen für Typen einzuführen:

- **type** Das ist eine Umbenennung zur aussagekräftigeren Verwendung eines Typnamens; es wird kein neuer Typ eingeführt. Die Umbenennung kann auch parametrisiert sein.

    ```
    type DieAlternativen a b = EitherOr a b

    >>> :info DieAlternativen
    type DieAlternativen a b = EitherOr a b
            -- Defined at ..
    ```

    Partielle Parametrisierungen sind auch möglich:

    ```
    type KurzAlternative a = EitherOr a Char
    ```

- **newtype** Ein neuer Typ und ein neuer Typname werden eingeführt, dabei darf lediglich ein einziger Konstruktor verwendet werden. Mitgliedschaften in Typklassen sind möglich und können auch über die `deriving`-Klausel eingeführt werden. Insgesamt zeigt sich eine starke Ähnlichkeit mit der `data`-Deklaration, das betrifft auch das Import- und Export-Verhalten.

- **data** Die allgemeinste Möglichkeit, neue Typen zu konstruieren und Typnamen einzuführen; erlaubt insbesondere rekursive Typen.

Beispiel: Kellerspeicher

Als Beispiel betrachten wir den Datentyp *Kellerspeicher*, im Volksmund auch gern *Stack* genannt. Mit Kellerspeichern läßt sich die Strategie `LIFO` – *last in, first out* – realisieren. Wir stellen einen solchen Speicher durch die Liste der Elemente dar, wobei wir das erste Element auszeichnen, sofern es vorhanden ist.

```
newtype Keller a = Keller {derKeller :: ([a], Maybe a)}
```

Eine Instanz über den Datentyp `a` besteht also aus einer Liste über `a` und einem Element vom Typ `Maybe a`.

Mit `newtype` definierte Typen können, wie gesagt, Instanzen von Typklassen werden:

```
instance (Show a) => Show (Keller a) where
        show (Keller (t, b)) =
             "Keller: " ++ show t ++ ", oben: " ++ show b
```

Die Operationen sind ebenfalls recht kanonisch. Mit neuerKeller wird ein neuer Kellerspeicher angelegt, der kein Element enthält, die push- und die pop-Operationen manipulieren jeweils das erste Element, und top gibt das erste Element zurück, sofern es vorhanden ist (sonst wird Nothing zurückgegeben).

```
neuerKeller = Keller ([], Nothing)

pushd :: Keller a -> a -> Keller a
pushd kk x = let (f, s) = derKeller kk in Keller (x:f, Just x)

popd :: (Eq a) => Keller a -> Keller a
popd kk = case derKeller kk of
            ([], _) -> Keller ([], Nothing)
            (x:t, _) -> let
                   h = if t == [] then Nothing
                                  else Just (head t)
                  in Keller (t, h)
top (Keller stk) = snd (stk)
```

Analog kann man bei Warteschlangen und Prioritätswarteschlangen vorgehen, vgl. Aufgaben 4.3 und 4.4.

4.3 Binäre Bäume

Binäre Bäume sind eine wohlbekannte und wichtige Datenstruktur mit Anwendungen in der Informatik wie Sand am Meer. In Haskell können binäre Bäume so vereinbart werden

```
data Baum a = Knoten a (Baum a) (Baum a)
    | Leer
    deriving (Show)
```

Ein binärer Baum ist also entweder leer, oder er hat eine Wurzel und einen linken und einen rechten Unterbaum. Wir nehmen an, daß die Knoten vom Typ a sind. Um binäre Bäume darstellen zu können, haben wir diese Klasse gleich als Mitglied der Typklasse Show dargestellt.

In der Sprache C würde man einen binären Baum, dessen Knoten ganze Zahlen enthalten, definieren als

```
struct BinBaum {
        int Element;
        BinBaum *LSohn, *RSohn;
};
```

Bemerkenswert sind die Referenzen auf den linken und den rechten Unterbaum, eine Rolle, die in der Haskell-Formulierung durch die Konstruktoren übernommen, aber anders ausgefüllt wird.

4.3 Binäre Bäume

Es gibt bekanntlich viele Anwendungen von binären Bäumen in der Informatik, die vielleicht wichtigsten lassen sich unter binäre Suchbäume und Heaps fassen. Wir werden Heaps hier nicht diskutieren, weil es sich hier um eine implizite Datenstruktur handelt, die durch Felder repräsentiert wird. Mit binären Suchbäumen werden wir uns gleich eingehender befassen, nachdem wir einige allgemeine Anmerkungen zu Bäumen gemacht haben.

Ein typischer Baum, dessen Knoten vom Datentyp `Char` sind, läßt sich etwa so darstellen:

```
>>> let wq = Knoten 's'
               (Knoten 'i' (Knoten 'h' Leer Leer) Leer)
               (Knoten 't' Leer Leer)
```

Die Darstellung ist ein wenig schwerfällig, wir schlagen in Aufgabe 4.7 eine andere Darstellung vor.

Die Extraktion der Wurzel und des linken wie des rechten Unterbaums sind zweifellos wichtig, um die Komponenten eines binären Baums bearbeiten zu können:

```
wurzel :: Baum t -> t
wurzel (Knoten x _ _) = x

linkerUnterbaum :: Baum t -> Baum t
linkerUnterbaum (Knoten _ x _) = x
rechterUnterbaum (Knoten _ _ x) = x
```

Angewandt auf unsere Beispiele finden wir

```
>>> wurzel wq
's'
>>> linkerUnterbaum wq
Knoten 'i' (Knoten 'h' Leer Leer) Leer
>>> rechterUnterbaum wq
Knoten 't' Leer Leer
```

4.3.1 Baumdurchläufe

Ein *Baumdurchlauf* ist eine Funktion, die jeden Knoten eines binären Baums genau einmal besucht. Solche Baumdurchläufe stellen wichtige Anwendungen dar. Eine fast triviale Anwendung ist der Ausdruck aller Knoten eines binären Baums: Hier möchte man Knoten schließlich nicht mehrfach ausdrucken, und es ist gefordert, auch wirklich alle Knoten zu drucken.

Bekanntlich kann man die Durchläufe in einem binären Baum in zwei Klassen einteilen: den *Tiefendurchlauf*, der von einem Knoten zu seinen Abkömmlingen, also in die Tiefe geht, und den *Breitendurchlauf*, der den Baum sozusagen schichtenweise abträgt. Wir werden uns beide Strategien zum Traversieren eines Baums im Detail ansehen. Als

Resultat des Baumdurchlaufs wollen wir eine Liste der im Baum befindlichen Knoten konstruieren, es lassen sich selbstverständlich andere Resultate denken, man kann etwa in jedem Knoten eine Funktion aufrufen, die diesen Knoten verarbeitet. Als Beispiel werden wir den Baum in Abbildung 4.2 heranziehen.

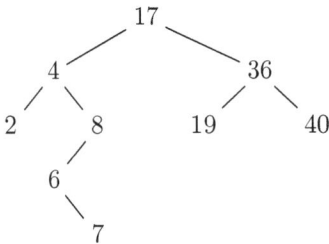

Abbildung 4.2: Binärer Baum

Tiefensuche

Der Tiefendurchlauf geht bei jedem Knoten in die Tiefe. Abhängig davon, wann die Wurzel eines Unterbaums und wann die Unterbäume selbst besucht werden, lassen sich drei Arten unterscheiden:

Präordnung Die Wurzel wird besucht, dann wird rekursiv der linke und der rechte Unterbaum durchlaufen. Die Haskell-Formulierung sieht so aus:

```
preorder :: Baum t -> [t]
preorder (Knoten x y z) = [x] ++ (preorder y) ++ (preorder z)
preorder Leer = []
```

In unserem Beispiel ergibt sich der Durchlauf [17, 4, 2, 8, 6, 7, 36, 19, 40, 37]. Das liegt daran, daß zunächst der Besuch der Wurzel 17 vermerkt wird, dann werden linker und rechter Unterbaum in Präordnung durchlaufen, was dazu führt, daß zunächst die 4 notiert wird als Wurzel des linken Unterbaums. Hier wird dann auch wieder der linke und dann der rechte Unterbaum in Präordnung durchlaufen, was zur Auflistung von 2 (dann ist der linke Unterbaum des Knotens 4 vollständig durchlaufen) und 8 (das ist die Wurzel des rechten Unterbaums des Knotens 4) führt. Der Präordnungs-Durchlauf des Unterbaums mit Wurzel 8 führt zum Besuch der Knoten 6 und 7, damit ist der linke Unterbaum der Wurzel vollständig abgearbeitet. Jetzt wird der rechte Unterbaum besucht, der Besuch beginnt mit dem Besuch der Wurzel 36 usw.

Inordnung Hier wird zunächst der linke Unterbaum der Wurzel, dann die Wurzel, dann der rechte Unterbaum der Wurzel durchlaufen. Die Formulierung

```
inorder (Knoten x y z) = (inorder y) ++ [x] ++ (inorder z)
inorder Leer = []
```

in `Haskell` führt in unserem Beispiel zu der Besuchsreihenfolge [2, 4, 6, 7, 8, 17, 19, 36, 37, 40]. Beim Aufruf der Wurzel 17 wird zunächst der linke Unterbaum, also der Baum mit der Wurzel 4 durchlaufen, der selbst wiederum durchlaufen wird, indem dessen linker Unterbaum durchlaufen wird, der lediglich aus dem Blatt 2 besteht, dann wird der Besuch im Knoten 4 vermerkt, anschließend folgt der Durchlauf durch den rechten Unterbaum des Knotens 4, was dazu führt, daß zuerst der Knoten 6, dann der Knoten 7, dann der Knoten 8 besucht wird. Damit ist der linke Unterbaum der Wurzel des Baums durchlaufen, also wird der Besuch im Knoten 17 der Wurzel vermerkt, dann wird der Durchlauf im rechten Unterbaum der Wurzel, also im Baum mit der Wurzel 36 fortgesetzt.

Postordnung Hier wird zunächst der linke Unterbaum durchlaufen, dann der rechte Unterbaum und schließlich wird der Besuch in der Wurzel vermerkt. Die `Haskell`-Formulierung ist damit offensichtlich

```
postorder (Knoten x y z) = (postorder y) ++ (postorder z) ++ [x]
postorder Leer = []
```

In unserem Beispiel ergibt sich als Ergebnis [2, 7, 6, 8, 4, 19, 37, 40, 36, 17]. Bei Beginn des Durchlaufs in der Wurzel wird nämlich zunächst der linke Unterbaum durchlaufen, also der Unterbaum mit der Wurzel 4, dessen linker Unterbaum nur aus dem Blatt 2 besteht, dessen Besuch vermerkt wird, dann geht es in den rechten Unterbaum des Knotens 4, also den Baum mit der Wurzel 8. Hier wird zunächst der linke Unterbaum bearbeitet, also der Unterbaum mit Knoten 6, der keinen linken Unterbaum hat, also wird der rechte Unterbaum, das Blatt 7, bearbeitet, dann wird der Besuch im Knoten 6 vermerkt, dann der Besuch im Knoten 8. Damit sind beide Unterbäume des Knotens 4 durchlaufen, der Besuch im Knoten 4 kann nun stattfinden und wird vermerkt, als nächstes wird der Unterbaum mit Wurzel 36, also der rechte Unterbaum in Wurzel in Postordnung durchlaufen, wenn das geschehen ist, wird der Besuch in der Wurzel 17 vermerkt.

Sie sehen, wie einfach es ist, die Tiefendurchläufe zu implementieren, weil rekursive Funktionen zur Verfügung stehen. Die Formulierungen in `Haskell` unterscheiden sich kaum von den Formulierungen in einer prozeduralen Sprache wie etwa `C`; eine iterative Formulierung etwa in der Sprache `C` wäre hingegen wesentlich schwerer durchschaubar.

Breitendurchlauf

Der Breitendurchlauf ist ein wenig umständlicher zu realisieren, weil hier die Rekursion keine direkte Rolle zu spielen scheint, denn wir gehen bei einem Knoten ja nicht direkt in die Tiefe, wir betrachten vielmehr die Nachbarn dieses Knotens. Der Breitendurchlauf für den Beispielbaum sieht so aus: 17, 4, 36, 2, 8, 19, 40, 6, 37, 7. Zunächst wird also die Wurzel durchlaufen, dann werden die beiden Abkömmlinge der Wurzel 4 und 36 aufgelistet, dann jeweils deren Abkömmlinge usw. Die Datenstruktur, mit deren Hilfe wir diese Aufgabe lösen können, ist eine Warteschlange.

Allgemein ist eine Warteschlange bekanntlich eine Datenstruktur, die als *First In, First Out*-Speicher bekannt ist: Das Objekt, das zuerst ankommt, wird auch als erstes bedient.

Beispiele für Warteschlangen sind eben – Warteschlangen, wie Sie sie etwa in der Mensa oder an der Bushaltestelle sehen können (die Bushaltestelle ist freilich eine englische, idealisierte Haltestelle, an der die Teilnehmer sich in einer Reihe brav hintereinander aufstellen, also eine Struktur, die man in der freien Natur doch eher selten sieht). Eine Warteschlange hat zwei wesentliche Operationen zu realisieren: das Einfügen des Elements, das am Ende der Warteschlange stattfinden sollte, und dann das Entfernen eines Elements. Hierzu wird das erste Element der Warteschlange entfernt, sofern die Warteschlange nicht leer ist.

Wir können eine Warteschlange ziemlich bequem in Haskell als Liste der entsprechenden Werte realisieren: Das Einfügen eines Elements entspricht der Konkatenation der bisherigen Warteschlange mit der Einer-Liste am Ende, die aus gerade diesem Element besteht, das Entfernen eines Elements nimmt gerade das erste Element aus der Liste heraus. Die Idee bei der Realisierung der Breitensuche kann dann mit einer Warteschlange so beschrieben werden: Wir initialisieren die Warteschlange, indem wir den Wurzel-Knoten in die anfangs leere Warteschlange einfügen. Wenn wir einen Knoten bearbeiten, so fügen wir seine Abkömmlinge – sofern vorhanden – an die Warteschlange an, dann entfernen wir diesen Knoten aus der Warteschlange. Dies geschieht so lange, wie die Warteschlange nicht leer ist, das Verfahren terminiert genau dann, wenn die Warteschlange vollständig abgearbeitet ist. Diese Warteschlange ist also eine *atmende* Datenstruktur, die sich im Laufe der Breitensuche erweitert oder auch verkürzt. Sehen

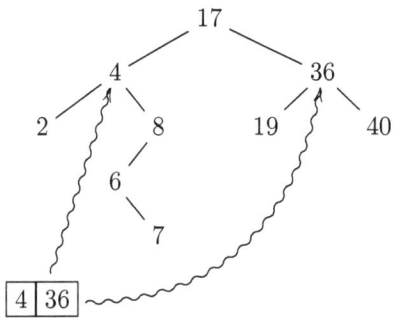

Abbildung 4.3: *Breitensuche: Nach Bearbeiten des Knotens* 17

wir uns die Vorgehensweise an einem Beispiel an: In unseren Beispiel-Baum beginnen wir mit dem Besuch des Knotens 17, die Knoten 4 und 36 werden in die Warteschlange eingefügt, der Wurzelknoten wird entfernt, so daß die Warteschlange jetzt aus Knoten 4 und 36 besteht (vgl. Abbildung 4.3). Der nächste Knoten, der bearbeitet werden muß, ist der Knoten 4, dessen Söhne 2 und 8 werden an die Warteschlange angefügt, der Knoten 4 ist entfernt, so daß sich jetzt als Warteschlange ergibt 36, 2, 8, der Knoten 36 ist der nächste Knoten, der behandelt werden muß (vgl. Abbildung 4.4).

4.3 Binäre Bäume

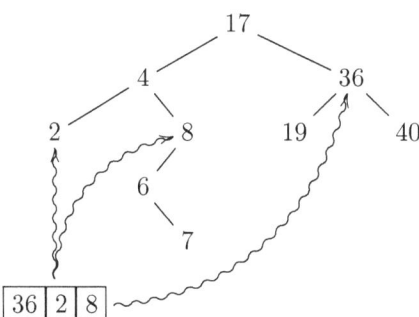

Abbildung 4.4: *Breitensuche: Vor Bearbeiten des Knotens 36*

Zur Implementierung der Breitensuche in Haskell überlegen wir uns, daß es auch sinnvoll ist, leere Knoten in die Warteschlange aufzunehmen, weil dann die lästige Behandlung von Sonderfällen reduziert wird. Die entsprechende Funktion bfs, unser Arbeitspferd, arbeitet mit zwei Listen: mit der Liste der Unterbäume, die verarbeitet werden müssen, und mit der Liste der Knoten, die wir bislang verarbeitet haben.

```
bfs :: [Baum a] -> [a] -> [a]
bfs [] xs = xs
bfs (y:ys) xs
    | istLeer y = bfs ys xs
    | otherwise = bfs qu app
        where
            qu = ys ++ [linkerUnterbaum y, rechterUnterbaum y]
            app = xs ++ [wurzel y]
```

Hierbei haben wir definiert

```
istLeer Leer = True
istLeer (Knoten _ _ _) = False
```

Ist y der Baum, der verarbeitet werden soll, so gibt es zwei Fälle:

1. y ist der leere Baum, dann wird der nächste Baum in der Warteschlange verarbeitet.

2. y hat die Wurzel r und die Unterbäume links und rechts. Dann fügen wir r zu den bereits besuchten Knoten hinzu und links und rechts in die Warteschlange ein.

Zur Terminierung ist zu überlegen, daß wir bei der Verarbeitung der Inhalte der Warteschlangen Blätter aus der Warteschlange herausnehmen, aber dann nichts zu ihr hinzufügen. Da ein binärer Baum endlich ist, werden wir schließlich nur mit Blättern in der

Warteschlange konfrontiert, so daß der Algorithmus terminiert. Der Breitendurchlauf selbst ist dann lediglich der Aufruf der angemessen parametrisierten Funktion:

```
myBfs :: Baum a -> [a]
myBfs derBaum = bfs [derBaum] []
```

Als Beispiel ergibt sich

```
>>> einBaum
Knoten 'y'
   (Knoten 'o'
      (Knoten 'b' (Knoten ' ' Leer (Knoten ',' Leer Leer))
               (Knoten 'h' Leer Leer))
      Leer) Leer
>>> myBfs einBaum
"yob h,"
```

4.3.2 Binäre Suchbäume

Suchbäume stellen eine wichtige Klasse von binären Bäumen dar, weil sie es gestatten, im Durchschnitt in logarithmischer Zeit zu suchen. Ein binärer Suchbaum ist ein binärer Baum mit diesen Eigenschaften:

- Der Baum ist entweder leer oder

- die Wurzel des Baums ist größer als die des linken Unterbaums (falls dieser Unterbaum existiert) und kleiner als die Wurzel des rechten Unterbaums (falls dieser existiert),

- der linke und der rechte Unterbaum sind selbst wieder binäre Suchbäume.

Betrachten wir unseren Referenz-Baum aus Abbildung 4.2, so sehen wir, daß es sich um einen binären Suchbaum handelt: Zunächst sieht man, daß die Wurzel in der Größe zwischen der Wurzel des linken und des rechten Unterbaums steht, dann überprüft man, ob der linke und der rechte Unterbaum beides binäre Suchbäume sind. Beim rechten Unterbaum sieht man das unmittelbar, beim linken Unterbaum wird das klar, wenn man sich die Unterbäume der Wurzeln ansieht.

Ein Element wird in einen binären Suchbaum so eingefügt:

```
baumEinf :: (Ord a) => a -> Baum a -> Baum a
baumEinf x Leer =  Knoten x Leer Leer
baumEinf x ( Knoten w links rechts)
         | x == w =  Knoten x links rechts
         | x <  w =  Knoten w (baumEinf x links) rechts
         | x >  w =  Knoten w  links (baumEinf x rechts)
```

4.3 Binäre Bäume

Wir müssen, wie Sie an der Definition des Suchbaums sehen, sicher sein, daß die *Einwohner* eines solchen binären Suchbaums einem geordneten Universum entnommen werden, denn sonst würden die Vergleiche ja wenig sinnvoll sein. Wir verlangen also als Vorbedingung für die Funktion `baumEinf`, daß der Grundtyp `a`, über den wir den Baum definieren, zur Typklasse `Ord` gehört. Wir können die Vorbedingung als eine vorweg genommene Information zur Typisierung dieser Funktion heranziehen. Der Unterschied ist freilich, daß wir diese Vorbedingung als einschränkende Nebenbedingung zur Definition hinzufügen, weil wir darauf bestehen, daß der Typ `a` zu einer angemessenen Typklasse gehören muß.

Sie sehen auch, wie die Größenverhältnisse dabei helfen, durch diesen binären Suchbaum zu navigieren: Es wird mit der Wurzel verglichen, ist die Wurzel kleiner als das Element, das eingefügt werden soll, so wird rechts weiter gesucht, im anderen Fall wird links weiter gesucht, falls wir nicht schon in der Wurzel das entsprechende Element gefunden haben. Wenn wir also annehmen, daß wir ein Element x in den Baum B einfügen wollen, so haben wir leichtes Spiel, falls B der leere Baum ist, denn dann konstruieren wir einfach einen Baum mit x als der Wurzel und dem linken und dem rechten Unterbaum als leeren Baum. Im anderen Fall, wenn B also nicht leer ist, vergleichen wir x mit der Wurzel w von B und unterscheiden diese Fälle:

1. Für den Fall $x = w$ wissen wir, daß das Element bereits im Baum ist. Dann tun wir nichts.

2. Falls $x < w$, dann setzen wir x rekursiv in den linken Unterbaum von B ein: Der resultierende Baum wird also

   - dieselbe Wurzel wie B haben,
   - x in den linken Unterbaum von B eingesetzt finden,
   - denselben rechten Unterbaum wie B haben.

3. Fall $x > w$, so fügen wir w rekursiv in den rechten Unterbaum von B ein, die Diskussion zum Ergebnis verläuft völlig analog.

Das ist die Formulierung der Einfügenoperation in der Programmiersprache C, die haargenau dieselbe Idee ausdrückt.

```
BinBaum *Einfuegen (BinBaum * B, int k) {
  if (B == NULL){
    Binbaum *Hilf = new BinBaum;
    Hilf->Element = k; Hilf->Lsohn = Hilf->Rsohn = NULL;
    return Hilf;
    }
  else {
    if (B->Element < k) B->Rsohn = Einfuegen(B->Rsohn, k);
    else if (B->Element > k) B->Lsohn = Einfuegen(B->Lsohn, k);
    return B; }
}
```

Die Suche in einem binären Suchbaum arbeitet völlig analog: Wir haben im Grunde schon diese Aufgabe erledigt, denn beim Einfügen eines Elements x müssen wir die richtige Position des Elements vorher finden, sonst ist die Eigenschaft eines Suchbaums verletzt. Die Funktion für die Suche sieht dann so aus:

```
baumSuche :: (Ord a) => a -> Baum a -> Bool
baumSuche x Leer = False
baumSuche x ( Knoten w links rechts)
          | x == w = True
          | x < w = baumSuche x links
          | x > w = baumSuche x rechts
```

Das folgende Beispiel demonstriert die Vorgehensweise:

```
>>> let bspBaum = foldr baumEinf Leer [3, 5, 9, 12, 8, 1, 5, 7]
>>> bspBaum
 Knoten 7 ( Knoten 5 ( Knoten 1 Leer ( Knoten 3 Leer Leer)) Leer)
         ( Knoten 8 Leer ( Knoten 12 ( Knoten 9 Leer Leer) Leer))
>>> baumSuche 4 bspBaum
False
>>> baumSuche 9 bspBaum
True
```

Binäre Suchbäume sind eine ziemlich praktische Datenstruktur, sie erlauben das Einfügen und das Suchen im Durchschnitt in logarithmischer Zeit. Balancierte Versionen (AVL-Bäume) garantieren ein ordentliches Verhalten auch im schlechtesten Fall.

Man könnte nun auf die Idee kommen, Mengen durch binäre Suchbäume zu realisieren (denn das Suchen in einem binären Suchbaum ist, wie gerade gesagt, effizienter als das im schlechtesten Fall lineare Verhalten beim Suchen in einer Liste). Der Nachteil ist freilich, daß wir uns auf ein geordnetes Universum beschränken müssen, bei linearen Listen hatten wir als einzige Nebenbedingung gefordert, daß Vergleiche auf Gleichheit möglich sind. Das würde man sicherlich als minimale Anforderung an eine Struktur zur Realisierung von Mengen stellen, nicht jedoch das Vorhandensein einer Ordnung.

4.4 Der Algorithmus von Kruskal

Nehmen wir an, wir haben eine Menge von Städten, von denen einige mit Telephonverbindungen so verbunden sind, daß es möglich ist, zwischen zwei Städten jeweils ein Telephongespräch zu führen, daß also direkt oder indirekt alle Städte miteinander verbunden sind. Jede Verbindung in diesem Netzwerk trägt gewisse Kosten, die abhängig sein können von der geographischen Lage, weiteren Nebenbedingungen und der Schwierigkeit, entsprechende Leitungen zu pflegen. Betrachten wir als Beispiel dieses Netzwerk [1]:

4.4 Der Algorithmus von Kruskal

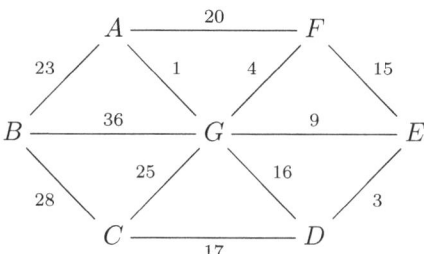

Die Städte werden bürokratisch einfach durch A bis G benannt, die Verbindung zwischen A und G etwa kostet eine Einheit, während 23 Einheiten für die Verbindung zwischen A und B zu zahlen sind und die Verbindung zwischen B und G sogar 36 Einheiten kostet.

Unser Problem besteht nun darin, eine Teilmenge der Kanten in diesem ungerichteten Graphen so zu finden, daß es immer noch möglich ist, von einer Stadt eine beliebige andere anzurufen, so daß die Konnektivität des Netzwerks erhalten bleibt, auch wenn die nicht zu der gesuchten Menge gehörenden Verbindungen entfernt werden, und daß unsere Lösung möglichst kostengünstig ist.

Das ist die Lösung für dieses Problem für unser ausgewähltes Netzwerk:

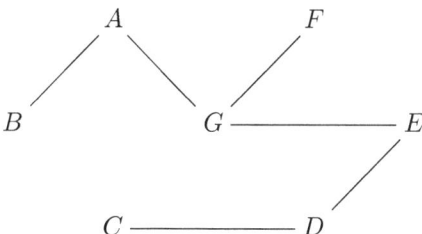

Das Problem ist für unseren Kontext interessant, weil es erlaubt, Strukturen und all das in einer Situation zu erproben, die anwendbar aussieht. Wir wollen in diesen Schritten vorgehen:

- Wir werden die oben angeführten graphentheoretischen Begriffe ein wenig erweitern, um zum Begriff des minimalen Gerüstes zu kommen,

- wir werden die von Kruskal (wieder-)entdeckte Lösung diskutieren,

- wir werden den Algorithmus in `Haskell` implementieren und kurz mit der entsprechenden Lösung in Java vergleichen.

Wir definieren zunächst einen ungerichteten Graphen, indem wir die Städte als Knoten definieren, weiterhin nehmen wir eine ungerichtete Kante zwischen zwei Städten an,

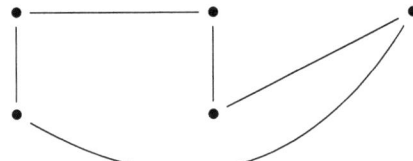

Abbildung 4.5: Zusammenhängender Graph

wenn es eine Telephonverbindung zwischen diesen beiden Städten gibt. Es ist klar, daß dieser Graph ungerichtet ist, denn Telephonverbindungen sind üblicherweise bidirektional. Es ist auch klar, daß dieser Graph endlich ist, denn es sind nur endlich viele Städte im Spiel. Schreiben wir uns den Graphen für das obige Beispiel auf, so erhalten wir

$$V = \{A, B, C, D, E, F, G\}$$

und

$$E = \{\{A,B\}, \{A,F\}, \{A,G\}, \{B,C\}, \{B,G\}, \{C,D\},$$
$$\{C,G\}, \{D,E\}, \{D,G\}, \{E,F\}, \{E,G\}, \{F,G\}\}.$$

Wir nehmen an, daß der Graph zusammenhängend ist, so daß man also zwischen zwei beliebigen Knoten einen Pfad finden kann, der diese beiden Knoten miteinander verbindet. Hierbei ist ein *Pfad* in dem ungerichteten Graphen eine endliche Liste $v_0, \ldots, v_{n-1}, v_n$ von Knoten, so daß zwei benachbarte Knoten v_i, v_{i+1} eine Kante bilden (vgl. Aufgabe 4.13). Es ist klar, daß unser Netzwerk zusammenhängend sein muß, weil sonst die Grundbedingung der Konnektivität aller Punkte nicht erfüllt ist. Unser Algorithmus wird freilich nicht überprüfen, ob der Graph auch tatsächlich zusammenhängend ist, er geht vielmehr davon aus, daß das bereits an anderer Stelle geschehen ist. Ein Beispiel für einen zusammenhängenden Graphen ist in Abbildung 4.5 zu sehen.

Aus unserem Städte-Graphen können wir leicht durch Herausschneiden einiger Kanten einen unzusammenhängenden Graphen machen:

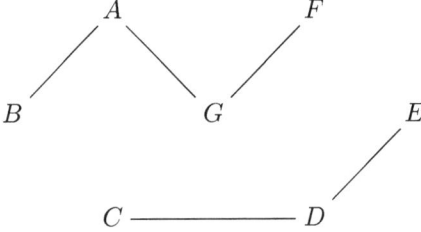

Hier können wir dann etwa zwischen den Städten G und E nicht mehr miteinander telephonieren. Anschaulich ist der Graph in der Abbildung 4.5 sehr üppig mit Verbindungen

4.4 Der Algorithmus von Kruskal

gesegnet, denn es gibt eine Vielzahl von Kanten zwischen den einzelnen Knoten, oder anders ausgedrückt, wenn wir einige Knoten aus diesem Graphen entfernen würden, so würde der Zusammenhang nicht unbedingt gestört werden: Wir könnten etwa die Kante zwischen den Knoten 5 und 7 entfernen, dann die Kante zwischen den Knoten 4 und 8, schließlich auch die Kante zwischen den Knoten 2 und 5 usw. Im Gegensatz dazu steht der Graph für die Lösung unseres Problems, dessen Verbindungen nicht so großzügig sprießen: Wenn Sie hier eine beliebige Kante entfernen, so ist die Konnektivität des Graphen zerstört.

Weil wir nun eine kostenminimale Lösung suchen (aber noch nicht definiert haben, was Kostenminimalität bedeutet), ist es ziemlich klar, daß wir zu einer Lösung neigen werden, die möglichst wenig Kanten haben wird. Das liegt einfach daran, daß jede Kante positive Kosten trägt, also positiv zum Gesamtergebnis beitragen wird.

Graphentheoretisch suchen wir einen *freien Baum*, also einen Untergraphen des vorgegebenen Graphen, der diese beiden Eigenschaften hat:

1. Er ist zusammenhängend.

2. Die Entfernung einer einzelnen Kante führte zu einem unzusammenhängenden Graphen.

Man kann sich leicht überlegen, daß ein freier Baum dadurch charakterisiert ist, daß die Anzahl der Knoten die Anzahl der Kanten um genau 1 übersteigt, und daß er zusammenhängend ist. Der zweite Graph auf Seite 105 ist ganz offensichtlich ein freier Baum. Nehmen wir also an, daß die Kosten $c(e)$ für eine Kante e positiv sind, und nehmen wir an, daß wir in der Menge $\mathcal{T}$ die Kanten eines freien Baums gespeichert haben. Dann berechnet

$$K_\mathcal{T} := \sum_{e \in \mathcal{T}} c(e).$$

die Kosten dieses freien Baums.

Wir wollen also einen freien Baum $\mathcal{T}$ konstruieren, dessen Kosten minimal sind: Ist $\mathcal{S}$ ein weiterer freier Baum, so soll gelten $K_\mathcal{T} \leq K_\mathcal{S}$. Dieser kostenminimale Baum wird ein *minimales Gerüst* für den Graphen genannt. Es gilt der folgende Satz [7, Exercise 24.1-6]:

Satz 4.4.1

Für einen zusammenhängenden Graphen existiert stets ein minimales Gerüst. Falls die Kosten für die Kanten paarweise voneinander verschieden sind, dann ist dieses minimale Gerüst eindeutig bestimmt. ⊣

Die Frage ist natürlich, wie wir das minimale Gerüst konstruieren, jetzt, wo wir wissen, daß es existiert und bei injektiver Kostenfunktion sogar eindeutig bestimmt ist.

Die Idee, die Kruskals Algorithmus zugrunde liegt, besteht darin, das minimale Gerüst zu züchten. Präziser ausgedrückt liegt dem Algorithmus diese Tatsache zugrunde: Falls wir bereits zwei minimale Gerüste für zwei disjunkte Teilgraphen konstruiert haben, so suchen wir die Kante mit den kleinsten Kosten, die diese beiden minimalen Gerüste miteinander verbindet. Dann kann man zeigen, daß es ein minimales Gerüst für den Graphen gibt, der die beiden vorgegebenen minimalen Gerüste und diese Kante enthält. Wir wollen diese Aussage nicht beweisen, verweisen vielmehr auf [1, Lemma 5.2]. Hieraus ergibt sich die Konstruktion eines minimalen Gerüstes, wenn wir einen zusammenhängenden Graphen (V, E) gegeben haben.

Initialisierung: Wir initialisieren die Menge $\mathcal{T}$ aller Gerüstkanten zur leeren Menge und definieren gleichzeitig eine Partition $\mathcal{C}$ der Knoten, die zu $\{\{v\} \mid v \in V\}$ initialisiert wird. Wir ordnen die Kanten des Graphen aufsteigend nach ihren Kosten.

Iteration: Solange die Partition $\mathcal{C}$ mehr als ein Element enthält, tun wir in jedem Iterationsschritt das Folgende:

- Wir entfernen die billigste Kante $e = \{a, b\}$ aus der Liste der Kanten,
- falls e zwei unterschiedliche Elemente C_1 und C_2 der Partition verbindet, falls also $a \in C_1$ und $b \in C_2$ mit $C_1 \neq C_2$ gilt, so ersetzen wir C_1 und C_2 durch $C_1 \cup C_2$ in der Partition und fügen e zu $\mathcal{T}$ hinzu,
- falls hingegen a und b in ein und demselben Element der Partition liegen, so ignorieren wir diese Kante.

Es ist klar, daß nach jedem erfolgreichen Auswahlschritt, also nach jedem Schritt, in dem die minimale Kante zwei unterschiedliche Elemente in der Partition miteinander verbindet, die Partition um genau ein Element kleiner wird. Die Abbruchbedingung sagt, daß die Partition genau ein Element erhalten soll. Also ist offensichtlich, daß der Algorithmus terminiert. Die Menge $\mathcal{T}$ enthält dann die Kanten des minimalen Gerüstes.

Sehen wir uns das für unser Beispiel an:

Kante	Partition $\mathcal{C}$	Baum $\mathcal{T}$
AG	$A \bullet B \bullet C \bullet D \bullet E \bullet F \bullet G$	AG
ED	$AG \bullet B \bullet C \bullet D \bullet E \bullet F$	AG, ED
FG	$AG \bullet B \bullet C \bullet DE \bullet F$	AG, ED, FG
EG	$AFG \bullet B \bullet C \bullet DE$	AG, ED, FG, EG
$\underline{EF}$	$ADEFG \bullet B \bullet C$	AG, ED, FG, EG
$\underline{DG}$	$ADEFG \bullet B \bullet C$	AG, ED, FG, EG
CD	$ADEFG \bullet B \bullet C$	AG, ED, FG, EG, CD
$\underline{AF}$	$ACDEFG \bullet B$	AG, ED, FG, EG, CD
AB	$ACDEFG \bullet B$	AG, ED, FG, EG, CD, AB
(fertig)	$ABCDEF$	AG, ED, FG, EG, CD, AB

4.4 Der Algorithmus von Kruskal

Sie sehen, daß in den ersten vier Schritten Kanten erfolgreich ausgewählt wurden, sie also zwei unterschiedliche Elemente der Partition miteinander verbinden. Im nächsten Schritt ist die Kante, die die Knoten E und F miteinander verbindet, die minimale Kante. Die Knoten liegen jedoch nicht in zwei unterschiedlichen Elementen der Partition, die Kante wird also ignoriert, ebenso die Kante, die die Städte D und G verbindet. Die nächste Kante ist dann erfolgreich, während die Kante, die A und F miteinander verbindet, eine Kante innerhalb eines Partitions-Elements ist. Nach zwei weiteren Schritten ist die Partition auf ein Element zusammengeschrumpft, so daß der Algorithmus terminiert, und wir, wie vorhergesagt, die Baumkanten

$$\{A,G\}, \{E,D\}, \{F,G\}, \{E,G\}, \{C,D\}, \{A,B\}$$

erhalten.

4.4.1 Die Modellierung der Daten

Wenn wir diese Überlegungen in `Haskell` implementieren wollen, so können wir auf die Implementierung ungerichteter Graphen in Abschnitt 4.2.3 zurückgreifen. Insbesondere können wir auf den Datentyp *ungerichtete Kante* zurückgreifen, den wir ja als Mitglied der Typklassen `Show` und `Eq` ausgezeichnet haben. Allerdings fehlen hier noch die Kosten, die wir für jede ungerichtete Kante auszeichnen wollen, daher erweitern wir diesen Datentyp zum Typ `KKante`, der realisiert wird als Paar, bestehend aus einer ungerichteten Kante und dessen Kosten

```
data KKante a = KKante (UKante a, Int) deriving(Show, Eq)
```

Da wir für ungerichtete Kanten und für ganze Zahlen wissen, wie wir sie darstellen, und auch wissen, wie wir ihre Gleichheit überprüfen, können wir diese Klassen als Mitglieder der Klassen `Show` und `Eq` kennzeichnen, was uns die Definition der Funktionen für den Vergleich auf Gleichheit und die Darstellung erspart. Als Hilfsfunktionen nehmen wir die Konstruktion einer Kostenkante und die Extraktion der beiden Komponenten, nämlich der ungerichteten Kante und der Kosten aus einer solchen Kante:

```
kostenKante :: a -> a -> Int -> KKante a
kostenKante x y z = KKante (UKante x y, z)

dieKante (KKante a) = fst a
dieKosten (KKante a) = snd a
```

Im Algorithmus von Kruskal werden die Kanten ihrer Größe nach aufsteigend geordnet, hierzu bieten sich bekanntlich mehrere Möglichkeiten an. Die einfachste scheint zu sein, die Funktion `sortBy` von Seite 40 heranzuziehen. Hierzu brauchen wir eine Vergleichsfunktion, die uns jeweils zwei Kanten in den geordneten Datentyp `Ordering` abbildet. Diese Aufgabe erfüllt die Funktion `vergleicheKosten`, die eine Kante als kleiner (`LT`) als eine andere Kante auswertet, wenn ihre Kosten kleiner als die der anderen sind:

```
vergleicheKosten :: KKante t -> KKante t1 -> Ordering
vergleicheKosten kk1 kk2
        | s1 < s2    = LT
        | s1 == s2   = EQ
        | otherwise  = GT
        where
                (s1, s2) = (dieKosten kk1, dieKosten kk2)
```

Der Kostengraph selbst wird repräsentiert als eine Menge mit Kosten versehener Kanten. Wir stellen diesen Datentyp allerdings nicht explizit dar.

Gleichwohl wollen wir für eine solche Menge von KKanten die Menge der entsprechenden Knoten und der entsprechenden Kanten kennen, weil wir im ersten Fall in der Lage sein müssen, die Partition von Knoten zu berechnen, wir im zweiten Fall die entsprechenden Kanten entweder in den Baum einfügen müssen oder sie ignorieren. Zur Berechnung dieser beiden Mengen definieren wir diese Funktionen:

```
alleKanten
 :: (Eq t) => MeineMenge (KKante t) -> MeineMenge (UKante t)
alleKanten Leer = Leer
alleKanten (kkante :<: kGr) =
                insert (dieKante kkante) (alleKanten kGr)

alleKnoten :: (Eq a) => MeineMenge (UKante a) -> MeineMenge a
alleKnoten Leer = Leer
alleKnoten ((UKante a b) :<: dGr) =
                (insert a.insert b) $ alleKnoten dGr
```

4.4.2 Die Partitionierung der Knotenmenge

Die Partition der Knotenmenge ist eine Menge von Knotenmengen, sie wird initialisiert, indem wir die Menge bilden, die jeden Knoten als eine Menge enthält. Diese Menge kann berechnet werden, indem die Funktion singleton durch fmap über die Menge der Knoten geschickt wird:

```
anfangsPartition :: (Functor f) => f a -> f (MeineMenge a)
anfangsPartition ms = fmap singleton ms
```

Zur weiteren Behandlung der Partition ist es nötig, für einen gegebenen Knoten das Partitionselement zu finden, in dem sich dieser Knoten befindet (da es sich hier um eine Partition handelt, ist klar, daß es genau ein solches Partitionselement geben muß). Wir iterieren also zur Berechnung dieses Partitionselements über die Partition und geben das Element zurück, sobald wir es gefunden haben.

```
dasElement :: (Eq a) => a -> MeineMenge (MeineMenge a)
                         -> MeineMenge a
dasElement x (xs :<: xss) = if x 'element' xs
                            then xs
                            else dasElement x xss
dasElement _ Leer = Leer
```

4.4 Der Algorithmus von Kruskal

Um nun die Partition zu transformieren, gehen wir – wie im Algorithmus von Kruskal beschrieben – wie folgt vor, wenn wir eine Kostenkante gegeben haben: Wir extrahieren die beiden Knoten, die diese Kante ausmachen, wobei wir die Kosten dieser Kante vernachlässigen. Dann finden wir für die beiden Knoten jeweilige Partitionselemente und überprüfen, ob sie übereinstimmen. Tun sie das, interessiert uns diese Kante nicht weiter, tun sie es nicht, so entfernen wir diese beiden Partitionselemente aus der Partition und fügen ihre Vereinigung ein. Dies wird durch die folgende Funktion berechnet, die das Arbeitspferd der Implementierung ist.

```
treibePartition :: (Eq t) => [KKante t] -> MeineMenge (KKante t)
                         -> MeineMenge (MeineMenge t)
                         -> MeineMenge (KKante t)

treibePartition (x:li) baumListe prt = if not (part_f == part_s)
    then
        treibePartition li (x :<: baumListe) neuPart
    else
        treibePartition li baumListe prt
            where
                kn = dieKante x
                einKnoten (UKante v _) = v
                andererKnoten (UKante _ w) = w
                part_f = dasElement (einKnoten kn) prt
                part_s = dasElement (andererKnoten kn) prt
                partVer = part_f # part_s
                neuPart = insert partVer
                            (delete part_f $ delete part_s prt)

treibePartition _ baumListe (_ :<: Leer) = baumListe
```

Wir haben also drei Parameter, der erste ist eine Liste von Kostenkanten, der zweite eine Menge von Kanten und der dritte Parameter ist schließlich die Partition. Die Rekursion kommt dann zu einem Ende, wenn die Partition genau einelementig ist. Dann wird die Liste der Baumkanten zurückgegeben.

Damit sind alle Vorbereitungen für die Implementierung des Algorithmus gemacht, wir können nun das minimale Gerüst berechnen:

```
berechneMST :: (Eq a) => MeineMenge (KKante a)
                     -> MeineMenge (KKante a)

berechneMST kGr = treibePartition kantenListe  Leer anfangsPartition
    where
        kantenListe = sortBy vergleicheKosten $ toListe kGr
        anfangsPartition = fmap singleton
                            ((alleKnoten.alleKanten) kGr)
```

Wir übergeben als Parameter den Kostengraphen, also eine Menge von Kostenkanten. Zunächst berechnen wir die Liste aller Kanten einschließlich ihrer Kosten und sortieren sie durch die Funktion `sortBy`. Das ist die nach Kosten aufsteigend geordnete Kantenliste, mit der wir arbeiten. Die Anfangspartition ergibt sich, indem wir alle Knoten des Kostengraphen berechnen und daraus die Menge aller Einer-Mengen herstellen. Betrachten Sie das folgende Beispiel, das für den auf Seite 105 dargestellten Graphen diese Knotenmenge als minimales Gerüst berechnet:

```
r = [('A', 'B', 23), ('B', 'C', 28), ('C', 'D', 17),
     ('D', 'E', 3), ('E', 'F', 15), ('F', 'A', 20),
     ('A', 'G', 1), ('B', 'G', 36), ('C', 'G', 25),
     ('D', 'G', 16), ('E', 'G', 9), ('F', 'G', 4)]

bsp = toMenge [kostenKante (eins k) (zwei k) (drei k) | k <- r]
   where
       eins (x, _, _) = x
       zwei (_, y, _) = y
       drei (_, _, z) = z

>>> berechneMST bsp
{KKante ('A' <-> 'B',23), KKante ('C' <-> 'D',17),
 KKante ('E' <-> 'G',9), KKante ('F' <-> 'G',4),
 KKante ('D' <-> 'E',3), KKante ('A' <-> 'G',1)}
```

Rückblickend zeigt sich, daß sich unsere Vorbereitungen im Hinblick auf die Repräsentation von Mengen und von ungerichteten Graphen ausgezahlt haben. Der Algorithmus umfaßt eigentlich nur etwa zehn Zeilen, hinzu kommen gut dreißig Zeilen für vorbereitende und helfende Funktionen. Die Implementierung in `Java` [9, Kap. 10] umfaßt etwa 650 Zeilen. Hierbei sollte allerdings gesagt werden, daß die `Java`-Implementierung aus Effizienzgründen statt einer linearen Liste von Knoten eine Prioritätswarteschlange von Knoten aufbaut, wie bei [1, p. 174] vorgeschlagen. Der hierzu verwendete abstrakte Datentyp *Prioritätswarteschlange* wird durch einen Heap realisiert, was den Code etwas umfangreicher und ein wenig komplizierter macht. Trotzdem bleibt festzuhalten, daß die `Haskell`-Implementierung etwa ein Zehntel der `Java`-Implementierung ausmacht und wesentlich durchsichtiger ist.

4.5 Aufgaben

Aufgabe 4.1

Beweisen Sie Lemma 4.2.2.

Aufgabe 4.2

Implementieren Sie für den Datentyp `MeineListe` die Algorithmen *Sortieren durch Einfügen* und *Quicksort*.

Aufgabe 4.3

Eine *Warteschlange* ist ein polymorpher Datentyp, der die Strategie FIFO – *first in, first out* – implementiert. Üblicherweise realisiert man eine Warteschlange mit einer Liste, in die an einem Ende eingefügt und vom anderen Ende entfernt wird. Die üblichen Operationen sind erzeugen, einfügen, entfernen und istLeer mit der offensichtlichen Bedeutung. Implementieren Sie den Datentyp Warteschlange als abstrakten Datentyp.

Aufgabe 4.4

Eine *Prioritätswarteschlange* ist ein polymorpher Datentyp, der eine Kollektion von Elementen aus einer geordneten Menge speichert und das kleinste Element verfügbar macht (das kleinste Element wird als das ungeduldigste empfunden, das als erstes die Struktur wieder verlassen möchte, also die höchste Priorität hat). Üblicherweise realisiert man eine Warteschlange mit einer geordneten Liste, in der das kleinste Element am Anfang steht (wenn Felder verfügbar sind, nimmt man gern auch Heaps zu ihrer Realisierung [1, 4.10]). Die üblichen Operationen sind erzeugen, einfügen, entfernen und istLeer mit der offensichtlichen Bedeutung. Implementieren Sie den Datentyp Prioritätswarteschlange als abstrakten Datentyp.

Aufgabe 4.5

In einem binären Baum sind die Knoten mit Zeichenketten beschriftet. Erzeugen Sie daraus einen neuen Baum, in dem in jeder Zeichenkette die kleinen durch die entsprechenden Großbuchstaben ersetzt worden sind. Bleibt die Eigenschaft, ein binärer Suchbaum zu sein, unter dieser Transformation erhalten?

Aufgabe 4.6

In einem binären Baum sind die Knoten mit ganzen Zahlen beschriftet. Berechnen Sie ihre Summe.

Aufgabe 4.7

Implementieren Sie die show-Funktion für binäre Bäume so, daß jeder Knoten in einer eigenen Zeile steht. Hierbei soll die Einrückung eines Knotens zu seinem Vater jeweils genau zwei Leerzeichen betragen. Der Vater wird also in Spalte 0 gedruckt, seine Söhne jeweils in Spalte 2, deren Söhne jeweils in Spalte 4 etc. Die *Baumansicht* für hierarchische Dateisysteme ist ein Beispiel für diese Darstellung.

Aufgabe 4.8

Implementieren Sie (==), also den Test auf Gleichheit, für binäre Bäume.

Aufgabe 4.9

Schreiben Sie eine Funktion zur Entfernung eines Knotens aus einem binären Suchbaum.

Hinweis: Ist der Knoten k ein Blatt, so entferne man das Blatt. Ist der Knoten k dagegen ein innerer Knoten, so können zwei Fälle auftreten: Hat k nur einen Sohn, so ersetze man k durch diesen Sohn; andernfalls suche man den Abkömmling des rechten Sohns von k mit dem kleinsten Wert und ersetze k durch diesen Knoten.

Aufgabe 4.10

Berechnen Sie den Vater eines Knotens in einem binären Baum. Berechnen Sie die Blätter in einem binären Baum, und für jedes Blatt den Pfad zur Wurzel.

Aufgabe 4.11

Implementieren Sie einen gerichteten Graphen (zur Definition vgl. Seite 85). Hierzu werden gerichtete Kanten benötigt. Benutzen Sie dazu Mengen.

Aufgabe 4.12

Die *Tiefensuche* in einem gerichteten Graphen geht von einem Knoten aus, markiert ihn als besucht, und besucht dann rekursiv alle unbesuchten Knoten auf der Adjazenzliste des Knotens. Dies geschieht solange, bis alle Knoten besucht sind. Implementieren Sie die Tiefensuche.

Aufgabe 4.13

Ein *Pfad* $\langle v_0, \ldots, v_k \rangle$ in einem gerichteten Graphen (V, K) ist eine Folge von Knoten $v_0, \ldots, v_k \in V$ mit $\langle v_i, v_{i+1} \rangle \in K$ für $0 \leq i < k$. Der Algorithmus von Dijkstra berechnet den kostengünstigsten Pfad zwischen einem Knoten und beliebigen anderen Knoten in einem gerichteten Graphen. Er nimmt hierzu vereinfachend an, daß die Menge der Kanten gerade $\{1, \ldots, n\}$ ist. Gegeben seien die Kosten $C(i,j) > 0$ für die Kante zwischen den Knoten i und j. Ist keine Kante zwischen diesen Knoten vorhanden, so wird $C(i,j) := \infty$ gesetzt. Der Algorithmus nimmt schrittweise aus einer Menge von Kandidaten den jeweils nächstgelegenen (im Hinblick auf die Kosten) und justiert die Summe der Kosten; der Pseudocode ist in Abbildung 4.6 angegeben. Implementieren Sie diesen Algorithmus in `Haskell`.

Aufgabe 4.14

(Fortsetzung von Aufgabe 4.13) Indem man $C(i,j) := 1$ setzt, falls es eine Kante zwischen den Knoten i und j gibt, und sonst $C(i,j) := \infty$, läßt sich aus dem Algorithmus von Dijkstra ein Programm gewinnen, das testet, ob es zwischen zwei Knoten eines gerichteten Graphen einen Pfad gibt. Adaptieren Sie das `Haskell`-Programm für ungerichtete Graphen.

4.5 Aufgaben

```
S := {1};
for i := 1 to n do D(i) := 1;
for i := 1 to n-1 do
begin
    wähle einen Knoten w in {1, ..., n}\S, so daß D(w) minimal ist;
    füge w zu S hinzu;
    für jeden Knoten v in {1, ..., n}\S
        D(v) := min{D(v), D(w) + C(w, v)};
end;
```

Abbildung 4.6: *Der Algorithmus von Dijkstra in Pseudocode.*

Aufgabe 4.15

Ein *Zyklus* in einem gerichteten Graphen $\mathcal{G} = (V, K)$ ist ein Pfad $\langle v_0, \ldots, v_k \rangle$ mit $v_0 = v_k$ und $k > 0$, also ein Pfad, in dem der Anfangs- und der Endknoten identisch sind. Eine *topologische Sortierung* des Graphen $\mathcal{G}$ ist eine totale Ordnung $<$ auf der Menge der Knoten mit der Eigenschaft, daß $\langle v, w \rangle \in K$ impliziert $v < w$ (so daß der Graph in die totale Ordnung eingebettet ist). Offensichtlich kann man eine topologische Sortierung durch eine Liste darstellen, „kleine" Knoten stehen dort vor „größeren".

Ein rekursiver Algorithmus zur Berechnung einer solchen Liste ist in Abbildung 4.7 angegeben (für einen Graphen $\mathcal{G}$ und einen Knoten n ist $\mathcal{G}\backslash n$ der gerichtete Graph, der entsteht, wenn n aus der Menge der Knoten entfernt wird und alle Kanten der Form $\langle n, k \rangle$ oder $\langle k, n \rangle$ eliminiert werden, also alle Kanten, an denen der Knoten n beteiligt ist).

1. Zeigen Sie, daß der Algorithmus genau dann eine Liste berechnet, die alle Knoten von $\mathcal{G}$ enthält, wenn $\mathcal{G}$ keinen Zyklus enthält.

2. Implementieren Sie den Algorithmus in `Haskell`.

```
topSort(G){
   falls es einen Knoten n gibt, der nicht Endpunkt einer Kante ist,
   dann
      gebe (n:topSort(G\n)) zurück
   sonst
              gebe [] zurück.
}
```

Abbildung 4.7: *Topologisches Sortieren in Pseudocode.*

Aufgabe 4.16

Ein gerichteter Graph (V, E) kann als Relation E über der Menge V aufgefaßt werden (vgl. Abschnitt 2.3). Das führt zur Definition dieses Datentyps

```
newtype Graph a = Graph ([a], a -> [a])
```

Nehmen Sie an, daß der Typ a Instanz der Typklassen Show und Eq ist. Machen Sie Graph a zu Instanzen dieser Typklassen.

Aufgabe 4.17

Konstruieren Sie aus der Diskussion in Abschnitt 4.2.2 einen Modul MeineMenge. Welche Funktionen sollen nicht exportiert werden?

Aufgabe 4.18

Die Funktion concatMap :: (a -> [b]) -> [a] -> [b] hat als Argument eine Funktion a -> [b] und eine Liste vom Typ [a]. Als Resultat wird eine Liste zurückgegeben, die die Funktion auf jedes Element der Liste anwendet und die entstehenden Listen konkateniert. Also liefert concatMap (\x -> [0 .. x]) [2 .. 4] das Resultat
[0,1,2,0,1,2,3,0,1,2,3,4].

Schreiben Sie eine Funktion

```
mconcatMap :: (Eq b) => (a -> MeineMenge b) -> MeineMenge a
                                             -> MeineMenge b
```

mit ähnlicher Funktionalität (die Funktion soll also $\langle f, A \rangle \mapsto \bigcup \{f(x) \mid x \in A\}$ realisieren).

Aufgabe 4.19

Implementieren Sie Multimengen. Während ein Element in einer Menge höchstens einmal enthalten ist, kann es in einer Multimenge mehrfach auftauchen. So besteht etwa die Multimenge $\{\{a, b, a, c, b, d, e, d, b\}\}$ aus den Elementen der Menge $\{a, b, c, d, e\}$, hierbei kommen die Elemente a und d jeweils zweimal vor, b erscheint dreimal. Sie müssen sich insbesondere überlegen, wie Gleichheit, die Teilmengenbeziehung und die üblichen Operationen (Einfügen, Entfernen, Enthaltensein eines Elements, Durchschnitt, Vereinigung, Mengendifferenz) sinnvoll definiert werden können. Eine Abbildung einer Multimenge auf die zugehörige Menge sollte ebenfalls realisiert werden.

Aufgabe 4.20

In dieser Aufgabe geht es um die Modellierung des ÖPNV. Ein öffentliches Verkehrsmittel besitzt eine Liniennummer, einen Fahrer, sowie eine Start- und eine Zielhaltestelle, ein Bus besitzt zusätzlich die Anzahl der Sitzplätze, eine S-Bahn hat – zusätzlich zu ihren Eigenschaften als öffentliches Verkehrsmittel – den Namen des Schaffners, die Anzahl der Wagen und die Anzahl Sitzplätze pro Waggon. Die Namen der Fahrer, Schaffner und der Haltestellen werden als Zeichenketten angegeben. Die Liniennummer, die Anzahl der Wagen und die Sitzplätze werden als ganze Zahlen notiert.

1. Modellieren Sie die Datentypen

   - Verkehrsmittel,
   - Bus,
   - SBahn.

2. Implementieren Sie die Funktion show, die für öffentliche Verkehrsmittel die Liniennumer, den Namen des Fahrers und die Start- und Zielhaltestelle ausdruckt.

3. Die Funktion show soll für Bus und SBahn so definiert werden, daß ausgedruckt wird:

   - für Busse zusätzlich zu den Angaben für öffentliche Verkehrsmittel die Anzahl der Sitzplätze,
   - für die SBahn zusätzlich zu den Angaben für öffentliche Verkehrsmittel der Name des Schaffners und die Anzahl der Sitzplätze.

4. (Für Dortmunder Studenten) Erweitern Sie diese Datentypen um einen Typ für die HBahn.

Aufgabe 4.21

Bearbeiten Sie die Aufgaben 1.4 und 1.5 von Seite 27 noch einmal, indem Sie geeignete Datentypen mit den passenden Funktionen darauf definieren.

5 Ein-/Ausgabe

Wir haben bis jetzt in `Haskell` das funktionale Paradigma studiert, also Funktionen, die frei von Seiteneffekten waren und dem Prinzip der referentiellen Transparenz folgen. Das bedeutet, daß wir, wann immer wir eine Funktion mit denselben Argumenten aufrufen, dasselbe Resultat zurückbekommen. Nun ist offensichtlich, daß die Ein- und Ausgabe dieser Forderung nach referentieller Transparenz gerade nicht genügen kann: Es ist ja gerade der springende Punkt, daß ein Programm auf unterschiedliche Eingaben unterschiedlich reagiert.

5.1 IO-Aktionen

`Haskell` integriert die Forderung nach der Möglichkeit der Ein- und Ausgabe von Daten, indem Aktionen bereitgestellt werden, die, verkürzt gesagt, den funktionalen Charakter der Sprache bewahren, gleichwohl Seiteneffekte auf kontrollierte Art zulassen.

Vergleichen wir die Situation kurz mit einer ähnlichen Situation, der Parameterübergabe *call by value* in der Programmiersprache `Java`. Die folgende Methode dient dazu, den Inhalt eines Feldes umzudrehen, das Feld wird als Parameter übergeben, die Signatur der Methode gibt `void` als Typ des Rückgabewerts an, es wird also kein Rückgabewert zurückgegeben.

```
public void kehrUm(int[] einFeld) {
      int i;
      for(i = 0; i < einFeld.length/2; i++) {
          int t = einFeld[i];
          einFeld[i] = einFeld[einFeld.length - 1 - i];
          einFeld[einFeld.length - 1 - i] = t;
      }
}
```

Es scheint bei oberflächlicher Betrachtungsweise so zu sein, daß die Umkehrung des Feldes gar nicht stattfinden *kann*, denn es werden schließlich Werte übergeben. Ein Blick hinter die Kulissen offenbart jedoch, daß es sich bei den Werten, die bei einem aktuellen Parameter vom Typ `int[]` übergeben werden, um Referenzen auf dieses Feld handelt. Dann und nur dann wird die Arbeitsweise der Methode verständlich: Da eine Referenz auf das Feld übergeben wird, ändert sich bei *call by value* diese Referenz nicht, die unter dieser Referenz gespeicherten Daten können sich jedoch ändern.

Ähnlich geht es bei der Übergabe von Werten an ein `Haskell`-Programm zu. Wir können zu einer Analogie greifen: Das `Haskell`-Programm schickt einen Umschlag an die Außenwelt mit der Bitte, Ein- und Ausgaben für das Programm nur über diesen postalisch anmutenden Weg stattfinden zu lassen. Der Adressat legt also etwas in diesen Umschlag hinein und gibt ihn an das `Haskell`-Programm zurück, das diesen Umschlag öffnet und den Wert entnimmt. Der Umschlag selbst wird durch diese Aktion nicht geändert, also haben wir hier keine Verletzung der referentiellen Transparenz zu befürchten. In analoger Weise arbeitet die Ausgabe: Das Programm legt seine Werte in den Umschlag, schickt den Umschlag in die weite Welt, der Umschlag wird vom Adressaten entgegengenommen und geöffnet, der Wert entnommen und der Umschlag an das Programm zurückgegeben. Auch hier ist keine Verletzung der referentiellen Transparenz zu vermelden.

Diese Analogie ist vielleicht ein wenig gezwungen, sie hilft jedoch dabei, das Verhalten von `Haskell`-Programmen mit Ein- und Ausgabe besser zu verstehen. Insbesondere müssen wir uns mit der Tatsache vertraut machen, daß wir einen Eingabewert nicht direkt verwenden können, sondern *den Umschlag zuerst öffnen* müssen. Sehen wir uns das folgende Beispiel an

```
main = do
    putStr "Bitte geben Sie eine Zeile ein:\n"
    zeile <- getLine
    putStr ("echo *"++ zeile ++ "*\n")
```

Als Ergebnis bekommen wir

```
>>> main
Bitte geben Sie eine Zeile ein:
Dies ist eine Zeile
echo *Dies ist eine Zeile*
>>>
```

Die Ausgabe schreibt also als Eingabeaufforderung

```
Bitte geben Sie eine Zeile ein:
```

auf den Bildschirm, gibt man dem Programm die Eingabe `Dies ist eine Zeile`, so wird als Ausgabe die im Programm konstruierte Zeichenkette ausgegeben. Das läßt sich nun vortrefflich mit Hilfe unserer postalischen Analogie erklären. Zunächst nimmt die Funktion `putStr :: String -> IO ()` einfach eine Zeichenkette und repräsentiert sie auf dem Bildschirm. Über den ungewohnten Typ `IO ()` sprechen wir gleich. Sehen wir uns die nächste Zeile `zeile <- getLine` an. Hier geschieht Folgendes:

- Wir schicken unseren Umschlag mit Namen `getLine` mit dem Boten `putStr` in die Welt hinaus und erwarten eine Eingabe,
- die Umwelt ist so freundlich, eine Zeichenkette in unseren Umschlag zu tun,
- die Zeile `zeile <- getLine` öffnet den Umschlag, entnimmt die Zeichenkette und bindet den Namen `zeile` an sie.

5.1 IO-Aktionen

Wenn wir die Funktion `getLine` typisieren, so erhalten wir `getLine :: IO String`. Hier taucht wieder dieses merkwürdige `IO` auf, allerdings jetzt von `String` gefolgt. Diese beiden kleinen Beispiele zeigen die Verwendung der Funktionen `putStr` und `getLine`.

Aber zurück zur allgemeinen Diskussion. Wir haben oben in dem Beispiel gesehen, daß der Name `main` benutzt wurde, zudem das vertraut aussehende Schlüsselwort `do`. Was hat es mit diesen beiden Namen auf sich? Bevor wir uns dieser Diskussion zuwenden, sei der Begriff *IO-Aktion* eingeführt, zunächst informell: Eine IO-Aktion ist eine Aktion mit einem Seiteneffekt, etwa dem Lesen oder Drucken eines Wertes, verbunden mit einem typisierten Resultat. Als Typ für derartige Aktionen haben wir bis jetzt `IO [Char]` oder `IO ()` kennengelernt. Eine derartige IO-Aktion ist darauf beschränkt, ein Resultat zurückzugeben, wie wir es bei den funktionalen Typen bislang gesehen haben, sie hat ebenfalls einen kontrollierten Seiteneffekt, was einigermaßen *un*funktional ist. Gelegentlich ist das Resultat übrigens nicht besonders wichtig, sehen wir uns dieses Beispiel an:

```
>>> x <- putStr "abcde"
abcde>>> x
()
>>> :type x
x :: ()
```

Die Eingabe ist die Zeichenkette `"abcde"`, die als Echo ausgegeben wird, das Resultat wird an den Namen `x` gebunden, die Typisierung von `x` ergibt allerdings eine Überraschung. Was geschieht?

- Die Aktion wird durchgeführt, die Zeichenkette `abcde` wird auf dem Bildschirm wiedergegeben,

- wir öffnen den Umschlag und weisen dem Resultat dieser Aktion den Namen `x` zu,

- dieser Wert `x` ist gedruckt, er hat allerdings, wie es sich zeigt, keinen *besonderen* Wert,

- der Typ von `x` bestätigt das: Es handelt sich hier um den Typ `()`, der lediglich von einem einzigen Wert bewohnt wird, nämlich gerade von `()`.

Weil also eine Ausgabe-Aktion keinen besonders *distinguierten* Wert zurückgibt, können wir ihn getrost ignorieren und statt `x <- putStr "abcde"` schreiben `putStr "abcde"`.

Wir sehen also, daß eine IO-Aktion einem zweifachen Zweck dient: Einmal eine Aktion durchzuführen, zum zweiten einen Wert zurückzugeben. Die Aktion wird ausgeführt, indem eine Funktion mit den passenden Argumenten ausgeführt wird, das Ergebnis wird dann durch `<-` zugewiesen. Sehen wir uns das an:

```
>>> x <- getLine
Dies ist eine Aktion
>>> x
"Dies ist eine Aktion"
```

Die Aktion `getLine` wird ausgeführt, indem sie die Benutzereingabe `Dies ist eine Aktion` erhält, das Resultat wird an den Namen `x` gebunden. Man könnte sich natürlich die Frage stellen, ob man diese Angelegenheit nicht abkürzen könnte und einfach schreiben könnte `let x = getLine`. Das kann man sicherlich tun:

```
>>> let x = getLine
>>> x
Dies ist eine Zeichenkette
"Dies ist eine Zeichenkette"
>>> :type x
x :: IO String
```

Es ist klar, was passiert: Der Name `x` wird der gesamten IO-Aktion zugewiesen, was mit der bisherigen Verwendung von `let` übereinstimmt. Daher ist `x` eine Aktion, die ausgeführt wird, und das Beispiel zeigt, wie dies geschieht. Weiterhin sehen wir, daß die Funktion `getLine` eine Zeichenkette als Wert zurückgibt. Könnten wir denn dann nicht auch schreiben `"Diese Zeile wird eingegeben: "++ getLine`? Na ja, *Probieren geht über Studieren*, wie der Volksmund gern sagt: Man darf ja die Hoffnung niemals aufgeben. Es stellt sich jedoch heraus, daß sich der gewünschte Effekt nicht einstellen will. Dies kann man an der unverträglichen Typisierung ablesen: `"Diese Zeile wird eingegeben: "` ist vom Typ `[Char]`, während `getLine` den Typ `IO [Char]` hat. Diese Typen sind nicht identisch, daher wird diese Konstruktion nicht arbeiten, wie uns der Interpreter bestätigt:

```
>>> "Dies" ++ getLine

<interactive>:1:10:
    Couldn't match expected type '[Char]'
        against inferred type 'IO String'
    In the second argument of '(++)', namely 'getLine'
    In the expression: "Dies" ++ getLine
```

Wir haben gesehen, daß Ein- und Ausgabe-Aktionen aufeinander folgen können. Daher erweist es sich als sinnvoll, über eine Möglichkeit zu verfügen, diese sequentielle Komposition auch sprachlich ausdrücken zu können, und hier tritt das Schlüsselwort `do` in unsere Diskussionen ein. IO-Aktionen können durch einen *do-Block* gruppiert werden, der Block wird dann an einen Namen gebunden. Wir haben in dem einführenden Beispiel auf Seite 120 den Namen `main` gewählt mit `main :: IO ()`. Es könnte statt `main` auch jeder andere legale Name sein: Hier und jetzt hat die Wahl des Namens keine Bedeutung (das ist anders, wenn `Haskell`-Programme kompiliert werden, aber darauf gehen wir hier nicht ein).

Es erweist sich als sinnvoll, auf einige Regeln hinzuweisen (vgl. auch die allgemeinen Transformationsregeln für `do`-Blöcke auf Seite 179):

1. IO-Aktionen werden in einem `do`-Block gruppiert,

5.1 IO-Aktionen

2. die letzte Aktion in einem solchen Block kann nicht an einen Namen gebunden werden,

3. der Typ eines do-Blocks ist der Typ der letzten Aktion, die sich in ihm befindet,

4. Werte werden innerhalb eines do-Blocks durch let an Namen gebunden,

5. Funktionen können wie üblich innerhalb eines do-Blocks aufgerufen werden.

Die Gründe für diese Regeln werden später transparent werden, wir nehmen sie an dieser Stelle zur Kenntnis und arbeiten damit. Wenn wir also einen Namen an den Wert eines Ausdrucks binden wollen, so geschieht das in einer let-Umgebung, wie das folgende Beispiel zeigt:

```
import Data.Char

yo :: IO ()
yo = do
    putStr "Bitte geben Sie eine Zeile ein:\n"
    zeile <- getLine
    let grossZeile = map toUpper zeile
        umgekehrt = reverse grossZeile
    putStr ("echo *"++ zeile ++ "|" ++
            grossZeile ++ "?" ++ umgekehrt ++ "*\n")
```

Nach der Eingabeaufforderung wird eine Zeile eingegeben, die mit Hilfe der Funktion toUpper in eine Zeile verwandelt wird, in der ausschließlich Großbuchstaben verwendet werden, dann wird die resultierende Zeichenkette noch ein wenig manipuliert und ausgegeben. Der Name, an den do-Block gebunden wird, lautet nicht main, ich habe vielmehr yo verwendet. Die Aktion wird eingeleitet, indem der Name der Aktion im Interpreter aufgerufen wird:

```
>>> yo
Bitte geben Sie eine Zeile ein:
abcdefg
echo *abcdefg|ABCDEFG?GFEDCBA*
```

Die Funktion konvertiert einen Buchstaben in den äquivalenten Großbuchstaben, falls das möglich ist. Diese Funktion wohnt im importierten Modul Data.Char.

Wir können Aktionen auch iterieren: Das nächste Beispiel holt sich eine Zeile als Eingabe. Falls diese Zeile leer ist, wird die Funktion return() aufgerufen, sonst wird die Zeile als Ausgabe zurückgegeben, dann wird die Aktion yo wieder aufgerufen. Sie ist rekursiv, aber das ist für uns ja nichts Ungewöhnliches.

```
yo :: IO ()
yo = do
    putStr "Bitte geben Sie eine Zeile ein:\n"
```

```
        zeile <- getLine
        if null zeile
           then  return()
           else do
                putStrLn ("echo *"++ zeile ++ "*")
                yo
```

Diese Aktion arbeitet so:

```
>>> yo
Bitte geben Sie eine Zeile ein:
abcdef
echo *abcdef*
Bitte geben Sie eine Zeile ein:
1234
echo *1234*
Bitte geben Sie eine Zeile ein:

>>>
```

Die Typisierung von yo ist yo :: IO (). Die Funktion return() *muß* den Typ IO() haben. Aber was tut sie eigentlich?

Zunächst ist festzuhalten, daß return *nicht* den Kontrollfluß an den Aufrufer zurückgibt (wie etwa in Java oder C++). Der Ausdruck return ist vielmehr konvers zu <-. Kehren wir kurz zu unserem Anfangsbeispiel des Briefumschlags zurück: Während a <- getLine einen Briefumschlag öffnet, der durch getLine zur Verfügung gestellt wird, und den Namen a an den Inhalt des Briefumschlags bindet, steckt return etwas in einen Briefumschlag. Daher ist return eine IO-Aktion, spezifisch: return ist eine IO()-Aktion.

Sehen wir uns dieses Beispiel an

```
>>> a <- return "abc"
>>> a
"abc"
```

Der Aufruf return "abc" konvertiert die Zeichenkette "abc" in eine IO [Char]-Aktion. Dann bindet der Ausdruck a <- return "abc" den Namen a an den Inhalt dieses Briefumschlags, also an die Zeichenkette "abc".

Weiter mit dem Block yo: Der alternative Zweig der bedingten Anweisung ist vom Typ IO (), also muß der then-Zweig dieses Ausdrucks ebenfalls diesen Typ haben, denn – Sie erinnern sich (Seite 22) – bedingte Anweisungen fordern denselben Typ für beide Zweige. Daher ist es aus Typisierungsgesichtspunkten zwingend erforderlich, eine Aktion wie return() einzufügen.

5.2 Noch einmal die Vignère-Verschlüsselung

Wir wollen diese Überlegung zur Ein- und Ausgabe auf die Vignère-Verschlüsselung anwenden, um ein etwas größeres Beispiel zu haben. Wir bitten zunächst den Benutzer um einen Schlüssel, dann soll der Benutzer die zu verschlüsselnden Daten, also den Text, Zeile für Zeile eingeben, das Programm gibt dann die verschlüsselten Daten aus.

Wir hatten bei der Diskussion der Verschlüsselung das Leerzeichen durch den Stern ersetzt, das erweist sich bei der interaktiven Ein- und Ausgabe als nicht besonders praktisch, deshalb machen wir diese Änderung rückgängig und berechnen die Tabelle entsprechend neu. Der Schlüssel ist nun ein Parameter, das spricht dafür, daß wir die Funktionen minimal adaptieren: Wir modifizieren die Funktionen `vignere :: (a -> Char -> c) -> [Char] -> [a] -> [c]` und `code :: [Char] -> [Char] -> [Char]` sowie `uncode` durch die Einführung eines neuen Parameters wie folgt:

```
code key = vignere encode key
uncode key = vignere decode key
```

Die Eingabe wird also in zwei Teilen erfolgen: Im ersten Schritt erhalten wir den Schlüssel, dann iterieren wir in einem zweiten Schritt über die Eingabe, bis alles verarbeitet und verschlüsselt ist. Die Leerzeile dient dabei als Ende der Eingabe. Den Schlüssel erhalten wir durch die folgende Funktion:

```
getKey :: IO ()
getKey = do
    putStrLn "Schluessel?"
    dieserSchl <- getLine
    eingabeSchleife dieserSchl
```

Wir fragen also mit `putStrLn "Schluessel?"` nach dem Schlüssel, lesen die nächste Zeile und binden diese Zeichenkette an die Variable `dieserSchl`. Dann rufen wir eine Funktion auf, deren Aufgabe die Verarbeitung der restlichen Eingaben ist. Die Typisierung der Funktion `getKey` ist `getKey :: IO ()`, wie man unschwer nachrechnet. Die Eingabeschleife ist nicht besonders kompliziert: Wir nehmen eine Eingabe und überprüfen, ob wir das Ende der Eingabe erreicht haben. Ist das der Fall, führen wir `return()` aus, im anderen Fall wird die Zeile verschlüsselt und auf dem Bildschirm dargestellt. Dann geht das Spiel weiter.

```
eingabeSchleife :: [Char] -> IO ()
eingabeSchleife schl = do
        putStrLn "> "
        zeile <- getLine
        if null line then return()
            else do
                putStrLn $ code schl zeile
                eingabeSchleife schl
```

Wenn Sie den Code anschauen, so stellen Sie fest, daß auch im alternativen Zweig der bedingten Anweisung ein `do`-Block zu finden ist. Das ist nötig, weil sonst der Ausdruck in diesem Zweig keinen Wert vom `Typ IO()` zurückgeben würde. Die Funktion in Aktion:

```
>>> getKey
Key?
beatles
>
dies ist das haus vom nikolaus
cee peaswdihwq qshkkvzjisdhjto
>
ein fuer alle mal
denhvqnqwataailxl
>

>>>
```

Wir werden zu diesem Beispiel zurückkehren, nachdem wir kurz die Behandlung von Dateien diskutiert haben.

5.3 Dateien

In unserem Beispiel der Vignère-Verschlüsselung – und nicht nur dort – ist es sicherlich praktisch, wenn wir in der Lage sind, die Eingaben aus einer Datei zu lesen, sie zu bearbeiten und dann wieder in eine andere Datei als Ergebnis zu schreiben.

Dateien residieren bekanntlich im Dateisystem des Computers, sie können geöffnet werden, man kann von ihnen lesen oder auf sie schreiben, sie können dann auch wieder geschlossen werden (man kann natürlich andere Dinge mit Dateien tun, aber das interessiert uns an dieser Stelle nicht). Eine Datei wird durch einen Namen wie etwa `einText.txt` identifiziert und möglicherweise durch einen Zugriffspfad, dessen konkrete Syntax sich am Dateisystem des Rechners orientiert. Wir ignorieren den Pfad und identifizieren eine Datei kurzerhand mit ihren Namen; das ist z.B. dann der Fall, wenn die Datei im gegenwärtigen Arbeitsverzeichnis verfügbar ist.

Dateien können auf verschiedene Arten behandelt werden, das wird in `Haskell` durch den diskreten Typ `IOMode` beschrieben, dessen Mitglieder als Zugriffsspezifikationen dienen:

```
data IOMode = ReadMode | WriteMode | AppendMode | ReadWriteMode
```

Eine Datei wird geöffnet, indem ihr Name und eine Zugriffsspezifikation angegeben wird. Eine Datei, die mit `WriteMode` geöffnet wird, verliert ihren bisherigen Inhalt, an eine mit `AppendMode` geöffnete Datei werden Inhalte angefügt. `Haskell` nimmt diese Daten und produziert daraus ein *Datei-Handle*[1], mit dessen Hilfe auf die Datei zugegriffen

---

[1] Dem Verfasser ist kein angemessener und griffiger deutscher Ausdruck geläufig, die Bezeichnung *Datei-Kontrollblock* ist zwar angemessen, aber nicht so handlich, daß man sie ständig verwenden möchte.

5.3 Dateien

wird: Der Benutzer hat natürlich keinen direkten Zugriff auf die Datei, sondern muß sich des Handle bedienen, um mit ihr zu arbeiten. Wenn man mit der Datei fertig ist, wird die Datei geschlossen, auch das geschieht durch das Handle.

Durch `openFile "einText.txt" ReadMode` wird die Datei `einText.txt` zum Lesen geöffnet. Der Typ des Handle, also des Rückgabewerts, ist `IO Handle`, der Typ der Funktion `openFile` ist

```
>>> :type openFile
openFile :: FilePath -> IOMode -> IO Handle
```

Hierbei ist `FilePath` ein Typ-Synonym für `String` und `IO Handle` ist der Typ, der mit dem Handle assoziiert wird. Wir importieren diese Operationen aus dem Modul `System.IO`. Wie gerade gesagt, schließen wir die Datei, sobald wir mit ihr fertig sind, dies geschieht durch die Funktion `hClose :: Handle -> IO ()`. Der Typ des Rückgabewerts ist `IO()`, also eine Ein- und Ausgabe-Aktion.

Der Inhalt einer Datei wird durch die Funktion `hGetContents` zugänglich gemacht. Sie hat die Signatur `Handle -> IO String`, die Funktion nimmt also ein Handle und gibt eine IO-Aktion vom Typ `String` zurück. Mit ihr kann dann weitergearbeitet werden. Sehen wir uns an einem Beispiel an, wie das geschieht. Der folgende Text ist in der Datei `io-file.hs` gespeichert:

```
import System.IO
main :: IO ()
main = do
  putStrLn "Dateiname?"
  fName <- getLine
  handle <- openFile fName ReadMode
  inhalt <- hGetContents handle
  putStr inhalt
  hClose handle
```

Führen wir jetzt **main** aus, so ergibt sich

```
>>> main
file?
io-file.hs
import System.IO
main = do
  putStrLn "Dateiname?"
  ...
  hClose handle
>>>
```

Getreu der Philosophie von `Haskell` wird die gesamte Zeichenkette, die hier zugewiesen wird, als *verzögert ausgewertete* Zeichenkette behandelt. Das bedeutet, daß der Inhalt erst dann zugänglich gemacht wird, wenn er wirklich benötigt wird. Das ist in solchen

Fällen besonders bequem, in denen die Dateien sehr groß sind: Hier kann man sich leicht vorstellen, daß nicht der gesamte Dateiinhalt eingelesen wird, sondern lediglich die Portionen, mit denen gerade gearbeitet wird.

Kehren wir zu unserem Beispiel der Vignère-Verschlüsselung zurück. Wir modifizieren dieses Beispiel so, daß wir die zu verschlüsselnde Eingabe einer Eingabe-Datei entnehmen. Wir benötigen vom Benutzer daher den Namen der Datei und den Schlüssel. Das wird durch die folgende Ein- und Ausgabe-Aktion angestoßen:

```
schluesselUndDatei :: IO ()
schluesselUndDatei = do
        putStrLn "Schlüssel und Eingabedatei?"
        antwort <- getLine
        let schl:datei:_ = words antwort
        doCoding schl datei
```

Die Eingabe des Benutzers wird in einer Zeichenkette gespeichert, diese Zeichenkette wird durch die Funktion **words** in eine Liste von Einzelwörtern, also wieder von Zeichenketten, zerlegt. Das erste Element dieser Liste ist der Schlüssel, das zweite Element ist die Datei, aus der wir lesen. Würden wir also etwa "beatles einText.txt" eingeben, so würde sUndf den Wert ["beatles", "einText.txt"] haben.

Die eigentliche Arbeit wird in dieser IO-Aktion geleistet. Wir rufen die Funktion mit dem Schlüssel und der zu öffnenden Datei auf.

```
doCoding :: [Char] -> FilePath -> IO ()
doCoding k dat = do
        putStrLn dat
        handle <- openFile dat ReadMode
        inhalt <- hGetContents handle
        putStrLn $ code k inhalt
        hClose handle
```

Die Arbeit dieser Aktion sollte klar sein, es ist bemerkenswert, daß der gesamte Inhalt der Datei in der Zeichenkette **inhalt** abgespeichert wird. Dann lassen wir die Funktion zur Verschlüsselung über diese Zeichenkette laufen, also wird ein Zeichen erst dann präsentiert, wenn es wirklich benötigt wird.

Wir arbeiten in der Tat mit der verzögerten Auswertung der Zeichenkette. Ein kleines Experiment bestätigt das: Vertauschen Sie die letzte und die vorletzte Zeile, weisen also den Inhalt der Datei der Zeichenkette **inhalt** zu und schließen dann die Datei sofort, ohne mit der Verschlüsselung begonnen zu haben. Ihnen sagt dann eine Fehlermeldung, daß der Inhalt der Datei nicht zur Verfügung steht.

Wenn wir das Resultat einer Verschlüsselung in eine Datei schreiben wollen, so gehen wir im Grunde nach demselben Schema vor: Wir öffnen die benannte Datei für die Ausgabe, wir schreiben in diese Datei und schließen diese Datei, wenn wir fertig sind. Die Aktion von oben wird auf diese Art erweitert:

```
doCoding k dat = do
        handle <- openFile dat ReadMode
        let fOut = "XX_" ++ dat
        ohandle <- openFile fOut WriteMode
        inhalt <- hGetContents handle
        hPutStr ohandle $ code k inhalt
        hClose handle
        hClose ohandle
```

Wir erzeugen einen neuen Namen für die Datei, der durch `let` an einen Bezeichner gebunden wird. Er dient dann dazu, das Handle für die Ausgabe-Datei zu berechnen.

Die Vorgehensweise ist ziemlich kanonisch und wiederholt sich nach demselben Muster: Wir öffnen eine Datei zum Lesen, weisen den Inhalt der Datei zur verzögerten Auswertung an eine Zeichenkette zu und schließen dann die Datei. Diese Art des Dateizugangs kommt recht häufig vor, deshalb wird die Funktion `readFile` eingeführt, die hinter den Kulissen die Aktionen, wie etwa das Öffnen der Datei zum Lesen und die Zuweisung an ein Datei-Handle, erledigt. In analoger Weise gibt es die Funktion `writeFile` für die Ausgabe. Benutzen wir diese beiden Funktionen, so ergibt sich in vereinfachter Weise diese Schleife für die Verschlüsselung und das Herausschreiben in eine Datei:

```
doCoding k dat = do
        inhalt <- readFile dat
        let fOut = "XX_" ++ dat
        writeFile fOut (code k inhalt)
```

Das ist wesentlich knapper und erlaubt uns, auf die lästigen Details der Handhabung von Dateien zu verzichten, sofern wir es uns leisten können.

5.4 Komplexe Daten

Wir können diesen Mechanismus benutzen, um komplexe Daten in Dateien zu schreiben und sie auch wieder von dort einzulesen und zu verwenden. Die Idee besteht darin, mit `show` eine Zeichenkette zu erzeugen (falls der zugrundeliegende Datentyp das zuläßt) und diese Zeichenkette in eine Datei zu schreiben. Der Datentyp muß also Mitglied der Typklasse `Show` sein. Diese Zeichenkette kann dann wieder eingelesen werden, die resultierende Zeichenkette wird dann in eine Instanz des betreffenden Typs verwandelt; hierzu wird die Funktion `read` herangezogen, die zur Verfügung steht, sofern der Datentyp ein Mitglied der Typklasse `Read` ist. Die Funktionen `show` und `read` gehen hier also eine hilfreiche Partnerschaft ein: `read` analysiert die von `show` erzeugte Zeichenkette syntaktisch, also im Hinblick auf die Syntax des entsprechenden Datentyps, und erzeugt eine entsprechende Instanz des Typs.

Sehen wir uns das bei binären Bäumen an. Die Definition im Abschnitt 4.3 auf Seite 96

```
data Baum a = Knoten a (Baum a) (Baum a)
    | Leer
    deriving (Show,Read)
```

wird ergänzt, indem die Mitgliedschaft in der Typklasse Read hinzugefügt wird. Sonst bleibt alles beim Alten, und wir greifen auf die oben definierten Funktionen

```
baumEinf  :: (Ord a) => a -> Baum a -> Baum a
baumSuche :: (Ord a) => a -> Baum a -> Bool
```

zum Einfügen und zum Testen zu.

Durch

```
let bm = foldr baumEinf Leer (words "Das ist das Haus vom Nikolaus")
```

erzeugen wir einen binären Baum von Zeichenketten, bm hat also den Typ Baum String. Weil Baum String ein Mitglied der Typklasse Show ist, können wir eine Repräsentation als Zeichenkette erzeugen, die wir zur weiteren Verwendung in q abspeichern.

```
>>> let q = show bm
>>> q
"Knoten \"Nikolaus\" (Knoten \"Haus\"
(Knoten \"Das\" Leer Leer) Leer)
(Knoten \"vom\" (Knoten \"das\" Leer
(Knoten \"ist\" Leer Leer)) Leer)"
```

Der Versuch, aus q mittels read den Baum zu rekonstruieren, scheitert zunächst:

```
>>> read q

<interactive>:1:0:
    Ambiguous type variable 'a' in the constraint:
      'Read a' arising from a use of 'read' at <interactive>:1:0-5

    Probable fix: add a type signature
                  that fixes these type variable(s)
```

Das ist ziemlich einleuchtend, denn man kann schließlich nicht erwarten, daß eine Zeichenkette so ohne Weiteres in einen Baum verwandelt wird. Uns wird aber auch gleich eine Möglichkeit aufgezeigt, wie wir mit dem Problem umgehen können: Wir geben den Zieltyp an, also den Typ, in den das Resultat verwandelt werden soll. Und ...

```
>>> read q::(Baum String)
Knoten "Nikolaus" (Knoten "Haus" (Knoten "Das" Leer Leer) Leer)
(Knoten "vom" (Knoten "das" Leer (Knoten "ist" Leer Leer)) Leer)
```

Mal sehen. Ich füge die Zeichenkette "otto" in den Baum ein:

```
>>> baumEinf "otto" (read q::(Baum String))
Knoten "Nikolaus" (Knoten "Haus" (Knoten "Das" Leer Leer) Leer)
(Knoten "vom" (Knoten "das" Leer
(Knoten "ist" Leer (Knoten "otto" Leer Leer))) Leer)
```

5.4 Komplexe Daten

Wir haben also aus der Zeichenkette einen binären Baum erzeugt. Das geht natürlich nur, wenn die Zeichenketten selbst vorher mittels `show` aus einem Baum hergestellt worden sind:

```
>>> read "da da"::(Baum String)
*** Exception: Prelude.read: no parse
```

Wenn wir also versuchen, eine beliebige Zeichenkette in einen binären Baum zu verwandeln, so scheitern wir; die Fehlermeldung sagt im wesentlichen, daß die übergebene Zeichenkette syntaktisch nicht als Instanz von `Baum String` identifiziert werden konnte.

Damit wird klar, wie wir komplexe Daten in Dateien schreiben können. Für unsere Bäume machen wir das im einfachsten Fall so:

```
schreiben baum datei = do writeFile datei (show baum)
```

Die Funktion `schreiben :: (Show a) => a -> FilePath -> IO ()` hat zwei Argumente: Das Datum, das geschrieben werden soll und der Name der Datei; das zu schreibende Datum muß der Typklasse `Show` angehören; als Ergebnis bekommen wir ein Resultat vom Typ `IO ()`, es wird also eine IO-Aktion ausgeführt. Die Funktion ruft `writeFile` auf, als zu schreibende Zeichenkette wird die Repräsentation `show baum` des Arguments als Zeichenkette herangezogen. In unserem Fall enthält nach dem Aufruf `schreiben bm "aus.txt"` die Datei `"aus.txt"` die Repräsentation des Baums, den wir unter `bm` abgespeichert haben, als Zeichenkette.

Ich möchte gern wissen, ob das Wort `"Bologna"` in dem binären Suchbaum vorkommt, den wir in der Datei `"aus.txt"` abgespeichert haben. Hierbei hilft die Funktion

```
testen :: String -> FilePath -> IO ()
testen text datei = do
   inhalt <- readFile datei
      let istDa = baumSuche text (read inhalt::(Baum String))
   putStrLn (show istDa)
```

Es wird also eine Zeichenkette und ein Dateiname übergeben, als Resultat erhalten wir eine IO-Aktion. Zunächst liest `readFile` von der Datei die Zeichenkette `inhalt`, die in einen binären Baum konvertiert wird (mit `read inhalt::(Baum String)`), der dann durchsucht werden kann. Das Resultat wird an den lokalen Namen `istDa` gebunden, die Darstellung als Zeichenkette wird ausgegeben.

Wie zu erwarten, ergibt der Aufruf `testen "Bologna" "aus.txt"` das Resultat `False`.

Wenn wir einen binären Suchbaum aus einem Text, der in einer Datei `einDat` gespeichert ist, erzeugen und den Baum zur späteren Verwendung in der Datei `ausDat` abspeichern wollen, so können wir so vorgehen:

```
einAus :: FilePath -> FilePath -> IO ()
einAus einDat ausDat = do
   inhalt <- readFile einDat
   writeFile ausDat (show (foldr baumEinf Leer (words (inhalt))))
```

Wir speichern also den Inhalt der Eingabedatei in der Zeichenkette `inhalt` ab, zerlegen diese Zeichenkette in einzelne Wörter, die wir in einen binären Suchbaum einfügen, und speichern die Darstellung des Suchbaums als Zeichenkette in der Ausgabedatei ab. Hier ist hilfreich, daß `Haskell` nicht unbedingt die Datei vollständig als Zeichenkette einliest, sondern verzögert reagiert und nur soviel einliest wie nötig.

Betrachten wir einen umfangreicheren Text. Wir nehmen als Zeichenkette den Text des Romans *Krieg und Frieden* von L. Tolstoi in der englischen Fassung aus *Project Gutenberg*. Die Datei `WarAndPeace.txt` enthält 562.436 Wörter in 64.940 Zeilen (insgesamt 3.269.017 Zeichen), ist also hinreichend groß. Wir speichern den binären Suchbaum in der Datei `WP.txt`.

```
>>> :set +s
>>> einAus "WarAndPeace.txt" "WP.txt"
(17.48 secs, 1980238448 bytes)
```

Diese Operation benötigte also 17,48 Sekunden (`:set +s` aktiviert die Zeit- und Speichermessung). Die Datei `WP.txt` ist 1.045.064 Byte groß. Wenn ich wissen möchte, ob die Zeichenketten `"Obama"` oder `"Natasha"` im Roman vorkommen, so ergeben sich die (bei Kenntnis des Romans nicht besonders erstaunlichen) Resultate

```
>>> testen "Obama" "WP.txt"
False
>>> testen "Natasha" "WP.txt"
True
```

Vorsicht.
Wir haben hier das Zusammenspiel der Funktionen `show` und `read` dazu benutzt, komplexe Daten in Zeichenketten zu verwandeln und aus diesen Zeichenketten diese Daten zu rekonstruieren. Dabei haben wir ausgenutzt, daß die entsprechenden Typen bei der Vereinbarung ebenfalls `deriving(Show, Read)` vereinbart hatten, daß wir also auf die Voreinstellung bei `show` zugegriffen haben.

Wenn Sie Ihre eigene `show`-Funktion für einen Datentyp schreiben, verblaßt die Magie:

```
data Demo = Demo Int Int   deriving(Read)
```

sei deklariert. Der Typ ist Mitglied der Typklasse `Read` und wird zum Mitglied der Typklasse `Show` gemacht,

```
instance Show (Demo) where
     show (Demo x y) = (show x) ++ "#" ++ (show y)
```

Nun aber

```
>>> let w = (show (Demo 3 4))
>>> w
"3#4"
>>> read w::Demo
*** Exception: Prelude.read: no parse
```

Offenbar kann die eingebaute read-Funktion nichts mit der Zeichenketten-Darstellung anfangen. Wir streichen deriving(Read) aus der Definition des Datentyps. Eine eigene Definition von read könnte etwa wie folgt aussehen:

```
instance Read (Demo) where
    read q = Demo x y
        where
            sx = takeWhile (/= '#') q
            sy = tail (dropWhile (/= '#') q)
            x = read sx::Int
            y = read sy::Int
```

Das scheitert aber kläglich, die Fehlermeldung besagt
`'read' is not a (visible) method of class 'Read'`.
Es ist also mit unseren bisherigen Mitteln nicht möglich, eine eigene Kombination von show und read für diese komplexen Datentypen herzustellen. Setzt man hingegen dieselbe Idee in einer eigenen Funktion um, also definiert man

```
readit q = Demo x y
       where
           ...
```

so erhält man beim Aufruf `readit (show (Demo 4 5))` als Wert 4#5 zurück, wie erwartet.

5.5 Aufgaben

Aufgabe 5.1

Spielen Sie SCHIFFE VERSENKEN gegen Ihren Computer.

Aufgabe 5.2

Digitale Kameras benennen ihre Bilder ziemlich eintönig durch fortlaufende Nummern wir P100003.JPG. Man möchte aber gern aussagekräftigere Namen haben wie z. B. LottaLacht-12x11-17.JPG oder so (wenn Lotta am 12. Oktober 2011 gelacht hat, und das das siebzehnte Bild ist). Speichern Sie Ihre Photos in einem Verzeichnis und schreiben Sie ein Programm, das die Dateien systematisch umbenennt. Es sollte Sie nach dem Namen der Datei fragen, in dem die Namen der Dateien gespeichert sind, ebenfalls sollte die Namensbasis erfragt werden (also im Beispiel oben

LottaLacht-12x11). Das Programm sollte die Befehle zur Umbenennung (also z.B. mv P100003.JPG LottaLacht-12x11-17.JPG) in eine Datei schreiben, die Sie dann ausführen können. Die Endungen der einzelnen Dateien sollten nicht geändert werden.

Aufgabe 5.3

Das Kinderspiel LEITER nimmt sich ein Wort fester Länge (z. B. maus) und versucht, es jeweils durch Änderung genau eines Buchstabens schrittweise in ein anderes (z. B. gans) zu überführen:

> maus
> haus
> hans
> gans

Das kann wie in [20] graphentheoretisch interpretiert werden: Es sei eine Menge M gleich langer Wörter gegeben[2]. Die Knoten des Graphen sind gerade die Wörter, und zwischen zwei Knoten ist genau dann eine Kante, wenn sich die Wörter in genau einem Buchstaben unterscheiden. In diesem Graphen kann man das Spiel mit zwei Wörtern dann spielen, wenn das zweite Wort vom ersten aus erreichbar ist, vgl. Aufgabe 4.14 auf Seite 114.

1. Implementieren Sie diesen Graphen. Hierzu wird den Wörtern in der Reihenfolge ihres Auftretens eine Platznummer zugeordnet, so daß das Wort durch Angabe der Platznummer wiedergefunden werden kann. Die Elemente der Menge M sollen von einer Datei eingelesen werden. Speichern Sie die Wörter in einem binären Suchbaum, jedes Wort soll dabei auch seine Platznummer speichern.

2. Geben Sie zwei Wörter an und bestimmen Sie, ob Sie eine Leiter bauen können.

3. Bestimmen Sie eine Leiter zwischen zwei Wörtern, falls eine existiert.

Aufgabe 5.4

Die Datei `baum1` enthält binäre Suchbäume vom Typ `Baum String`, als Zeichenketten dargestellt. Schreiben Sie eine Funktion, die diese Bäume zu einem einzigen Suchbaum kombiniert und in die Datei `baum2` schreibt.

---

[2]Sie finden Dateien mit Wörtern der Länge 4, 6, 8, 10, 12 unter `haskellbuch.weebly.com`

6 Beispiele

In diesem Kapitel werden wir zunächst zwei klassische Beispiele besprechen, nämlich zum einen die Huffman-Kodierung, zum anderen einen Algorithmus zur Mustererkennung in Texten. Die Huffman-Kodierung repräsentiert einen Text binär, also durch Nullen und Einsen. Diese Repräsentation soll möglichst gut sein, wobei Optimalitätskriterien zu diskutieren sind. Wir achten darauf, daß häufig vorkommende Zeichen eine kurze, weniger häufig vorkommende eine längere Darstellung bekommen, zudem soll die Darstellung präfixfrei sein, die Kodierung eines Zeichens soll also kein Präfix eines anderen sein. Binäre Bäume gehen hier wesentlich ein, so daß wir hier ein gutes Exerzierfeld für diese algebraischen Datentypen finden. Das zweite Beispiel betrifft die Suche nach Mustern in Texten. Hier wird zunächst ein wenig mathematische Theorie betrieben, wir zeigen, wie ein Automat konstruiert wird, mit dessen Hilfe die Suche stattfindet. Auch das ist ziemlich klassischer Stoff, interessant ist hier einmal die elementare mathematische Theorie, zum anderen aber auch der Übergang von der formalen Repräsentation in die Darstellung in `Haskell`. Leser, die mit den `Java` oder `C++`-Lösungen für diese Probleme vertraut sind, werden sicherlich mit Interesse die Unterschiede in den Zugangsweisen und Darstellungen der objekt-orientierten und der funktionalen Sprache bemerken.

Im letzten Abschnitt dieses Kapitels besprechen wir die Erzeugung eines Parsers, also eines Hilfsmittels zur Erzeugung von Übersetzern für Programmiersprachen. Die Idee besteht darin, die Grammatik selbst als Spezifikation für die syntaktische Analyse heranzuziehen, also aus der Grammatik ein Programm zu gewinnen, mit dessen Hilfe ein vorgelegtes Wort syntaktisch analysiert werden kann. Der Ansatz geht so vor, daß der grundlegende Mechanismus, ein Automat mit einem Stack, sprachspezifisch parametrisiert wird; die Zustandsübergänge und das Geschehen auf dem Stack werden durch Tabellen beschrieben, die erzeugt werden müssen. Die zugrundeliegende Theorie kommt aus der Theorie formaler Sprachen und wird hier nur so weit berührt, wie es notwendig ist. Uns interessiert die Erzeugung der Tabellen, und hierfür sind Algorithmen bekannt. Wir zeigen, wie sich diese Algorithmen für einfache kontextfreie Grammatiken in `Haskell` umsetzen lassen – die Darstellung legt nahe, daß eine Erweiterung des Verfahrens auf komplexere Grammatiken ohne großen Aufwand möglich ist.

Die Bearbeitung dieses Beispiels rückt `Haskell` in die Nähe einer Sprache zum explorativen Prototyping: Die grundlegenden Ideen sind recht nahe am mathematischen Modell ausformuliert, und es geht darum, die zugehörigen Algorithmen zu implementieren, sei es, weil man damit experimentieren möchte, sei es, um die Machbarkeit festzustellen, sei es, um eine effiziente Implementierung vorzubereiten.

6.1 Die Huffman-Codierung

Die Problemstellung ist bekannt: Wir wollen einen Text, also eine Folge von Zeichen, so codieren, daß die Codierung für jeden Buchstaben eine endliche Sequenz von 0 und 1 ist, weiterhin soll der Code präfixfrei sein, und schließlich soll die Verschlüsselung für solche Buchstaben, die häufig vorkommen, kürzer sein als die für weniger häufig vorkommende. Die Präfixfreiheit bedeutet, daß die Verschlüsselung eines Buchstaben kein Präfix eines anderen Buchstaben ist. Wäre dies nicht der Fall, so würde die eindeutige Entschlüsselung der Codierung nicht gewährleistet sein.

Wir gehen von einem Text aus, doch wollen wir den Begriff *Text* nicht allzu wörtlich nehmen: Es können beliebige Sequenzen von unterscheidbaren Zeichen sein, also auch ein Eingabe-Strom multimedialer oder ähnlicher Objekte. In der Tat ist die Huffman-Codierung die Grundlage für einige der erfolgreichen Codierungsverfahren im multimedialen Bereich. Wir lassen uns davon jedoch nicht beeindrucken und sprechen im folgenden von *Text* und von *Buchstaben*, wenn wir die einzelnen Einheiten unserer Eingabe meinen.

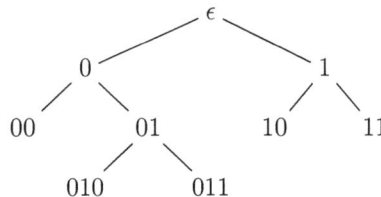

Abbildung 6.1: Codierung durch Pfade im Baum

Die Anforderung, daß häufige Buchstaben eine kürzere Verschlüsselung als weniger häufige haben sollen, impliziert, daß wir die Häufigkeit der einzelnen Buchstaben kennen müssen, also müssen wir ihr Vorkommen zählen und festhalten. Die Anforderung, daß wir eine präfixfreie Codierung von Nullen und Einsen berechnen, läßt sich mit Hilfe eines binären Baums realisieren: Betrachten Sie den Baum in Abbildung 6.1. Wir sehen, daß der Weg von der Wurzel zu einem Blatt binär codiert werden kann: Zweigen wir nach links ab, so notieren wir 0, zweigen wir nach rechts ab, so codieren wir 1. Sie finden in den Blättern die Codierung des Pfades, den wir genommen haben, um zu diesem Blatt zu kommen. Ganz offensichtlich ist der entstehende Code, wenn wir die einzelnen Blätter auslesen, präfixfrei. Das liegt daran, daß wir, wenn wir von der Wurzel zu einem Blatt laufen, ja schließlich nicht an einem anderen Blatt vorbeikommen können.

Damit steht die Idee fest: Wir konstruieren einen binären Baum zur Codierung, speichern die einzelnen Buchstaben in den Blättern und verwenden die gerade beschriebene Pfad-Codierung als Codierung für die einzelnen Blätter. Dabei sollten wir dafür sorgen, daß diejenigen Buchstaben, die häufiger vorkommen, näher an der Wurzel sind als die weniger häufig auftauchenden. Das spricht dafür, daß unser Baum nicht ausgeglichen sein wird, so daß also Pfade zu häufig vorkommenden Buchstaben kurz, Pfade zu weni-

6.1 Die Huffman-Codierung

ger häufig vorkommenden Buchstaben länger sein werden. Daraus ergibt sich natürlich ebenfalls eine Idee zur Decodierung: Der Baum sei gegeben, ebenso ein Wort über dem Alphabet $\{0, 1\}$. Wir starten an der Wurzel, wir verbrauchen die vorliegenden Bits, indem wir im Baum navigieren: Eine 0 deutet an, daß wir nach links, eine 1, daß wir nach rechts gehen. Wenn wir auf diese Weise zu einem Blatt kommen, so haben wir diesen Teil entschlüsselt, wir merken uns diesen Buchstaben, gehen zur Wurzel zurück und verarbeiten den nächsten Teil des Eingabestroms. Das Verfahren endet, wenn wir entweder in einer Sackgasse stecken bleiben (dann lag keine korrekte Codierung vor) oder wenn wir die gesamte binäre Kette von Zeichen konsumiert haben, dann ergibt sich aus den erkannten Buchstaben der entschlüsselte Text.

Es ist aber noch nicht klar, wie wir den Baum konstruieren. Nehmen wir an, daß wir den Text durchgegangen sind und die Häufigkeit der einzelnen Buchstaben festgestellt haben, illustriert an diesem Beispiel. Die Anfangssituation sei wie folgt:

$$f : 5 \quad e : 9 \quad c : 12 \quad b : 13 \quad d : 16 \quad a : 45$$

Wir haben einen – na ja, etwas merkwürdigen – Text, der nur aus den Buchstaben zwischen a und f besteht und deren Häufigkeiten ebenfalls notiert wird. Offensichtlich ist der Buchstabe a der häufigste Buchstabe, der Buchstabe f der am seltensten verwendete. Wir fassen diese Buchstaben als gewichtete Bäume auf; die Bäume sind am Anfang noch recht klein, bestehen eigentlich nur aus einem einzigen Knoten, dem ein Gewicht beigegeben ist. Diese Bäume werden nun Schritt für Schritt zu größeren Bäumen kombiniert, wobei die Gewichte der einzelnen Bäume addiert werden, und die Bäume ihrem Gewicht entsprechend in den Wald eingeordnet werden. Das geht so vor sich: Wir nehmen die beiden Bäume T_1 und T_2 mit dem geringsten Gewicht, wobei das Gewicht von T_1 nicht größer als das Gewicht von T_2 sein soll. Wir kombinieren diese beiden Bäume in einem neuen Baum T^*:

- Der Baum T^* erhält eine neue Wurzel,
- der linke Unterbaum ist T_1, der rechte Unterbaum ist T_2,
- das Gewicht von T^* ist die Summe der Gewichte T_1 und T_2.

Die Bäume T_1 und T_2 werden aus dem Wald entfernt, der neue Baum T^* wird in diesen Baum seinem Gewicht gemäß eingefügt. Sehen wir uns das an einem Beispiel an: Am Anfang ist der Baum T_1 der Baum, der aus den Buchstaben f mit dem Gewicht 5 besteht, der Baum T_2 ist der Buchstabe e mit dem Gewicht 9. Diese beiden Bäume werden zu einem neuen Baum kombiniert, indem eine neue Wurzel erzeugt wird. Linker und rechter Unterbaum werden wie beschrieben definiert, das Gewicht ist die Summe der Einzelgewichte. Nach diesem Schritt sieht unser Wald so aus:

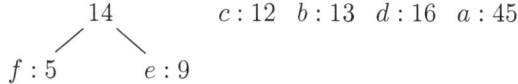

Im nächsten Schritt kombinieren wir die einzelnen Bäume, die aus den Buchstaben c und b bestehen, der neue Baum hat das Gewicht 25, er wird entsprechend seinem

Gewicht in den Wald eingefügt. Im dritten Schritt haben wir jetzt einen Baum mit dem Gewicht 14 und einen Baum mit dem Gewicht 16, wir erzeugen einen neuen Baum mit dem Gewicht 30, der Baum mit dem Gewicht 14 ist der linke, der Baum mit dem Gewicht 16 ist der rechte Unterbaum:

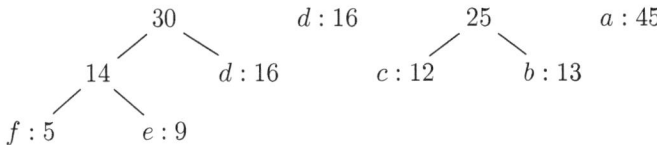

Im nächsten Schritt kombinieren wir diese beiden Bäume mit dem Gewicht 25 (links) und 30 (rechts) zu einem neuen Baum mit dem Gewicht 55, so daß der Wald wie folgt aussieht:

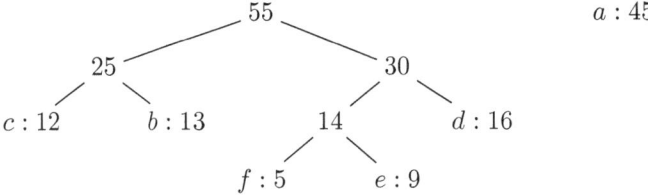

Im letzten Schritt der Baumkonstruktion kombinieren wir die beiden verbleibenden Bäume, und erhalten diesen Baum:

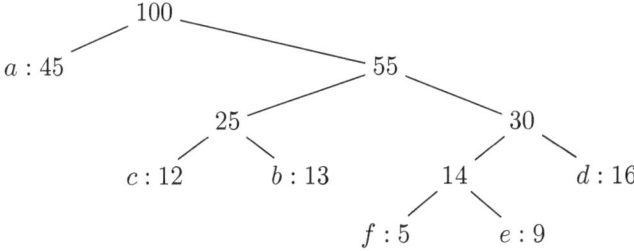

Aus ihm können wir die Codierung der einzelnen Buchstaben ablesen.

a	b	c	d	e	f
0	101	100	111	1101	1100

Diesen Baum können wir dann nach dem beschriebenen Verfahren auslesen, indem wir die Pfade von der Wurzel zu den einzelnen Buchstaben berechnen. Es wird aus der Abbildung deutlich, daß der Buchstabe a, der die höchste Häufigkeit hat, die Codierung 0 bekommt, der Buchstabe f, der am wenigsten häufig vorkommt, die Codierung 1100 bekommt und schließlich, daß der entsprechende Code präfixfrei ist.

Wenn wir diesen Algorithmus implementieren wollen, so müssen wir über die folgenden Punkte nachdenken:

6.1 Die Huffman-Codierung

Häufigkeit: Wir müssen über den Text iterieren und die Häufigkeit für jeden Buchstaben feststellen.

Baumdarstellung: Der Baum, der entsteht, muß ebenso wie die in den Zwischenschritten entstehenden Bäume als Datenstruktur repräsentiert werden.

Wald: Der entstehende Wald, also die Kollektion von Bäumen, muß manipuliert werden, hierbei ist zu beachten, daß die Bäume mit einem Gewicht versehen sind, und daß das Gewicht ein Auswahlkriterium ist. Also muß die Repräsentation des Waldes diese Gewichtsfunktion ebenfalls berücksichtigen.

Codierung: Wir müssen schließlich in der Lage sein, die Codierung zu bestimmen.

Wir wenden uns diesen Fragen jetzt im Einzelnen zu.

6.1.1 Die Datenstruktur `Map`

Zunächst benötigen wir eine Datenstruktur. Mathematisch ist eine Abbildung ja eine Liste von Paaren, deren erste Komponente als Argument, deren zweite als Funktionswert dient. `Haskell` stellt hierfür die Datenstruktur `Map` zur Verfügung: `fromList [('a', 1), ('b', 2), ('C', 3)]` speichert die Abbildung

$$'a' \mapsto 1, 'b' \mapsto 2, 'C' \mapsto 3.$$

Die inverse Funktion ist `toList`:

```
>>> toList fromList [('a', 1), ('b', 2), ('C', 3)]
[('a', 1), ('b', 2), ('C', 3)]
```

Die leere Abbildung `empty` ist eine Konstante für diesen Datentyp, als Funktion steht `null` zur Verfügung, die überprüft, ob ihr Argument die leere Abbildung ist.

```
>>> :type fromList
fromList :: (Ord k) => [(k, a)] -> Map k a
>>> :type toList
toList :: Map k a -> [(k, a)]
```

Daraus wird sichtbar, daß der Wertebereich einer Abbildung, also die Menge, der die Argumente entnommen sind, geordnet sein muß. Das schränkt zweifelsohne die Verwendbarkeit dieses Datentyps ein wenig ein. Die Forderung nach einer Ordnung deutet daraufhin, daß die Elemente des Definitionsbereichs in einer Suchstruktur abgespeichert werden, um effiziente Zugriffe zu erlauben.

Die Definition des Datentyps und seiner Funktionen residieren im Modul `Data.Map`, so daß also die Benutzung des Datentyps den Import dieses Moduls erfordert. Wir importieren lediglich die Funktionen `toList`, `fromList`, `null`, `empty` und die gleich zu diskutierende Funktion `insertWith`. An dieser Stelle sei daran erinnert, daß wir beim Import umsichtig sein müssen, weil der Name der Funktion `null` überladen ist:

Das Prelude stellt diese Funktion ebenfalls zur Verfügung, um eine Liste daraufhin zu überprüfen, ob sie leer ist. Daher müssen wir den Namenskonflikt auflösen, und das tun wir, indem wir den Namen des Moduls Map vor die entsprechende Funktion setzen.

Die Idee bei der Verwendung der Abbildung besteht darin, daß wir für jeden Buchstaben seine Häufigkeit notieren. Jetzt haben wir ein kleines Problem: Es mag ja sein, daß ein Buchstabe bereits im Wertebereich der Abbildung vorhanden ist. Wenn also dieser Buchstabe auftaucht, so müssen wir dafür sorgen, daß wir seine bisherige Häufigkeit erhöhen und als neue Häufigkeit in der Abbildung vermerken. Haskell bietet eine etwas allgemeinere Lösung durch die Funktion

```
insertWith :: (Ord k) => (a -> a -> a) -> k -> a
                        -> Map k a -> Map k a
```

an: Der Aufruf insertWith f x y ourMap bewirkt für f :: a -> a -> a Folgendes: Wir sehen nach, ob ein Paar (x, y') in der Abbildung ourMap bereits vorhanden ist. Falls ein solches Paar gefunden werden kann, wird es in der Abbildung durch das Paar (x, (f y' y)) ersetzt, falls dies nicht der Fall ist, wird das Paar (x, y) in ourMap eingesetzt.

```
>>> let r = fromList [('a', 1), ('b', 2), ('C', 3)]
>>> insertWith (+) 'a' 3 r
fromList [('C',3),('a',4),('b',2)]
>>> insertWith (+) 'e' 17  r
fromList [('C',3),('a',1),('b',2),('e',17)]
```

Mit dieser Abbildung können wir die Häufigkeit des Vorkommens einzelner Elemente in einer Liste berechnen:

```
freqMap :: (Ord k, Num a) => [k] -> [(k, a)]
freqMap xs = toList (lookFreq xs)
           where
               lookFreq (y:ys) =  insertWith (+) y 1 (lookFreq ys)
               lookFreq [] = empty
```

Wenn wir also eine Liste aList gegeben haben, so gibt uns der Aufruf lookFreq aList eine Abbildung, die jedes Element in dieser Liste auf seine Häufigkeit abbildet. Der Aufruf von toList konvertiert diese Abbildung in eine Liste von Paaren, um das anschließende Sortieren zu erleichtern. Aber zunächst ein Beispiel:

```
>>> freqMap "Das ist das Haus vom Nikolaus"
[(' ',5),('D',1),('H',1),('N',1),('a',4),
('d',1),('i',2),('k',1),('l',1),('m',1),
('o',2),('s',5),('t',1),('u',2),('v',1)]
```

Die Typisierung von freqMap :: (Ord k, Num a) => [k] -> [(k, a)] zeigt noch einmal, daß die entstehende Liste aus Paaren von Elementen besteht, deren erste Komponente einem geordneten Universum entnommen ist, also insbesondere sortiert werden kann. Zum Sortieren nehmen wir dann die Abbildung

```
fquickSort :: (Ord a) => (a1 -> a) -> [a1] -> [a1],
```

die wir auf Seite 38 definiert haben.

```
>>> fquickSort snd $ freqMap "Das ist das Haus vom Nikolaus"
[('D',1),('H',1),('N',1),('d',1),('k',1),
('l',1),('m',1),('t',1),('v',1),('i',2),
('o',2),('u',2),('a',4),(' ',5),('s',5)]
```

6.1.2 Waldarbeiten

Wir diskutieren den Baum, der verwendet werden soll und den entstehenden Wald. Aus der Anforderung und aus dem Beispiel sehen wir, daß wir wohl mit zwei Arten von Knoten arbeiten sollten: einmal die Knoten, die ein Zeichen zusammen mit seiner Häufigkeit tragen – im Beispiel wird klar, daß es sich hier um Blätter handelt – zum zweiten innere Knoten, die das kombinierte Gewicht der Unterbäume als eigenes Gewicht haben. Die Definition der Datenstruktur kümmert sich um beide Arten von Knoten:

```
data Node  =  ZNode {theChar:: Char, often :: Integer}
              |
              Node {often :: Integer}
                deriving(Show)
```

Ein Knoten ist also entweder ein ZNode, der eine Komponente vom Typ Char, eine andere vom Typ Integer hat, oder ein Node, der lediglich eine Komponente vom Typ Integer hat. Damit brauchen wir auch zwei Funktionen, mit deren Hilfe wir Knoten konstruieren können

```
mkZNode :: Char -> Integer -> Node
mkZNode x i = ZNode{theChar = x, often = i}

mkNode :: Integer -> Node
mkNode i = Node {often = i}
```

Zu Beginn haben wir eine Liste von Paaren, die aus den Zeichen und ihren Häufigkeiten besteht, hieraus konstruieren wir durch die Funktion mkpairZNode einen Knoten:

```
mkpairZNode :: (Char, Integer) -> Node
mkpairZNode p = mkZNode (fst p) (snd p)
```

Außerdem ist es sinnvoll, Knoten daraufhin zu überprüfen, welcher Art sie denn sind, hierzu haben wir diese beiden Funktionen:

```
isZNode(ZNode _ _) = True
isZNode _= False
isNode(Node _) = True
isNode _= False
```

Der Baum selbst wird dann auf ziemlich kanonische Art konstruiert: Er hat eine Wurzel sowie einen linken und einen rechten Unterbaum, ein Baum kann leer sein.

```
data Baum = Baum {aNode :: Node, left :: Baum, right :: Baum}
          |
          Leer
            deriving(Show)
```

Die Gewichtsfunktion `weight = often.aNode` mit `weight :: Baum -> Integer` gibt das Gewicht eines Knotens an. Beachten Sie, daß es für die Berechnung des Gewichts gleichgültig ist, ob wir einen Knoten der einen oder der anderen Art haben. Es liegt im Wesentlichen daran, daß wir die Komponenten konsistent benannt haben.

Der Algorithmus kombiniert zwei Bäume, sagen wir `t1` und `t2`, in diesen Schritten:

- Wir erzeugen einen neuen Knoten als die Wurzel des neuen Baums,
- wir setzen `t1` als den linken, `t2` als den rechten Unterbaum der Wurzel,
- wir nehmen die Summe der Gewichte von `t1` und `t2` als das Gewicht des neuen Baums.

Die folgende Funktion realisiert diese Idee:

```
mergeBaum :: Baum -> Baum -> Baum
mergeBaum b1 b2 = Baum {aNode = thisNode, left = b1, right = b2}
             where
                 thisNode = mkNode (weight b1) + (weight b2)
```

Wir nehmen an, daß wir eine Liste von Bäumen haben, die nach ihrem Gewicht sortiert sind. Im Laufe des Algorithmus wollen wir einen neuen Baum in diese Liste einfügen, wobei die Position des Baums durch sein Gewicht gegeben ist. Also bleibt nach Einfügen des Baums diese Liste geordnet. Wenn wir uns an den Algorithmus zum Sortieren durch Einfügen erinnern, so ist die Vorgehensweise ziemlich einfach: Wir suchen in der geordneten Liste die korrekte Position des Baums und fügen ihn dann an dieser Stelle ein, wie wir es mit der Funktion `insert` auf Seite 32 formuliert haben. Auf unsere Verhältnisse angepaßt ergibt sich diese Funktion

```
weightInsert :: Baum -> [Baum] -> [Baum]
weightInsert y (x:xs) = if f y <= f x
                        then y:x:xs
                        else x:(weightInsert y xs)
                        where f = weight
weightInsert y [] = [y]
```

Im Hinblick auf den eingegebenen Text haben wir bislang für die Liste `charList` die folgenden Schritte durchgeführt:

6.1 Die Huffman-Codierung

- `freqMap charList` berechnet eine Liste von Paaren `(a, b)`, wobei die erste Komponente `a` ein Zeichen, die zweite Komponente `b` seine Häufigkeit ist,
- durch den Aufruf von `fquickSort snd` bekommen wir für diese Liste eine sortierte Liste, wobei die Häufigkeit des Zeichens das Sortierkriterium ist, weniger häufig vorkommende Zeichen stehen am Anfang,
- `map mkpairZNode` berechnet daraus eine Liste von `ZNode`-Knoten.

Wir wollen aber keine Liste von Knoten haben, wir benötigen einen Wald von Bäumen, die selbst wiederum aus genau einem Knoten bestehen. Daher führen wir eine weitere Funktion ein, die einen Knoten vom Typ `ZNode` hernimmt und den entsprechenden Baum konstruiert:

```
simpleBaum p = Baum (mkpairZNode p) Leer Leer.
```

Sehen wir uns das an einem Beispiel an

```
>>> map simpleBaum [('a', 1), ('V', 3)]
[Baum {aNode = ZNode {theChar = 'a', often = 1},
      left = Leer, right = Leer},
 Baum {aNode = ZNode {theChar = 'V', often = 3},
      left = Leer, right = Leer}]
```

Zum Stand der Dinge: Wenn wir die Liste `charList` von Zeichen als Eingabe nehmen, so produziert

```
map simpleBaum $ fquickSort snd (freqMap charList)
```

daraus einen Wald mit lauter kleinen Bäumen.

Der nächste Schritt ist klar: Wir iterieren jetzt über den Wald, also die geordnete Liste der Bäume, kombinieren die ersten beiden Bäume zu einem neuen Baum und fügen diesen Baum an seinen Platz ein:

```
mergeBaumList :: [Baum] -> [Baum]
mergeBaumList (x:x':xs) =  mergeBaumList newBaumList
        where
             newBaumList = weightInsert (mergeBaum x x') xs
mergeBaumList (x:[]) = [x]
```

Die einzelnen Schritte sind offensichtlich: `mergeBaum x x'` konstruiert einen neuen Baum von den Bäumen `x` und `x'`, `weightInsert (mergeBaum x x') xs` fügt diesen neuen Baum an seinen richtigen Platz ein und `mergeBaumList` arbeitet dann auf dieser neuen Liste. Der Prozeß terminiert, wenn wir nur einen Baum übrig haben. Da jeder Schritt in diesem Programm die Liste um genau einen Baum vermindert, ist garantiert, daß wir eine terminierende Funktion haben.

Der Ausdruck

```
    head (mergeBaumList littleBaums)
       where
         listOfFreq  = fquickSort snd (freqMap charList)
         littleBaums = map simpleBaum listOfFreq
```

berechnet aus einer Liste *kleiner Bäume*, die selbst wieder aus einer Liste von Zeichen konstruiert wird, einen Baum. Dabei handelt es sich um den Baum, den wir als erstes Element in der Liste finden.

6.1.3 Die Verschlüsselung

Der letzte Schritt besteht darin, die Verschlüsselung der Zeichen selbst zu berechnen. Wie oben überlegt, wird ein Zeichen verschlüsselt, indem der Pfad durch den Baum berechnet wird, der in der Wurzel des Baums beginnt und in diesem Zeichen endet. Erinnern Sie sich daran, daß die Zeichen samt und sonders in den Blättern des Baums sitzen.

Nehmen wir an, daß wir den Pfad zu einem Knoten `kn` in einer Zeichenkette `pfad` aufgezeichnet haben. Dann sind zwei Fälle möglich: Entweder wir sind in einem Blatt, dann finden wir das Zeichen heraus, das in diesem Blatt sitzt, und geben es zusammen mit dem `pfad` zurück, aus Verträglichkeitsgründen als Liste mit einem Element. Falls wir dagegen in einem inneren Knoten sind, so trägt dieser innere Knoten zunächst nichts bei, und wir geben die leere Liste zurück

```
    recordNode :: t -> Node -> [(Char, t)]
    recordNode x kn = if (isZNode kn) then [theChar kn x] else []
```

Auf diese Weise haben wir eine gleichmäßige Repräsentation der Verschlüsselung für alle Knoten in dem Baum, so daß wir beim Baumdurchlauf selbst keine Fallunterscheidung mehr machen müssen. Das vereinfacht den folgenden Code, der eine Variante des Präordnungsdurchlaufs durch den Baum darstellt.

```
    baumDurchlauf :: [Char] -> Baum -> [(Char, [Char])]
    baumDurchlauf pfad (Baum wurzel linkerUnterB rechterUnterB) =
         encWurz ++ nachLinks ++ nachRechts
           where
             encWurz     = recordNode pfad wurzel
             nachLinks   = baumDurchlauf (pfad ++ "0") linkerUnterB
             nachRechts  = baumDurchlauf (pfad ++ "1") rechterUnterB

    baumDurchlauf pfad Leer = []
```

Wir haben also als Parameter für diese Funktion einen Pfad und einen Baum, der durch seine Wurzel und seinen linken und rechten Unterbaum gegeben ist. Wir berechnen zunächst mit `recordNode` die Verschlüsselung der Wurzel, dann rufen wir rekursiv den Durchlauf für den linken und den rechten Unterbaum auf, wobei wir uns merken, in welche Richtung wir gehen: Wir erweitern den Pfad durch Anhängen von 0, wenn wir

6.2 Mustererkennung

in den linken Unterbaum gehen, entsprechend wird der Pfad durch das Anhängen von 1 erweitert, wenn wir in den rechten Unterbaum gehen. Ist der Baum leer, so geben wir die leere Liste zurück. Wie beim Baumdurchlauf diskutiert, werden die Resultate der Durchläufe mit ++ miteinander konkateniert, so daß wir als Resultat eine Liste erhalten.

Das Programm zur Berechnung der Codierung selbst sieht dann wie folgt aus:

```
encoding :: [Char] -> [(Char, [Char])]
encoding charList = baumDurchlauf [] dieserBaum
        where
            wieOft      = fquickSort snd (freqMap charList)
            kleineB     = map simpleBaum wieOft
            dieserBaum  = head (mergeBaumList kleineB)
```

Die einzelnen Schritte werden genau so abgebildet, wie wir das gerade diskutiert haben. Als Beispiel nehmen wir "Dies ist das Haus vom Nikolaus" und erhalten

```
>>> encoding "Das ist das Haus vom Nikolaus"
[('s',"00"),('v',"0100"),('m',"01010"),('t',"01011"),
('o',"0110"),('u',"0111"),('D',"10000"),('H',"10001"),
('i',"1001"),('k',"10100"),('l',"10101"),('N',"10110"),
('d',"10111"),('a',"110"),(' ',"111")]
```

Damit ist freilich nur die Verschlüsselung der einzelnen Buchstaben berechnet, die Kodierung des Texts selbst, die ja in einer binären Folge resultieren sollte, wird in Aufgabe 6.2 geliefert. Aufgabe 6.3 befaßt sich mit der Entschlüsselung einer binären Folge durch einen gegebenen Baum.

6.2 Mustererkennung

In diesem Abschnitt soll ein Algorithmus zur Erkennung eines Musters in einem Text diskutiert werden; hierbei folgen wir der Darstellung in [7, Abschnitt 34.3] ziemlich eng. Das Problem wird zunächst mathematisch mit Automaten modelliert, die wesentliche Eigenschaft der Automatenabbildung wird hergeleitet. Daraus ergibt sich ein Algorithmus, dessen Implementierung in Haskell schließlich diskutiert wird.

Die Terminologie ist im ersten Augenblick vielleicht ein wenig verwirrend, weil wir Mustererkennung auch als Technik in Haskell kennengelernt haben. Aber im Kontext sollte die Unterscheidung klar sein: In diesem Kapitel geht es darum, einen vorgegebenen Text (das Muster) in einem anderen Text zu finden.

6.2.1 Der Automat

Gegeben ist ein Text und ein Muster, es ist danach gefragt, ob das Muster in dem Text vorkommt. Text und Muster sind also jeweils Folgen von Buchstaben. Sei X das Alphabet der Buchstaben, mit dem unsere Texte geschrieben sind, dann bezeichnet X^*

die Menge der Wörter, die mit Buchstaben aus X geschrieben werden können; sie enthält das leere Wort ϵ. X^* ist mit der Konkatenation $\langle v, w \rangle \mapsto vw$ eine (nicht-kommutative) Halbgruppe mit ϵ als neutralem Element. Ist $v \in X^*$, so sei $|v|$ die Länge von v mit $|\epsilon| = 0$.

Es erweist sich als sinnvoll, Präfixe und Suffixe einzuführen, um eine einfache Sprechweise zu haben: Das Wort $v \in X^*$ ist ein *Präfix* von $w \in X^*$, falls w als $w = vz$ für ein geeignetes $z \in X^*$ geschrieben werden kann. Das Wort $v \in X^*$ ist ein *Suffix* von $w \in X^*$, falls w geschrieben werden kann als $w = zv$ für ein geeignetes $z \in X^*$.

Wir brauchen diesen einfachen Hilfssatz.

Lemma 6.2.1

Seien $x, y, z \in X^*$ Zeichenketten, so daß x wie auch y Suffixe von z sind. Ist $|x| \leq |y|$, so ist x ein Suffix von y; ist $|x| \geq |y|$, so ist y ein Suffix von x. Ist schließlich $|x| = |y|$, so ist $x = y$.

Beweis Schreibe $z = z_1 \ldots z_k$ mit den Buchstaben $z_1, \ldots, z_k \in X$. Dann kann x geschrieben werden als $x = z_\ell \ldots z_k$, und y kann geschrieben werden als $y = z_n \ldots z_k$ mit $|x| = k - \ell + 1$ und $|y| = k - n + 1$. Also

$$|x| \leq |y| \Leftrightarrow k - \ell + 1 \leq k - n + 1 \Leftrightarrow \ell \geq n \Leftrightarrow x \text{ ist Suffix von } y.$$

Der Rest wird analog bewiesen. ⊣

Ist ein Muster $p \in X^*$ und ein Text $t \in X^*$ gegeben, so wollen wir entscheiden, ob das Muster p in t vorkommt. Das ist genau dann der Fall, wenn t geschrieben werden kann als $t = vpw$ für geeignete Wörter $v, w \in X^*$. Nun lesen wir den Text t sequentiell, also Buchstaben für Buchstaben, so daß uns der Teil von t, der nach dem Muster p kommt, nicht interessiert, falls p in t vorkommt. Wir suchen also ein Präfix t_0 von t, so daß $t_0 = vp$ für ein $v \in X^*$. Etwas pointiert können wir das Problem beschreiben als die Suche nach einem Präfix von t, das das Muster p als Suffix hat.

Nehmen wir an, der Text t wird geschrieben als $t = t_1 \ldots t_n$ mit den Buchstaben $t_1, \ldots, t_n \in X$, und das Muster als $p = p_1 \ldots p_m$ mit $p_1, \ldots, p_m \in X$. Wenn wir $T_k := t_1 \ldots t_k$ gelesen haben und bereits wissen, daß $P_j := p_1 \ldots p_j$ mit $j < m$ ein Suffix von $t_1 \ldots t_k$ ist, so lesen wir als nächstes den Buchstaben t_{k+1}. Diese Fälle können dann auftreten:

- $t_{k+1} = p_{j+1}$: dann sind wir weiter auf Erfolgskurs,

- $t_{k+1} \neq p_{j+1}$: das ist der kritische Fall, denn jetzt müssen wir den Vergleich zwischen Text und Muster neu aufsetzen. Intuitiv suchen wir ein Anfangsstück von $p_1 \ldots p_j$, das an das Ende von $t_1 \ldots t_{k+1}$ paßt, und offensichtlich nehmen wir hier am besten das längste. Auf diese Weise stellen wir sicher, daß wir ein bereits erkanntes Teilstück nicht verlieren. Es ist natürlich möglich, daß wir kein Anfangsstück außer dem leeren Wort finden.

6.2 Mustererkennung

Diese Vorgehensweise wird durch einen Automaten modelliert: Ein *endlicher Automat* $\mathcal{A} = (X, Z, z_0, F, \delta)$ besteht aus einer endlichen Menge X von Eingaben, einer endlichen Menge Z von inneren Zuständen, einem Anfangszustand $z_0 \in Z$ und einer Menge $F \subseteq Z$ von Endzuständen. $\delta : X \times Z \to Z$ ist die Transitionsfunktion.

Der Automat hat also z_0 als Anfangszustand; liest er im Zustand $z \in Z$ einen Buchstaben $x \in X$, so ist $\delta(x, z) \in Z$ der neue Zustand. Die Abbildung δ wird zu einer Funktion $\delta^* : X^* \times Z \to Z$ fortgesetzt durch

$$\delta^* : \begin{cases} \langle \epsilon, z \rangle & \mapsto z, \\ \langle x, z \rangle & \mapsto \delta(x, z), \text{falls } x \in X, \\ \langle vx, z \rangle & \mapsto \delta(x, \delta^*(v, z)), \text{falls } x \in X, v \in X^*. \end{cases}$$

Offenbar beschreibt δ^* die sequentielle Arbeitsweise von $\mathcal{A}$. Wie definieren zusätzlich

$$\Phi_{\mathcal{A}}(v) := \delta^*(v, z_0).$$

Dann ist $\Phi_{\mathcal{A}}(v)$ der Zustand, in den der Automat gelangt, wenn er im Anfangszustand das Wort $v \in X^*$ liest. Die Abbildung $\Phi_{\mathcal{A}} : X^* \to Z$ wird die *Automatenabbildung* von $\mathcal{A}$ genannt.

Nehmen wir X als das Eingabealphabet für unseren erkennenden Automaten $\mathcal{A}$, und repräsentieren denjenigen Teil des Musters, den wir bereits erkannt haben durch einen Zustand. Die Zustandsmenge können wir am besten durch die Menge $\{0, \ldots m\}$ modellieren und sagen, daß der Automat im Zustand j ist, wenn wir $P_j = p_1 \ldots p_j$ erkannt haben. Am Anfang haben wir noch nichts erkannt, also $z_0 = 0$, im Erfolgsfall haben wir das gesamte Muster P_m erkannt, also $F = \{m\}$. Jetzt müssen wir die Transitionsfunktion δ von $\mathcal{A}$ bestimmen.

Ist $y \in X^*$ ein Wort über X, dann setzen wir

$$\sigma(y) := \max\{k \mid P_k \text{ ist ein Suffix von } y\}.$$

Also ist $\sigma(y) = k$ genau dann, wenn P_k das längste Präfix des Musters ist, das ein Suffix von y ist. Wir bestimmen also für $y \in X^*$ die Länge des längsten Präfix von P, das an das Ende von y paßt.

Lemma 6.2.2

Es gilt stets $\sigma(xa) \leq \sigma(x) + 1$, wenn $x \in X^*$ eine Zeichenkette und $a \in X$ ein Buchstabe ist.

Beweis Sei $r = \sigma(xa)$. Ist $r = 0$, so ist die Ungleichung richtig. Ist $r > 0$, so ist P_r ein Suffix von xa. Also ist P_{r-1} ein Suffix von x, denn xa endet in a, und P_r muß auch a als letzten Buchstaben haben: Wir können also a auf beiden Seiten streichen. Daraus, daß P_{r-1} ein Suffix von x ist, folgt aber, daß $\sigma(x) \geq r - 1$, da $\sigma(x)$ maximal ist. Daher gilt $\sigma(xa) = r \leq \sigma(x) + 1$. ⊣

Der Heuristik oben folgend definieren wir also

$$\delta(a, q) := \sigma(P_q a).$$

Wir sind im Zustand q, haben also bereits gefunden, daß das Präfix P_q im bereits gelesenen Text zu finden ist; lesen wir jetzt den Buchstaben a, so wollen wir das längste Präfix finden, das an das Ende von $P_q a$ paßt.

Die zentrale Hilfsaussage erlaubt uns die Berechnung von $\sigma(xa)$ durch $\sigma(P_q a)$, falls wir $\sigma(x)$ schon kennen.

Lemma 6.2.3

Sei $x \in X^*$ eine Zeichenkette mit $q = \sigma(x)$, $a \in X$ ein Buchstabe, so gilt $\sigma(xa) = \sigma(P_q a)$.

Beweis 1. Wir wissen, daß $q = \sigma(x)$, also ist P_q ein Suffix von x, damit ist $P_q a$ ein Suffix von xa. Setze $r := \sigma(xa)$, so gilt $r \leq q + 1$ nach Lemma 6.2.2. Also

1. $P_q a$ ist ein Suffix von xa,

2. P_r ist ein Suffix von xa,

3. $|P_r| \leq |P_q a|$.

Daher ist P_r ein Suffix von $P_q a$ nach Lemma 6.2.1. Daraus folgt $(\sigma(xa) =) r \leq \sigma(P_q a)$.

2. Andererseits ist $P_q a$ ein Suffix von xa, denn P_q ist ein Suffix von x. Daraus erhält man $\sigma(P_q a) \leq \sigma(xa)$. ⊣

Daraus folgt nun die zentrale Aussage, daß wir die Automatenabbildung mit Hilfe von σ berechnen können.

Satz 6.2.4

Wird der Text $T = t_1 \ldots t_n$ eingelesen, so gilt $\Phi_{\mathcal{A}}(t_1 \ldots t_i) = \sigma(t_1 \ldots t_i)$ für $0 \leq i \leq n$.

Beweis Der Beweis wird durch Induktion nach i geführt.

INDUKTIONSBEGINN: Da $\Phi_{\mathcal{A}}(\epsilon) = 0 = z_0 = \sigma(\epsilon)$, ist die Behauptung für $i = 0$ korrekt.

INDUKTIONSSCHRITT: Wir nehmen an, daß $\Phi_{\mathcal{A}}(t_1 \ldots t_i) = \sigma(t_1 \ldots t_i)$ gilt, und wollen

$$\Phi_{\mathcal{A}}(t_1 \ldots t_i t_{i+1}) = \sigma(t_1 \ldots t_i t_{i+1})$$

zeigen. Sei dazu $q := \Phi_{\mathcal{A}}(t_1 \ldots t_i)$ und $a := t_{i+1}$.

6.2 Mustererkennung

Es gilt

$$\begin{aligned}
\Phi_{\mathcal{A}}(t_1 \ldots t_i t_{i+1}) &= \Phi_{\mathcal{A}}(t_1 \ldots t_i a) & \text{(Definition von } a\text{)} \\
&= \delta(\Phi_{\mathcal{A}}(t_1 \ldots t_i), a) & \text{(Definition von } \Phi_{\mathcal{A}}\text{)} \\
&= \delta(q, a) & \text{(Definition von } q\text{)} \\
&= \sigma(P_q a) & \text{(Definition von } \delta\text{)} \\
&= \sigma(t_1 \ldots t_i a) & \text{(Lemma 6.2.3)} \\
&= \sigma(t_1 \ldots t_i t_{i+1}) & \text{(Definition von } a\text{)}
\end{aligned}$$

Daraus folgt die Behauptung. ⊣

6.2.2 Zur Implementierung

Wir benötigen einige Hilfsfunktionen: Die Liste xs ist Suffix der Liste ys, falls die letzten n Elemente von ys mit der Liste xs übereinstimmen, wenn n die Länge von xs bezeichnet. Also,

```
istSuffix :: (Eq a) => [a] -> [a] -> Bool
istSuffix xs ys = let k = (length ys) - (length xs)
                  in xs == drop k ys
```

Damit kann die Abbildung σ leicht berechnet werden. Wir berechnen das Maximum der Liste aller Indizes k, so daß P_k ein Suffix von $P_q a$ ist.

```
sigma :: (Eq a) => Int -> a -> [a] -> Int
sigma q a pat = dasMax
                  [gell | gell <- [0 .. length pat], passtScho gell]
    where
      dasMax (x:xs) = foldr max x xs
      pqa = (take q pat) ++ [a]
      passtScho m = istSuffix (take m pat) pqa
```

Wir repräsentieren die Transitionen als Abbildung (Map), die einem Paar, bestehend aus einer Eingabe und einem Zustand, einen neuen Zustand zuweist. Dazu importieren wir den Modul **Data.Map** qualifiziert als **Map** (um Schreibarbeit zu sparen). Weil wir aus dem Muster alle mehrfach vorkommenden Buchstaben entfernen sollten, importieren wir die Funktion **nub** aus dem Modul **Data.List**; diese Funktion entfernt Duplikate aus Listen. Das ist die Funktion zur Berechnung der Transitionen:

```
derAutomat :: (Ord a) => [a] -> Map.Map (a, Int) Int
derAutomat pat = Map.fromList aListe
        where
          patt   = nub pat
          lgth   = length patt
          aListe = [((a, q), sigma q a patt) |
                            a <- patt, q <- [0 .. lgth]]
```

Der finale Zustand ist `finalZust pat = length pat`. Die Funktion `patFind` beschreibt gerade, was geschieht, wenn wir im Zustand s eine mit x beginnende Liste von Buchstaben bearbeiten: Wir berechnen den neuen Zustand; ist er der Endzustand, so wird `True` zurückgegeben, ist er es nicht, ruft sich die Funktion mit diesem Zustand und dem Rest der Eingabeliste auf. Die Berechnung des neuen Zustands geschieht durch die aus dem Modul `Data.Map` importierte Funktion

```
findWithDefault :: Ord k => a -> k -> Map k a -> a,
```

die für eine Abbildung f drei Parameter hat: `findWithDefault g x f` gibt den unter dem Argument x gespeicherten Wert von f zurück, falls er existiert; falls nicht, wird der Fehlerwert g zurückgegeben. Wir nehmen als Fehlerwert den unmöglichen Wert `final + 1`, wenn `final` der finale Zustand des Automaten ist. Der Vollständigkeit halber müssen wir uns noch überlegen, was geschieht, wenn wir die Eingabe vollständig abgearbeitet haben. In diesem Falle geben wir `True` zurück, falls wir den Endzustand erreicht haben, und sonst `False`.

```
patFind :: (Ord a) => [a] -> Int -> [a] -> Bool
patFind pat k [] = k == (finalZust pat)

patFind pat s (x:xs)
    | nxt == final = True
    | otherwise    = patFind pat nxt xs
    where
      final  = finalZust pat
      errVal = final + 1
      nxt    = Map.findWithDefault errVal (x, s) (derAutomat pat)
```

Das ist das Arbeitspferd. Schließlich die Funktion, die bei gegebenem Muster den Text liest und `True` zurückgibt, falls das Muster im Text vorhanden ist:

```
patMatch :: (Ord a) => [a] -> [a] -> Bool
patMatch pat text = patFind pat 0 text
```

Aufgabe 6.1 schlägt einige naheliegende Erweiterungen der Implementierung vor.

6.3 Ein Generator für die syntaktische Analyse

Wir wollen in diesem Abschnitt einen Generator konstruieren, der für eine einfache Klasse von kontextfreien Sprachen automatisch einen Parser generiert; diese Vorgehensweise liegt solchen populären Werkzeugen wie etwa `yacc` zugrunde. Der Generator `yacc`, in der gleichen Software-Schmiede wie das `UNIX`-Betriebssystem und die Programmiersprache `C` entstanden, ist sicherlich der Urvater vieler Generatoren, die, in die `Java`-Welt übertragen, eifrig benutzt werden. Die Darstellung folgt in diesem Abschnitt dem legendären *alten Drachenbuch* [3]. Es hat sich in der Vergangenheit als zuverlässiger

Begleiter für den Compilerbauer erwiesen. Seine Verfasser sind an der Entwicklung der bekannten Werkzeuge `lex` und `yacc` maßgeblich beteiligt gewesen, so daß Informationen über das Erzeugen von Parsern hier aus erster Hand kommen. Falls Sie an der zugrundeliegenden Theorie interessiert sind, seien Ihnen [17, 2] als Hintergrundliteratur empfohlen. –

Ich möchte Ihnen mit dem Beispiel in diesem Kapitel zeigen, wie man mit Werkzeugen, die aus der eher traditionell prozeduralen und objekt-orientierten Welt stammen, in `Haskell` arbeiten kann. Das zweite Beispiel aus diesem Bereich, nämlich monadische Parser, wird in Abschnitt 7.6 demonstrieren, wie man die sehr spezifischen Ausdrucksmöglichkeiten von `Haskell` nutzen kann, um eine Facette dieses klassischen Problems zu lösen. Dazu werden wir Monaden benötigen, die in Kapitel 7 behandelt werden.

6.3.1 Das Problem: Syntaxanalyse

Das Problem, dem wir uns nähern, läßt sich abstrakt in die folgende Form bringen. Es sei eine kontextfreie Grammatik mit terminalen Symbolen V gegeben, außerdem ein Wort $w \in V^*$, dem freien Monoid über V. Wie läßt sich w aus dem Startsymbol der Grammatik ableiten?

Sehen wir uns die Grammatik

$$E \rightarrow E + T \qquad E \rightarrow T \qquad T \rightarrow T * F$$
$$T \rightarrow F \qquad F \rightarrow (E) \qquad F \rightarrow \mathbf{id}$$

für einfache arithmetische Ausdrücke an, die uns später noch als Beispiel dienen wird. Hier besteht die Menge V der terminalen Symbole aus $\{\mathbf{id}, +, *, (,)\}$, das Startsymbol ist E. Ein Wort über V, das analysiert werden soll, ist der arithmetische Ausdruck $\mathbf{id} + \mathbf{id} * \mathbf{id}$. Eine Ableitung könnte so aussehen (das expandierte Symbol ist unterstrichen):

$$\underline{E} \quad \Rightarrow \underline{E} + T \quad \Rightarrow \underline{T} + T \quad \Rightarrow \underline{F} + T \quad \Rightarrow \mathbf{id} + \underline{T}$$
$$\Rightarrow \mathbf{id} + \underline{T} * F \Rightarrow \mathbf{id} + \underline{F} * F \Rightarrow \mathbf{id} + \mathbf{id} * \underline{F} \Rightarrow \mathbf{id} + \mathbf{id} * \mathbf{id}$$

Mit jedem Ableitungsschritt sind in einem Compiler semantische Aktionen verbunden, die wir jedoch hier ignorieren.

Wir werden in diesem Abschnitt zeigen, wie aus der Grammatik ein Automat abgeleitet werden kann, der eine Ableitung für ein solches Wort berechnet. Der gerade aufgezeichnete Weg wird also rückwärts durchlaufen und das Wort auf das Startsymbol reduziert. Der Automat ist mit einem Stack versehen, er steht in seinem Grundgerüst fest, lediglich die Zustandsübergänge und das Geschehen auf dem Stack müssen bestimmt werden; das wird durch Tabellen geregelt, so daß wir die zugehörigen Tabellen konstruieren müssen.

Wir befassen uns im nächsten Abschnitt zunächst mit einer Hilfskonstruktion, bevor wir das Verhalten des tabellengesteuerten Automaten diskutieren und die Tabellen berechnen.

6.3.2 Berechnung von `FIRST` und `FOLLOW`

Zunächst sind einige Vorbereitungen nötig. Wir nehmen uns eine kontextfreie Grammatik her und kodieren diese Grammatik zunächst, um nicht durch diverse Einzelheiten, wie sie in den Sprachen gegeben sein mögen, abgelenkt zu werden. Die Kodierung der Grammatik-Symbole wird durch Atome erfolgen, wir werden natürlich eine Symbol-Tafel verwalten, in der wir nachsehen können, auf welche Weise ein Symbol kodiert worden ist. Wir verwenden hierzu den Datentyp `Atom`, der so definiert ist:

```
newtype Atom  = Atom Integer deriving Eq

instance Show Atom where
    show (Atom k) = "at" ++ (show k)
```

Ein Atom besteht aus einer *verkleideten* ganzen Zahl; wir müssen später das Enthaltensein von Atomen in Listen überprüfen können, deshalb nehmen wir an, daß wir die Gleichheitsrelation zur Verfügung haben. Wir könnten die Darstellung als Zeichenkette übernehmen (also auch die Mitgliedschaft in der Klasse `Show` ableiten), ziehen aber eine eigene Darstellung vor.

Vorbereitungen
Wir nehmen an, daß uns die Grammatik als Liste von Paaren gegeben ist, jedes Paar besteht aus der rechten und der linken Seite einer Produktion, rechte wie linke Seite sind selbst wieder Zeichenketten. Die einzelnen Symbole der rechten Seite sind durch Leerzeichen voneinander getrennt. Das leere Wort ϵ wird in den folgenden Diskussionen eine Sonderrolle spielen, deshalb zeichnen wir es dadurch aus, daß es am Anfang der Liste unserer Symbole steht (dadurch haben wir eine einfache und gleichförmige Darstellung). Die Kodierung der Grammatik wird dann durch diese Funktion ausgeführt:

```
symbol2Atom :: [([Char], [Char])] -> [([Char], Atom)]
symbol2Atom prod = zip aList bList
        where
            w q = words ((fst q) ++ " " ++ (snd q))
            aList = foldr uInsert ["eps"] (concat $ map w prod)
            bList = [Atom k | k <- [0 ..]]
```

Wir legen also die rechte und die linke Seite einer Produktion in einer Liste von Wörtern ab, die wir dann mit Hilfe der `zip`-Funktion mit einer Liste von Atomen paaren, hierbei ist das Grammatik-Symbol ϵ an die erste Stelle der Liste gerückt. Sehen wir uns diese Beispiel-Grammatik an:

$$E \to T\,V \qquad V \to +\,T\,V \mid \epsilon \qquad T \to F\,W$$
$$W \to *\,F\,W \mid \epsilon \qquad F \to (\,E\,) \mid \mathbf{id}$$

Es handelt sich also um eine einfache Grammatik für arithmetische Ausdrücke. Ein Ausdruck kann ein Term oder ein Faktor sein, Terme werden durch den Operator + miteinander kombiniert, Faktoren durch den Operator *, Faktoren können in Klammern gesetzt werden oder stellen Bezeichner dar. Die Darstellung dieser Grammatik als Liste

```
[("E", "T V"), ("V", "+ T V"), ("V", "eps"), ("T", "F W"),
 ("W", "* F W"), ("W", "eps"),  ("F", "( E )"), ("F", "id")]
```

6.3 Ein Generator für die syntaktische Analyse

ergibt diese Kodierung

```
[("eps",at0),("id",at1),("F",at2),(")",at3),("E",at4),("(",at5),
 ("W",at6),("*",at7),("T",at8),("V",at9),("+",at10)]
```

Wir werden einige Sonderzeichen benutzen, die nicht in der Grammatik vorhanden sind, sie werden der Liste **Sonderzeichen** entnommen. Wir hängen die Sonderzeichen einfach an die Liste der anderen Symbole an und definieren die Symboltafel mit ihrer Umkehrung:

```
symbol2Atom1 prod = symbol2Atom prod +++
                    (zip sonderZeichen [Atom k | k <- [l + 100 ..]])
                    where
                        l = toInteger $ length prod

-- konverse Relationen
atom2Symbol  prod = [(snd x, fst x) | x <- symbol2Atom prod]
atom2Symbol1 prod = [(snd x, fst x) | x <- symbol2Atom1 prod]
```

Gelegentlich müssen wir in einer der Listen etwas nachsehen, hierfür benutzen wir die Funktion lookup :: Eq a => a -> [(a, b)] -> Maybe b, diese Funktion liefert also einen Wert vom Typ Maybe b, dessen Handhabung in diesem Kontext ein wenig umständlich ist. Deshalb geben wir der Funktion einen *default*-Wert mit, was zur Definition der Funktion nachsehen und ihrer entsprechenden Spezialisierungen führt (das liefert auch gleich eine Implementation der Funktion findWithDefault, die wir auf Seite 150 aus dem Modul Data.Map importiert haben):

```
nachsehen li t def =
    case lookup t li of
        Just x -> x
        Nothing -> def

wup li t = nachsehen li t (Atom 0)
puw li t = nachsehen li t ""
```

Damit können wir jetzt unsere Grammatik in eine Repräsentation durch Atome verwandeln. Sie finden die entsprechenden Funktionen mit ihren Signaturen hier:

```
atomify :: [([Char], String)] -> [(Atom, [Atom])]
atomify prod = zip g p
        where
            li = symbol2Atom prod
            g  = map (\c -> (wup li) (fst c)) prod
            ww = [words $ snd x | x <- prod]
            p  = [map (wup li) y | y <- ww]

-- alle Symbole der Grammatik
alleSymbole :: [([Char], [Char])] -> [Atom]
```

```
alleSymbole prod = foldr uInsert []
                 $ map snd (symbol2Atom prod)\\[eps]

-- alle nicht-terminalen Symbole
alleNTs :: [([Char], String)] -> [Atom]
alleNTs prod = foldr uInsert [] $ map fst (atomify prod)

-- alle terminalen Symbole
alleTs :: [([Char], [Char])] -> [Atom]
alleTs prod = (alleSymbole prod)\\(alleNTs prod)

-- ausgezeichnete Symbole
startSymb prod = fst $ head $ atomify prod
dollar prod = wup (symbol2Atom1 prod) "$"
eps   = Atom 0
```

Da ist zunächst die Funktion **atomify**, die sich die Liste der Produktionen hernimmt und daraus eine Liste von Paaren produziert, deren erste Komponente ein Atom ist. Das entspricht der linken Seite einer Produktion, die rechte Seite einer Produktion wird durch eine Liste von Atomen repräsentiert. Sie sehen, daß wir uns in der Symbol-Tafel jeweils nach der entsprechenden Kodierung der Symbole erkundigen. Daraus können wir dann eine Liste aller Symbole in der Grammatik produzieren. Hierzu nutzen wir die Funktion uInsert, vgl. Seite 48. Sie sorgt dafür, daß bereits in einer Liste vorhandene Elemente nicht erneut eingefügt werden. Die *nicht-terminalen Symbole* der Grammatik sind all die Symbole, die auf der linken Seite einer Produktion zu finden sind, die *terminalen Symbole* sind alle anderen Symbole, wobei wir allerdings ϵ ausschließen. Wir benötigen einige ausgezeichnete Symbole, nämlich einmal das Start-Symbol der Produktion, dann haben wir als Konstante eps vorgesehen, außerdem werden wir Sonderzeichen benötigen. Das Startsymbol ist nach der Konvention die linke Seite der ersten Produktion. Wir werden später das Dollar-Symbol $ dazu benutzen, das Ende der Eingabe zu markieren. Deshalb merken wir es uns schon hier.

Unsere Konstruktionen werden zum Teil iterativ sein: Eine Funktion wird solange angewandt, bis sich nichts mehr ändert. Es erweist sich als hilfreich, hierzu eine allgemeine Funktion einzuführen:

```
genIteration p x y f = if (p x y)
                        then x
                        else (genIteration p y (f y) f)

iteration = genIteration inhGleich
inhGleich tup1 tup2 = all ('elem' tup1) tup2 && all('elem' tup2) tup1
```

Die Funktion

```
genIteration :: (t -> t -> Bool) -> t -> t -> (t -> t) -> t
```

hat also vier Argumente, das zweistellige Prädikat p :: t -> t -> Bool vergleicht Elemente miteinander und liefert einen Booleschen Wert, die Funktion f :: t -> t

6.3 Ein Generator für die syntaktische Analyse

konstruiert einen neuen Wert. Falls das Prädikat zutrifft, wird das zweite Argument als Wert zurückgegeben. Falls das nicht der Fall ist, wandert das dritte Argument an die zweite Stelle, und als neues drittes Argument erhalten wir den Funktionswert für das alte dritte Argument. Das Prädikat wird spezialisiert zur Gleichheit zweier Listen: Zwei Listen werden als gleich angesehen, wenn sie dieselben Elemente enthalten, wenn also alle Elemente der ersten Liste in der zweiten und alle Elemente der zweiten Liste in der ersten enthalten sind. Wir verwenden hierfür die Funktion

```
all :: (a -> Bool) -> [a] -> Bool,
```

die ein Prädikat über eine Liste verteilt und True genau dann zurückgibt, wenn alle Listenelemente den Wert True haben. Diese Spezialisierung wird dann in der Funktion

```
iteration :: Eq a => [a] -> [a] -> ([a] -> [a]) -> [a]
```

formuliert.

Hilfsfunktionen

Wir werden zunächst für jedes Symbol der Grammatik eine Abbildung $FIRST$ berechnen, wobei $FIRST(\alpha)$ die Menge aller terminalen Symbole bezeichnet, mit denen Zeichenketten beginnen, die aus α abgeleitet werden. Falls wir aus α die leere Zeichenkette ϵ ableiten können, so soll ϵ auch Element $FIRST(\alpha)$ sein.

Die Berechnung beginnt damit, daß $FIRST(X)$ für alle Grammatik-Symbole X berechnet wird. Hierfür werden die folgenden Regeln aufgestellt:

- Ist X ein terminales Symbol, so gilt $FIRST(X) = \{X\}$.

- Ist X ein nicht-terminales Symbol und $X \to a\alpha$ eine Produktion mit a terminal, so wird a zu $FIRST(X)$ hinzugefügt. Ist $X \to \epsilon$ eine Produktion, so wird ϵ zu $FIRST(X)$ hinzugefügt.

- Ist $X \to Y_1 Y_2 \ldots Y_k$ eine Produktion, so wird für alle i, für die $Y_1, \ldots, Y_{i-1}$ nicht-terminale Symbole sind und deren $FIRST$-Mengen ϵ enthält, jedes nicht-ϵ Symbol in $FIRST(Y_i)$ zu $FIRST(X)$ hinzugefügt. Ist ϵ in $FIRST(Y_j)$ für alle j, dann wird ϵ zu $FIRST(X)$ hinzugefügt.

Dies geschieht so lange, bis alle $FIRST$-Mengen stabil sind. Es handelt sich also hier offensichtlich um einen Algorithmus, bei dem wir die Berechnung der transitiven Hülle, die wir in Abschnitt 2.3 diskutiert haben, gut gebrauchen können. Wir müssen dazu eine Relation definieren und aus der Berechnung der transitiven Hülle all die Elemente herausfiltern, die wir benötigen, denn schließlich sollen lediglich terminale Symbole in den $FIRST$-Mengen enthalten sein.

Wir berechnen zu diesem Zweck zunächst alle ϵ-Produktionen, genauer gesagt: alle nicht-terminalen Symbole, die ϵ-Produktionen haben.

```
-- alle nicht-terminalen Symbole mit epsilon-Produktionen
alleEpsProd :: [([Char], String)] -> [Atom]
alleEpsProd prod = iteration [] ePS (ePSN prod)
         where
              ePS = [fst k | k <- atomify prod, snd k == [eps]]
              ePSN p a = a +++ [fst k | k <- atomify p,
                                       all ('elem' a) (snd k)]
```

Dies geschieht iterativ: Wir initialisieren die Iteration durch alle Produktionen, die auf der rechten Seite das leere Wort ϵ haben. Die entsprechende Abbildung, die für die Iteration notwendig ist, *folgt dem Produktionspfeil*. Im nächsten Schritt filtern wir alle Produktionen heraus, die ein terminales Symbol als erstes Symbol auf der rechten Seite haben. Das Resultat ist eine Liste von Paaren von Atomen.

```
einfProd :: [([Char], [Char])] -> [(Atom, Atom)]
einfProd prod = [(n, t) |
                 (n, t:_) <- atomify prod, t 'elem' (alleTs prod)]
```

Für unsere Beispiel-Grammatik ergibt sich:

```
[(V,"+"),(W,"*"),(F,"("),(F,"id")]
```

(ich habe hier stillschweigend die Konversion von Atomen in Zeichenketten vorgenommen). Die *FIRST*-Mengen werden initialisiert für terminale Symbole und für solche Symbole, aus denen ϵ abgeleitet werden kann:

```
initFirst :: [([Char], String)] -> [(Atom, Atom)]
initFirst prod = [(x, x) | x <- ts] ++ [(x, eps) | x <- as]
     where
          ts = alleTs prod
          as = alleEpsProd prod
```

Daraus erzeugen wir jetzt eine Relation, deren transitive Hülle wir mit der Funktion tHul berechnen, aus der wir dann anschließend die nicht-terminalen Symbole auf der rechten Seite herausfischen:

```
makeRel :: [([Char], String)] -> [(Atom, Atom)]
makeRel prod = map (\p -> (fst p, head $ snd p)) (atomify prod)

first :: [([Char], String)] -> [(Atom, Atom)]
first prod = filter w $ tHul $ (makeRel prod ++ dieTerms)
     where
          dieTerms = initFirst prod
          w p = snd p 'notElem' alleNTs prod
```

Für unsere kleine Beispiel-Grammatik ergibt sich dann:

6.3 Ein Generator für die syntaktische Analyse

```
[(W,"eps"),(W,"*"),(V,"eps"),(V,"+"),(id,"id"),
(")",")"),("(","("),("*","*"),("+","+"),(F,"id"),
(F,"("),  (T,"("),(T,"id"),(E,"id"),(E,"(")]
```

Wenn man die trivialen Fälle, nämlich die terminalen Symbole als erste Komponenten der Paare wegläßt und die ganze Angelegenheit als mengenwertige Abbildung, also als Relation, organisiert, so ergibt sich folgendes Bild:

$$FIRST(W) = \{\epsilon, *\}, \quad FIRST(V) = \{\epsilon, +\}, \quad FIRST(F) = \{\mathbf{id}, (\}$$
$$FIRST(T) = \{\mathbf{id}, (\}, \quad FIRST(E) = \{\mathbf{id}, (\}$$

Nun sollten wir die $FIRST$-Mengen ja nicht nur für einzelne Symbole der Grammatik berechnen, sondern auch für ganze Zeichenketten. Hier greifen wir wieder zum Drachenbuch und finden die folgende Regel zur Berechnung von $FIRST(X_1X_2\ldots X_n)$: Zunächst werden alle nicht-ϵ Symbole von $FIRST(X_1)$ zu dieser Menge hinzugefügt. Dann werden alle nicht-ϵ Symbole von $FIRST(X_2)$ hinzugefügt, falls $\epsilon \in FIRST(X_1)$, die nicht-ϵ-Symbole von $FIRST(X_3)$ werden hinzugefügt, falls $\epsilon \in FIRST(X_1) \cap FIRST(X_2)$ usw. Schließlich wird ϵ zu $FIRST(X_1X_2\ldots X_n)$ hinzugefügt, falls ϵ in allen Mengen $FIRST(X_i)$ enthalten ist, oder falls $n = 0$.

Das läßt sich direkt umsetzen: Wir nehmen uns eine Zeichenkette her und untersuchen sie, für welche Anfangsstücke ϵ in den entsprechenden $FIRST$-Mengen enthalten ist. Das geschieht im Wesentlichen durch die lokale Hilfsfunktion `lgg`, die rekursiv über die Teile der Zeichenkette läuft. Die Berechnung finden Sie in der folgenden Funktion:

```
firstLhs :: [([Char], String)] -> [Atom] -> [Atom]
firstLhs prod lhs = lgg (first prod) lhs lhs
  where
     lgg fi lhs [] = [eps]
     lgg fi lhs (x:xs) = add +++ bet
       where
         bet =
           map snd (filter (\w -> fst w == x && snd w /= eps) fi)
         add = if (x, eps) 'elem' fi
               then lgg fi lhs xs
               else []
```

Damit kennen wir also die $FIRST$-Mengen für alle Zeichenketten, die die Grammatik für uns zur Verfügung stellt. Es geht allerdings nicht darum, nur die $FIRST$-Mengen zu kennen, wesentlich für die folgende Anwendung ist die Berechnung der $FOLLOW$-Mengen, die die $FIRST$-Berechnung selbst als Hilfskonstruktion benötigt.

Informell wird $FOLLOW(A)$ für nicht-terminales A als die Menge aller terminalen Symbole a definiert, die unmittelbar auf der rechten Seite von a in eine Grammatik-Ableitung folgen können, also für die gilt $S \Longrightarrow^* \alpha A a \beta$ für geeignete α und β. Diese Regeln präzisieren die Vorgehensweise:

- Ist S das Startsymbol der Grammatik, so ist \$ in der Menge $FOLLOW(S)$,

- für eine Produktion der Form $A \to \alpha B \beta$ mit $\beta \neq \epsilon$ wird alles aus $FIRST(\beta) \setminus \{\epsilon\}$ zu $FOLLOW(B)$ hinzugefügt,

- für eine Produktion $A \to \alpha B$ oder eine Produktion $A \to \alpha B \beta$ mit $\epsilon \in FIRST(\beta)$ wird alles aus $FOLLOW(A)$ zu $FOLLOW(B)$ hinzugefügt.

Die Berechnung von $FOLLOW(A)$ wird iterativ solange durchgeführt, bis die entsprechenden Mengen stabil sind. Es werden die folgenden Regeln angewandt. Zur Umsetzung dieses Algorithmus berechnen wir zunächst für eine Produktion alle teilListen, die für unsere Zwecke in Frage kommen. Genauer: Wenn wir eine Produktion der Form $X \to Y$ haben, so zerlegen wir die der rechten Seite entsprechende Liste in endStuecke so, daß die Anfangssymbole dieser endStuecke jeweils nicht-terminale Symbole sind. Dies ist offenbar hilfreich, da wir uns bei den Produktionen ja an den eingebetteten nicht-terminalen Symbolen orientieren. Dies wird durch die Funktion teilListen erledigt:

```
teilListen :: [([Char], String)] -> (t, [Atom]) -> [(t, [Atom])]
teilListen prod (x, y) = [(x, r) | r <- teilListen]
    where
        richtig p = head p 'elem' alleNTs prod
        endStuecke = [drop k y | k <- [0 .. length y - 1]]
        teilListen = filter richtig endStuecke
```

Sie sehen, daß wir für die rechte Seite einer Produktion mit Hilfe der Funktion drop alle endStuecke der Liste berechnen, mit Hilfe eines Filters suchen wir dann die Listen heraus, die wir für das Weitere benutzen werden. Die Funktion alleTeile, die Sie hier finden

```
alleTeile :: [([Char], String)] -> [(Atom, [Atom])]
alleTeile prod = concat $ map (teilListen prod) (atomify prod)
```

führt diese Operation für alle Produktionen durch, wobei das Ergebnis geglättet wird, um nicht allzu tief geschachtelte Listen zu haben. Nehmen wir an, wir haben die $FOLLOW$-Liste schon partiell berechnet und betrachten jetzt eine Produktion, die uns weitere Elemente zu dieser Liste hinzugeben soll. Die beiden oberen Regeln sagen aus, welche Elemente dann zu der $FOLLOW$-Liste hinzugefügt werden. Wir erledigen das mit dieser Funktion:

```
deal :: [([Char], String)] ->  [(Atom, Atom)] -> (Atom, [Atom])
                                              -> [(Atom, Atom)]
deal prod fo (x, y:ys)
    | ys /= [] = fo +++ [(y, r) | r <- fLhs, r /= eps] +++ aux
    | otherwise = fo +++ foX
    where
        fLhs = firstLhs prod ys
        foX = [(y, snd r) | r <- filter (\p -> fst p == x) fo]
        aux = if eps 'elem' fLhs
                  then foX
                  else []
```

6.3 Ein Generator für die syntaktische Analyse

Es handelt sich offenbar um die direkte Übersetzung der Konstruktionsregeln für die *FOLLOW*-Menge. Nun müssen wir über bereits partiell berechnete Listen iterieren, bis die Iteration stabil wird. Hierfür benutzen wir diese Funktion:

```
neuFollow :: [([Char], String)] -> [(Atom, Atom)] -> [(Atom, Atom)]
neuFollow prod fo = foldl (deal prod) fo (alleTeile prod)
```

Durch eine Linksfaltung wird die Behandlung einer einzigen Produktion für eine bereits partiell konstruierte *FOLLOW*-Menge durch die Grammatik propagiert. Damit können wir die *FOLLOW*-Mengen wie folgt iterativ berechnen:

```
berechneFollow :: [([Char], String)] -> [(Atom, Atom)]
berechneFollow prod = let st = [(startSymb prod, dollar prod)]
                     in iteration [] st (neuFollow prod)
```

Wir initialisieren die Iteration also durch das spezielle Paar, das durch das Startsymbol der Produktion und $ gegeben ist, dann iterieren wir über die partiellen Resultate mit Hilfe der Funktion, die durch `neuFollow` gegeben ist. Für unsere Beispiel-Grammatik ergibt sich in aufbereiteter Form dieses Resultat:

$$FOLLOW(E) = \{), \$\}, \qquad FOLLOW(W) = \{), \$\},$$
$$FOLLOW(T) = \{+,), \$\}, \qquad FOLLOW(V) = \{+,), \$\},$$
$$FOLLOW(F) = \{+, *,), \$\}.$$

6.3.3 Der tabellengesteuerte Automat

Die Berechnung der *FIRST*- und der *FOLLOW*-Mengen ist kein Selbstzweck, sie werden dazu benutzt, um die Tabellen für einen LR-Parser zu berechnen. Solch ein Parser besteht aus mehreren Komponenten: Wir haben als Eingabe das Wort, das analysiert werden soll, die syntaktische Analyse wird durch einen Kellerspeicher (Stack) gesteuert. Das erfolgt im Wesentlichen durch Tabellen, deren Konstruktion wir jetzt gleich besprechen.

Bevor die Aktion des Parsers geschildert wird, soll der Begriff der *Konfiguration* eines Parsers eingeführt werden. Eine *Konfiguration* ist ein Paar, dessen erste Komponente der Inhalt des Kellerspeichers, dessen zweite Komponente der noch nicht verarbeitete Input ist:

$$\langle s_0 X_1 s_1 X_2 s_2 \ldots X_m s_m \mid a_i a_{i+1} \ldots a_n \$ \rangle$$

Der Inhalt des Kellerspeichers besteht aus Zuständen und Symbolen der Grammatik, die sich abwechseln. Der Stack enthält $s_0 X_1 s_1 X_2 s_2 \ldots X_m s_m$, der Zustand s_m liegt oben auf dem Kellerspeicher, die darunter liegenden Symbole sind links von s_m angegeben. Hier sind $X_1, \ldots, X_m$ Symbole der Grammatik. Die zweite Komponente einer Konfiguration ist $a_i a_{i+1} \ldots a_n \$$, um zu zeigen, daß das terminale Symbol a_i als nächstes gelesen werden soll. In der Tabelle Act(s, a) ist niedergelegt, was jetzt zu geschehen hat:

1. Falls $\text{Act}(s_m, a_i) = \text{shift } s$, dann führt der Parser eine *Shift-Aktion* aus, er geht in die Konfiguration
$$\langle s_0 X_1 s_1 X_2 s_2 \ldots X_m s_m a_i s \mid a_{i+1} \ldots a_n \$\rangle$$
über. Der Parser hat also das gegenwärtige Eingabe-Symbol a_i und den nächsten Zustand $s = \text{Goto}(s_m, a_i)$ auf den Stack gelegt. Das jetzt aktuelle Eingabe-Symbol ist a_{i+1}.

2. Falls $\text{Act}(s_m, a_i) = \text{reduce } A \to \beta$, dann führt der Parser eine Reduktion aus, er geht in die Konfiguration
$$\langle s_0 X_1 s_1 X_2 s_2 \ldots X_{m-r} s_{m-r} A s \mid a_i A_{i+1} \ldots a_n \$\rangle,$$
wobei $s = \text{Goto}(s_{m-r}, A)$ und r die Länge von β ist, der rechten Seite der Produktion. Der Parser hat also $2r$ Symbole vom Stack genommen, oben auf dem Stack liegt jetzt $s_{m-r} A s$, die linke Seite der Produktion A wurde zusammen mit dem neuen Zustand s auf den Kellerspeicher gelegt. Das gegenwärtige Eingabe-Symbol hat sich in einer Reduktion nicht geändert.

3. Für $\text{Act}(s_m, a_i) = \text{reduce } S \to E$ wird die Eingabe akzeptiert. Hierbei ist $S \to E$ eine neue Produktion, die als (eindeutige) Startproduktion dient; E ist das Startsymbol der ursprünglichen Grammatik.

4. Falls $\text{Act}(s_m, a_i) = \text{error}$, so hat der Parser einen Fehler entdeckt und ruft die Fehlerbehandlung auf.

Am Anfang ist der Parser in der Konfiguration $\langle s_0, a_1 \mid a_2 \ldots a_n \$\rangle$, wobei s_0 der Anfangszustand ist und $a_1 \ldots a_n$ die Eingabe; das Symbol $\$$ dient als Markierung für das Ende der Eingabe. Sehen wir uns ein Beispiel an. Gegeben sei die Grammatik mit den Produktionen (1) – (6), wir fügen eine zusätzliche Produktion $S \to E$ ein, die gerade angesprochen wurde.

(0) $S \to E$ (1) $E \to E + T$ (2) $E \to T$
(3) $T \to T * F$ (4) $T \to F$ (5) $F \to (E)$
(6) $F \to \mathbf{id}$

Wir kodieren die Aktionen in der folgenden Weise:

- „si" bedeutet eine Shift-Aktion, der Zustand i wird auf den Kellerspeicher gelegt,
- „rj" bedeutet die Reduktion nach der Produktion Nr. j; insbesondere bedeutet $r0$, daß die Eingabe akzeptiert wird.
- ein nicht vorhandener Eintrag deutet einen Fehler an.

Die Tabellen für die Aktionen und für die Zustandsübergänge finden Sie in der Tabelle 6.2.

6.3 Ein Generator für die syntaktische Analyse

Zustand	Zustandsübergänge								Aktionen					
	T	(	E	F	id	+	*	)	(	id	+	$	*	)
0	5	4	3	2	1				s4	s1				
1											r6	r6	r6	r6
2											r4	r4	r4	r4
3						8					s8	r0		
4	5	4	7	2	1				s4	s1				
5							6				r2	r2	s6	r2
6		4		11	1				s4	s1				
7						8		10			s8			s10
8	9	4		2	1				s4	s1				
9							6				r1	r1	s6	r1
10							6				r5	r5	r5	r5
11											r3	r3	r3	r3

Abbildung 6.2: *Tabellen für die Aktionen und die Zustandsübergänge*

Beispiel

Wir sehen uns das Geschehen für die Eingabe **id * id + id** an. Der Automat startet im Zustand 0, die Aktion für die Eingabe **id** in diesem Zustand sagt shift 1, so daß **id** und der Zustand 1 auf den Stack gelegt werden; im Eingabepuffer haben wir jetzt * **id** + **id**$. Der Eintrag Act(1,*) = $r6$ für den Zustand 1 und das Eingabesymbol * sagt reduce $F \to$ **id**, so daß die beiden Symbole **id** 1 vom Stack genommen und durch F 2 ersetzt werden: F ist die linke Seite der entsprechenden Produktion, 2 = Goto(0, F) ergibt sich aus dem Eintrag für 0 (dem Symbol zur Rechten von F) und F in der Tabelle für die Zustandsübergänge. Sehen wir uns Eintrag (9) an: Act(3, +) = shift 8, so daß + und 8 auf den Stack gelegt werden; + wird aus dem Eingabepuffer entfernt. Die Konfiguration für Zeile (10) sieht dann so aus:

$$\langle 0E3 + 8 \mid \mathbf{id}\$ \rangle.$$

Im Schritt (13) finden wir Act(9, $) = $r1$, also soll mit der Produktion $E \to E + T$ reduziert werden. Diese Situation ist typisch für eine Reduktion, denn jetzt liegt die rechte Seite einer Produktion oben auf dem Stack, wenngleich durchmischt mit Zuständen; die rechte Seite der Produktion wird also bei der Reduktion durch die linke Seite ersetzt. Bei dieser Reduktion werden die obersten sechs (= 2·3) Symbole vom Stack geräumt und durch das Symbol E auf der linken Seite ersetzt. Wir finden Goto(0, E) = 3. Da Act(3, $) = $r0$, akzeptiert der Parser die Eingabe. Das Geschehen ist in Tabelle 6.3 zusammengefasst.

Berechnung der Tabellen

Wir werden jetzt zeigen, wie wir die Tabellen konstruieren. Hierzu benötigen wir *Items*[1].

---
[1] Auch hier ist es kaum möglich, ein griffiges deutsches Wort zu finden, daher begnügen wir uns mit einer eingedeutschten Fassung.

	Stack	Input
(1)	0	id * id + id $
(2)	0 id 1	* id + id $
(3)	0 F 2	* id + id $
(4)	0 T 5	* id + id $
(5)	0 T 5 * 6	id + id $
(6)	0 T 5 * 6 id 1	+ id $
(7)	0 T 5 * 6 F 11	+ id $
(8)	0 T 5	+ id $
(9)	0 E 3	+ id $
(10)	0 E 3 + 8	id $
(11)	0 E 3 + 8 id 1	$
(12)	0 E 3 + 8 F 2	$
(13)	0 E 3 + 8 T 9	$
(14)	0 E 3	$

Abbildung 6.3: *Aktionen des Parsers für die Eingabe* **id** * **id** + **id**

Das sind im wesentlichen Produktionen mit einem Punkt, der eine Position auf der rechten Seite der Produktion markiert. Die erste Produktion in unserer Beispiel-Grammatik produziert diese vier Items:

$$E \to \bullet E + T, \; E \to E \bullet + T, \; E \to E + \bullet T, \; E \to E + T \bullet$$

Falls wir eine Produktion der Form $A \to \epsilon$ haben, so wird lediglich ein einziges Item $A \to \bullet$ erzeugt. Die Items werden als Paar $\langle \ell, r \rangle$ dargestellt, wobei ℓ die Nummer der Produktion angibt, r die Position des Punktes auf der rechten Seite der Produktion mit $0 \leq r \leq t$ und t als Länge der rechten Seite der Produktion. Intuitiv gibt die Position des Punktes an, wieviel von dieser Produktion bereits verarbeitet worden ist, deshalb müssen wir auch die Dynamik der Verarbeitung abbilden können. Hierzu dient der Begriff der *Hülle* $cl(I)$ für eine Menge I von Items. Diese Hülle wird iterativ wie folgt berechnet:

1. Die Hülle wird durch $cl(I) := I$ initialisiert.

2. Ist die Produktion $A \to \alpha \bullet B \beta$ in $cl(I)$, und ist $B \to \gamma$ eine Produktion, so wird das Item $B \to \bullet \gamma$ zu $cl(I)$ hinzugefügt.

3. Dies geschieht so lange, bis sich die Menge $cl(I)$ nicht mehr ändert.

Dies wird durch die Funktion

```
closure :: (Eq a, Num t) =>
[(a, [a])] -> [(Int, t)] -> [(Int, Int)] -> [(Int, t)]
```

6.3 Ein Generator für die syntaktische Analyse

realisiert, die wie folgt definiert ist:

```
closure prod items [] = items
closure prod items ((prodN, r):li) = items +++ neueItems
                                     ++ (closure prod items li)
         where
             (_, rhs) = dieC prod prodN
             neuU
                | length rhs <= r = []
                | otherwise = filter (\p -> fst p == dieC rhs r) prod
             indTup = [0 .. length prod - 1]
             kandidaten = [k | k <- indTup, dieC prod k 'elem' neuU]
             neueItems = map (\t -> (t, 0)) kandidaten
```

Diese Funktion fügt zu einer noch nicht stabilen Menge von Items neue Items hinzu, indem sie eine Liste von Items untersucht; abhängig vom Resultat der Untersuchung wird berechnet, welche Items hinzugefügt werden. Die Konstruktion ist iterativ: Falls wir kein Item mehr hinzufügen können – falls die Iteration also stabil ist – wird die Liste zurückgegeben. Falls wir hingegen noch Elemente in der Liste haben, so wird das erste Element der Liste zerlegt, es wird geschaut, an welcher Stelle der Punkt sitzt. Entsprechend wird dann aus der Menge aller Produktionen die entsprechende Produktion herausgefischt und zu einem Item gemacht. Hierbei wird die Funktion

```
dieC :: [a] -> Int -> a
dieC xs k = head $ drop k xs
```

verwendet, die die Komponente Nr. k für eine Liste berechnet, sofern das möglich ist.

Daraus läßt sich wieder ein iteratives Vorgehen gewinnen, indem zunächst eine Funktion

```
schrittCl :: (Eq a) => [(a, [a])] -> [(Int, Int)] -> [(Int, Int)]
```

berechnet wird, die aus einer Liste von Items eine neue Liste von Items verfertigt. Diese Funktion wird dann in das Iterationskonstrukt gesteckt. Sie finden die Definition hier:

```
schrittCl prod items = closure prod items items
berechneClos prod items = iteration [] items (schrittCl prod)
```

Nachdem wir für eine beliebige Menge von Items die Hülle berechnen können, berechnen wir die Zustände des Automaten. Das geht so vor sich, daß wir ausgehend von der Hülle von einem Start-Item für jedes Item I und für jedes Grammatik-Symbol X eine Funktion Goto(I, X) berechnen, die als die Hülle der folgenden Menge von Items definiert ist:

$$\{A \rightarrow \alpha X \bullet \beta \mid A \rightarrow \alpha \bullet X\beta \in I\}$$

Zur Implementierung dieser Menge formulieren wir zunächst eine Funktion `punktSchub` mit der Signatur

```
punktSchub :: (Eq a) => [(t, [a])] -> a -> (Int, Int) -> [(Int, Int)],
```

die dafür sorgt, daß der Punkt auch wirklich an die richtige Stelle geschoben wird. Da Items als Paare formuliert sind, deren zweite Komponente gerade die Position des Punkts angibt, verschaffen wir uns in dieser Funktion die zugehörige Produktion, sehen nach, ob wir den Punkt überhaupt verschieben können, und geben das Resultat als einelementige Liste zurück. Die Funktion ist so definiert:

```
punktSchub prod x (l, r)
            | length y <= r = []
            | dieC y r /= x = []
            | otherwise = [(l, r+1)]
              where
                (a, y) = dieC prod l
```

Wir schicken anschließend die curryfizierte Funktion über eine Liste von Items und sammeln die Ergebnisse in einer Liste ein, wobei wir Duplikate vermeiden (das geschieht durch die Funktion conccatt, vgl. Seite 48):

```
zuSchl :: (Eq a) => [(t, [a])] -> a -> [(Int, Int)] -> [(Int, Int)]
zuSchl prod a xs = conccatt $ map (punktSchub prod a) xs
```

Die Berechnung der eigentlichen Goto-Funktion erfolgt dann durch die Berechnung der Hülle der gerade berechneten Menge von Items:

```
gotoP :: (Eq a) => [(a, [a])] -> [(Int, Int)] -> a -> [(Int, Int)]
gotoP prodA itm x = berechneClos prodA (zuSchl prodA x itm)
```

Damit kennen wir die Funktion Goto(I, X) für jede Menge von Items I und für jedes Grammatik-Symbol X. Die *kanonische Kollektion* besteht nun aus der Menge all dieser Item-Mengen. Um präziser zu sein: Wir beginnen mit der Menge von Items, die sich durch die Hülle des Start-Items ergibt, und wenden die Goto-Funktion für alle Grammatik-Symbole an. Die entstehenden Mengen von Items werden in einer Kollektion gesammelt; sobald diese Kollektion stabil ist, haben wir die kanonische Kollektion berechnet. Also finden wir auch hier wieder eine Anwendung unserer Iterationsfunktion.

Aber eins nach dem anderen. Zunächst berechnen wir die möglichen Resultate der Goto-Funktion, wenn wir diese Funktion bei festgehaltener Menge von Items auf alle Grammatik-Symbole anwenden. Dies wird durch die folgende Funktion realisiert:

```
gotoN :: [([Char], [Char])] -> [(Int, Int)] -> [[(Int, Int)]]
gotoN prod itm = let
                    alleS    = alleSymbole prod
                    atfy     = atomify prod
                    zuFiltern = [gotoP atfy itm x | x <- alleS]
                 in filter (/= []) zuFiltern
```

6.3 Ein Generator für die syntaktische Analyse

Wenn wir dies erledigt haben, können wir die kanonische Kollektion aus dem Start-Wert berechnen:

```
canonColl :: [([Char], String)] -> [[(Int, Int)]]
canonColl prod = iteration [] startWert (neuN prod)
         where
             startWert = [berechneClos (atomify prod) [(0, 0)]]
             neuN prod i = i +++ concat [gotoN prod j | j <- i]
```

Wir werden allerdings nicht mit dieser Liste von Item-Listen arbeiten, sondern diese Liste durchnumerieren und mit den entsprechenden Indizes arbeiten. Unsere Zustandsmenge ist:

```
alleZust prod = [0 .. length (canonColl prod) - 1]
```

Wir benötigen für die weitere Arbeit die Liste von Items, die sich hinter einem vorgegebenen Index verbirgt. Dies wird durch die folgende Funktion erledigt:

```
komponentNr :: [([Char], String)] -> Int -> [(Int, Int)]
komponentNr prod k = dieC (canonColl prod) k
```

Umgekehrt benötigen wir auch den Index einer Menge von Items in der kanonischen Kollektion. Dies ist ein wenig umständlicher, denn es kann durchaus geschehen, daß wir eine Liste von Items vorgeben, die jedoch nicht in der kanonischen Kollektion enthalten ist; in diesem Fall bekommen wir kein Resultat. Daher formulieren wir diese Funktion als Funktion mit dem Wertebereich `Maybe Int`.

```
zustandNr :: [([Char], String)] -> [(Int, Int)] -> Maybe Int
zustandNr prod i = derIndex (canonColl prod) i
         where
             derIndex xs x =
                     if (x `notElem` xs)
                         then Nothing
                         else Just $ fst $ head
                             $ filter (\t -> snd t == x)
                                 (zip [0 ..] xs)
```

Das sind jedoch Hilfsfunktionen, die uns in der weiteren Diskussion bei der Berechnung hilfreich zur Seite stehen werden.

Es geht zunächst zur Berechnung der Goto-Funktion. Diese Funktion wird als Liste von Paaren abgespeichert. Die Zustände sind als Indizes in die Liste einer Liste von Items dargestellt, die Grammatik-Symbole sind als Atome verschlüsselt. Daher speichern wir die Goto-Funktion als Relation, also als Liste von Paaren ab. Die erste Komponente eines Paares besteht aus einem Zustand und einem Atom, die zweite Komponente eines Paares besteht aus einem Zustand. Das ist gerade der neue Zustand.

Die Arbeit zur Berechnung dieser Relation ist im Wesentlichen bereits getan: Wir verschaffen uns zunächst alle Symbole der Grammatik, berechnen alle Zustände und bilden zunächst die Liste aller möglichen in Frage kommenden Argumente für die Goto-Funktion. Die eigentliche Berechnung der Funktion erfolgt in der Hilfsfunktion mit der Signatur

```
hilfGoto :: [([Char], String)] -> [(Int, Atom)]
            -> [((Int, Atom), Int)] -> [((Int, Atom), Int)]
```

Diese Hilfsfunktion nimmt neben einer Liste von Produktionen eine Liste von Paaren, die jeweils aus einem Zustand und einem nicht-terminalen Grammatik-Symbol bestehen, und berechnet die Goto-Funktion dafür.

```
hilfGoto _ [] li = li
hilfGoto prod ((z, nt):as) akkListe = hilfGoto prod as neuAkkListe
        where
          w = gotoP (atomify prod) (komponentNr prod z) nt
          neuAkkListe
            | w == [] = akkListe
            | otherwise = case zustandNr prod w of
                            Just x ->
                                uInsert ((z, nt), x) akkListe
                            Nothing -> akkListe
```

Die Ergebnisse werden in einer Liste aufgesammelt. Diese Hilfsfunktion wird gerade dafür benutzt, um die Goto-Funktion selbst für alle möglichen Kombinationen zu berechnen:

```
berechneGoto :: [([Char], String)] -> [((Int, Atom), Int)]
berechneGoto prod = let
                      alleS = alleSymbole prod
                      alleZ = alleZust prod
                      paarListe = [(z, t) | z <- alleZ, t <- alleS]
                    in
                      hilfGoto prod paarListe []
```

Damit ist die Goto-Funktion berechnet, jetzt geht es darum, die Aktionen des Parsers zu bestimmen. Hier gehen wir so vor: Gegeben sei ein Zustand i. Die Aktion für diesen Zustand ist wie folgt definiert:

- Falls das item $A \to \alpha \bullet a\beta$ in der item-Menge I_i ist, und wir berechnet haben, daß $\text{Goto}(i, a) = j$, so setzen wir die Aktion für dieses Paar (i, a) auf shift j. Hierbei muß a ein terminales Symbol sein.

- Falls $A \to \alpha \bullet$ in I_i ist, so wird die Aktion für dieses Paar (i, a) auf reduce $A \to \alpha$ gesetzt. Das geschieht für alle terminalen Symbole a, die in der Menge $FOLLOW(A)$ enthalten sind.

6.3 Ein Generator für die syntaktische Analyse

Falls nach dem zweiten Teil dieser Regel die zu reduzierende Produktion gerade die Start-Produktion ist, so wird offensichtlich das zu untersuchende Wort akzeptiert.

Bei der Implementierung dieser Regeln sollten wir uns überlegen, welchen Datentyp wir zur Modellierung der Aktionen heranziehen. Wir haben zwei Aktionen zu betrachten, einmal die Reduktion nach einer Produktion, zum anderen eine shift-Operation mit gleichzeitigem Zustandswechsel. Das spricht dafür, diese Aktionen direkt in einem Datentyp zu kodieren:

```
data Aktion = Reduce Int | Shift Int deriving (Eq, Show)
```

Bei der Konstruktion der Aktionen können wir zwei Fälle unterscheiden, nämlich daß bei einem vorgelegten Item der Punkt direkt vor einem nicht-terminalen Symbol steht oder daß der Punkt am Ende der Produktion steht. Der erste Fall wird kanonisch abgehandelt: Wir berechnen die Goto-Funktion und setzen die Aktion entsprechend. Der zweite Fall wird in einer besonderen Funktion abgehandelt, wie wir gleich sehen werden.

Die Funktion die Aktion hat die folgende Signatur

```
dieAktion  :: (Eq t) =>
    [([Char], String)] -> [((t, Atom), Int)] -> t
                       -> (Int, Int) -> [((t, Atom), Aktion)].
```

Sie nimmt also eine Liste von Gotos, einen Zustand und ein Item und produziert daraus eine Liste von Aktionen. Diese Liste ist ähnlich wie die Goto-Liste eine Liste von Paaren, deren erste Komponente ein Paar bestehend aus einem Zustand und einem Atom, deren zweite Komponente eine Aktion ist.

Die Funktion dieAktion selbst arbeitet wie folgt: Bei gegebener Produktion und Goto-Liste wird ein Zustand und ein Item untersucht. Wir machen eine Fallunterscheidung, je nachdem, ob der Punkt auf der rechten Seite der Produktion steht oder nicht. Steht er im Inneren der Produktion, so bestimmen wir die entsprechende shift-Operation, falls der Punkt jedoch ganz außen steht, wird reduziert. Dies wird durch eine Hilfsfunktion übernommen, die sofort diskutiert werden wird. Aber zunächst die Funktion dieAktion, die Sie hier finden:

```
dieAktion prod gotoListe zst (pr, r) = eineListe
        where
            (lhs, rhs) = dieC (atomify prod) pr -- die Produktion
            eineListe
              | r == length rhs = rechteListe prod zst pr
              | otherwise =
                  let sbl = dieC rhs r
                  in
                      case lookup (zst, sbl) gotoListe of
                          Just j -> if sbl 'elem' alleTs prod
                                    then
```

```
                                        [((zst, sbl), Shift j)]
                                    else
                                        []
                        Nothing -> []
```

Die Funktion `rechteListe` hat diese Signatur:

```
rechteListe :: [([Char], String)] -> t -> Int
                                   -> [((t, Atom), Aktion)],
```

sie nimmt also neben der Grammatik und einem Zustand eine Position und liefert eine Liste von Aktionen, die wie folgt berechnet wird:

```
rechteListe prod zst pr = let
                    (lhs, rhs) = dieC (atomify prod) pr
                    guck t = fst t == lhs
                    folgt = berechneFollow prod
                    dieAs = map snd $ filter guck folgt
                in
                    [((zst, a), Reduce pr) | a <- dieAs]
```

Damit haben wir alle Ingredienzien bereitgestellt, um die Menge der Aktionen zu berechnen: Bei gegebener Grammatik berechnen wir die kanonische Kollektion für die Grammatik, die Menge der Gotos und lassen dann die Aktionsfunktion über die entsprechende Liste laufen, wobei wir Ergebnisse aufsammeln und unter Vermeidung von Duplikaten in eine Liste stecken. So sieht's aus:

```
berechneAktion prod = let
                    cc = canonColl prod
                    gt = berechneGoto prod
                    da = dieAktion bp gt
                    imZustand t = conccatt $
                                    map (da t) (dieC cc t)
                in
                    conccatt $ map imZustand (alleZust prod)
```

Nun ist es möglich, daß die beschriebenen Algorithmen keine eindeutige Goto- oder Aktionsfunktion liefern. Es kann nämlich passieren, daß Konflikte auftauchen, daß nämlich beim Lesen eines Eingabesymbols nicht eindeutig entschieden werden kann, ob reduziert werden oder ob es auf den Stack geschoben werden soll. Dies läßt sich mit der Funktion

```
istSLR prod = let
                    akt = berechneAktion prod
                    w j = filter (\r -> fst r == j) akt
              in all (\d -> length d == 1) [w j | j <- map fst akt]
```

für die Aktionen überprüfen. Ähnliche Überprüfungen kann man für die Goto-Funktion durchführen.

SLR-Grammatiken

In der Tat stellt sich heraus, daß die Klasse von Grammatiken, für die dieser Automat auf die beschriebene Weise konstruiert werden kann, recht einfach gestrickt ist und wichtige programmiersprachliche Konstruktion nicht zu erfassen gestattet. Die Grammatiken, für die dieses Verfahren arbeitet, werden üblicherweise als *SLR-Grammatiken* bezeichnet, hierbei steht SLR für *simple left to right*. Der Namenszusatz *LR* erinnert daran, daß die Eingabe von links nach rechts abgearbeitet wird, über einem Eingabewort wird also nicht hin- und her gelesen. Die nächst komplexere Klasse besteht aus Grammatiken, die als *LALR(1)*-Grammatiken bezeichnet werden, weil sie dem Parser bei der Vorausschau um ein einziges Symbol eine Entscheidung gestatten. Diese Grammatiken sind wichtiger für die Spezifikation real existierender Programmiersprachen als die einfachen SLR-Grammatiken. Ein sehr ähnliches, wenn auch allgemeineres Verfahren für die Erzeugung von Parsern wie das hier diskutierte existiert für LALR(1)-Grammatiken, das dann zu Parser-Generatoren wie `yacc` führt. Das hier vorgestellte Verfahren kann hierzu erweitert werden, so daß man mit geringer Mühe auch für diese größere und wichtigere Klasse von Grammatiken einen Parser-Generator erzeugen könnte.

Allerdings haben wir eine wesentliche Komponente von Parser-Generatoren nicht behandelt, nämlich die Beschreibung semantischer Aktionen. Üblicherweise werden bei der Reduktion einer Produktion solche Aktionen ausgeführt, die gerade die Bedeutung der entsprechenden programmiersprachlichen Konstrukte wiedergeben. Aber es sollte nicht allzu schwierig sein, diese semantischen Aktionen in den Prozeß der syntaktischen Analyse, wie er hier dargestellt worden ist, einzubauen. Abschließend sei auf den in Haskell geschriebenen Parser-Generator `happy` (vgl. www.haskell.org/happy) verwiesen, der von ähnlichen Ideen ausgeht und als Produktionswerkzeug natürlich viel mächtiger als der hier vorgestellte Prototyp ist. Insbesondere werden semantische Aktionen integriert.

6.4 Aufgaben

Aufgabe 6.1

Erweitern Sie die Mustererkennung, indem Sie den zu überprüfenden Text aus einer Datei nehmen. Kommt `Ringo Starr` in `War and Peace` vor? `Napoleon`? Eine andere Erweiterung ersetzt jedes Vorkommen des Musters durch eine Zeichenkette, die als weiterer Parameter übergeben wird.

Aufgabe 6.2

Der Text gibt eine Funktion an, die für jeden Buchstaben einer Zeichenkette seine binäre Repräsentation in der Huffman-Kodierung zu berechnen gestattet. Berechnen Sie die binäre Repräsentation der gesamten Zeichenkette.

Aufgabe 6.3

Die Funktion `patFind`, das Arbeitspferd zum Finden eines Musters, benutzt die Funktion `findWithDefault` aus `Data.Map`, die mit einem voreingestellten Fehlerwert arbeitet. Der Modul `Data.Map` stellt die Funktion

```
lookup :: Ord k => k -> Map k a -> Maybe a
```

zur Verfügung, die einen Funktionswert ohne Voreinstellung nachschlägt, jedoch einen `Maybe`-Wert liefert. Formulieren Sie `patFind` mit Hilfe von `lookup`.

Aufgabe 6.4

Speichern Sie den zur Gewinnung der binären Repräsentation der Buchstaben nötigen Baum für die Huffman-Verschlüsselung in der Datei `bBaum.txt` ab. In der Datei `dieBits.txt` finden Sie eine binäre Zeichenkette. Entschlüsseln Sie diese Zeichenkette und geben Sie das Resultat aus.

Aufgabe 6.5

Wenn Sie ein Buch mit LaTeX setzen, erzeugen Sie meist das Literaturverzeichnis mit dem BiBTeX-Paket. Dazu geben Sie die Zitate mit dem `cite`-Makro üblicherweise in der Form \cite[Stelle]{Ref} oder \cite{Refs} an. Hierbei ist `Ref` eine Referenz und `Refs` eine durch Kommata getrennte Liste von Referenzen, `Stelle` ist die genauere Position innerhalb der Referenz, z.B. `Seite 17` oder `Theorem 5.12`. Die Referenzen dienen als Schlüssel zu den Literaturangaben, die in einer Datenbank abgelegt sind.

Diese Angaben werden durch BiBTeX transformiert und in einer Datei mit der Endung .bbl abgelegt. Nehmen wir an, der Text eines Buchs ist in der Datei `DasBuch.tex` abgelegt, so würde BiBTeX aus dem Text und der Literatur-Datenbank die Datei `DasBuch.bbl` erzeugen, die dann weiterverarbeitet wird. Ein typischer Eintrag in der .bbl-Datei sieht etwa so aus (als Beispiel ziehe ich hier [15] heran, das ich als \cite{Knuth-ConcreteMath} zitiert habe):

```
\bibitem{Figes}
O. Figes.
\newblock {\em Crimea}.
\newblock Penguin Books, London, 2010.

\bibitem{Knuth-ConcreteMath}
R. E. Graham, D. E. Knuth, and O. Patashnik.
\newblock {\em Concrete Mathematics:
          A Foundation for Computer Science}.
\newblock Addison-Wesley, Reading, MA, 1989.

\bibitem{Johnston-Bron-Kerbosch}
H. C. Johnston.
\newblock Cliques of a graph - variations of
          the {B}ron-{K}erbosch algorithm.
\newblock {\em Intern. Journal Comp. Sci.}, 5:209 -- 246, 1976.
```

Zur Verdeutlichung habe ich auch gleich die beiden benachbarten Einträge wiedergegeben. Jeder Eintrag wird also mit \bibitem{Ref} eingeleitet, wenn `Ref` der

Schlüssel des Eintrags in der Datenbank ist, dann folgen die Verfassernamen und Einträge, die mit `\newblock` eingeleitet werden, bis nach einer Leerzeile der nächste Eintrag beginnt. Die Leerzeile erfüllt für unsere Zwecke kosmetische Aufgaben. Der Text nach `\newblock` bis entweder zum Ende des Eintrags oder zum nächsten `\newblock` wird im Stil des restlichen Texts gesetzt und findet sich dann im Literaturverzeichnis wieder. Die Reihenfolge der Einträge dort folgt nicht dem Schlüssel, sondern lexikographisch dem Nachnamen des erstplatzierten Verfassers (`Figges` vor `Graham` vor `Johnston`). Alle so erzeugten Einträge stehen in einer `thebibliography`-Umgebung, die typischerweise so aussieht:

```
\begin{thebibliography}{10}
...
\end{thebibliography}
```

Das BibTeX-Paket ist softwaretechnisch eine Fassade, die Programme mit unterschiedlichen Aufgaben unter einer einheitlichen Benutzungsschnittstelle zugänglich macht. Eine der Aufgaben besteht darin, im gedruckten Literaturverzeichnis mit jeder Referenz anzugeben, auf welcher Seite diese Referenz zu finden ist. Hierzu bieten einige der Programme im BibTeX-Paket ein Makro an, das in `DasBuch.tex` an geeigneter Stelle aufgerufen wird, andere Programme sehen diese Möglichkeit nicht vor. Selbst wenn ein solches Makro vorhanden ist, kann es doch mit anderen Makros, z. B. den Stil-Dateien für das Buch, in Konflikt geraten, so daß es dann nicht verwendet werden kann (so ist es dem Verfasser beim Literaturverzeichnis von [10] ergangen, woraus ein `C++`-Programm und diese Aufgabe entstanden sind).

In der Datei `DasBuch.rrr` werden die Zitate mit den Seitenzahlen ihres Vorkommens abgespeichert. Jeder Aufruf des – geeignet modifizierten –`cite`-Makros führt zu einer Zeile in dieser Datei, wobei die Seitenzahl und die Schlüssel der Literaturhinweise vermerkt sind, also z.B.

```
17,Johnston-Bron-Kerbosch,Knuth-ConcreteMath
24,Figes
49,Knuth-ConcreteMath
49,Johnston-Bron-Kerbosch
```

Die Aufgabe:

1. Schreiben Sie ein `Haskell`-Programm, das `DasBuch.bbl` und `DasBuch.rrr` einliest[2] und jeden BiBTeX-Eintrag in `DasBuch.bbl` modifiziert. Das soll so geschehen, daß jeder Eintrag eine neue letzte Zeile enthält, in der die Seitenzahlen aufgelistet sind, die das Zitat enthalten. Die Liste soll geordnet sein. Also würde der Eintrag zu [15] dann etwa so aussehen:

    ```
    \bibitem{Knuth-ConcreteMath}
      R. E. Graham, D. E. Knuth, and O. Patashnik.
    ```

---
[2]Unter `haskellbuch.weebly.com` finden Sie Beispieldaten.

```
\newblock {\em Concrete Mathematics:
          A Foundation for Computer Science}.
\newblock Addison-Wesley, Reading, MA, 1989.
\newblock Zitiert auf den Seiten 17, 49.
```

Sie sollten hierzu die Datei `DasBuch.bbl` überschreiben, denn eine Datei genau dieses Namens wird von LaTeX benötigt, um am Ende das Literaturverzeichnis zu erzeugen.

2. Erweitern Sie dieses `Haskell`-Programm, indem Sie eine Datei `DasBuch.aut` für einen Verfasser-Index erzeugen. In diesem Index sollte für jeden Verfasser das LaTeX-Makro `derVerfasser` so aufgerufen werden:

`\derVerfasser{verf}{seiten}`.

Hierbei ist `verf` der Verfasser-Name in der Form *Name, (abgekürzter) Vorname*, `seiten` eine durch Kommata getrennte Liste mit den Seitenzahlen der Zitate der Arbeiten, die Seitenzahlen sollten geordnet sein. In unserem Beispiel würde sich also ergeben

```
\derVerfasser{Figes, O.}{24}
\derVerfasser{Graham, R. E.}{17, 49}
\derVerfasser{Johnston, H. C.}{17, 49}
\derVerfasser{Knuth, D. E.}{17, 49}
\derVerfasser{Patashnik, O.}{17, 49}
```

Die Datei `DasBuch.aut` kann dann in den nächsten Phasen der Produktion des Buchs weiterverwendet werden.

Aufgabe 6.6

Texte, die in LaTeX geschrieben werden, können durch Makros angepaßt werden. Makros sind parametrisierte Abkürzungen, die expandiert werden, wenn der Textprozessor sie liest; hierbei werden die Parameter textuell ersetzt. Die Details der Parameterübergabe sind hier an dieser Stelle nicht von Belang. Makrosammlungen können ziemlich umfangreich und damit unübersichtlich werden, daher soll hier eine kleine Hilfe konstruiert werden. Die Definition eines Makro hat die Form

`\newcommand{\makroname}ParList{makrotext}`,

hierbei ist `ParList` die Liste der Parameter, die entweder leer ist, dann also fehlt, oder von der Form `[z]` ist, mit `z` als kleiner natürlichen Zahl, oder schließlich die Form `[z][default]` hat mit `z` als kleiner natürlichen Zahl und `default` als voreingestelltem Wert für den ersten Parameter. Weiter ist `makroname` ein Bezeichner, der den Regeln von LaTeX folgt, und `makrotext` ein Text, der beim Aufruf des Makros an die Stelle des Aufrufs tritt. Die Vorkommen von `{}` in `makrotext` müssen ausbalanciert sein. Zum Beispiel definiert

`\newcommand{\muOp}[2][P]{\ensuremath{\mu#1.#2}}`

das Makro \muOp mit zwei Parametern, der erste Parameter ist mit P voreingestellt, und der Text des Makros besteht aus \ensuremath{\mu#1.#2}

Die Aufgabe besteht darin, dem Benutzer Informationen über seine Makros zu verschaffen. Dazu wird die Information zu einem Makro in den Namen, die Anzahl der Parameter, den voreingestellten Wert des ersten Parameters und den Rumpf, also den Text des Makros selbst, aufgeteilt. Ein Benutzer kann nach allen Makros fragen, die er in der Datei Makros.tex definiert hat; dann bekommt er eine alphabetisch sortierte Liste aller Namen. Er kann auch die Definition eines Makros abfragen, dann bekommt er die Informationen über Anzahl der Parameter, Voreinstellungen und den Rumpf. Nehmen Sie an, daß die Definition der Makros in der Datei Makros.tex zu finden ist.

Aufgabe 6.7

Implementieren Sie einen Automaten, der die syntaktische Analyse realisiert. Der Automat sollte einen Stack verwalten und durch die in Abschnitt 6.3.3 berechneten Tabellen parametrisiert sein. Als Eingabe dient die zu analysierende Zeichenkette, als Ausgabe die berechneten Ableitungsschritte oder eine Meldung, falls das Wort nicht erfolgreich analysiert werden kann.

7 Monaden

Wir haben bislang `Haskell` vom rein funktionalen Standpunkt aus betrachtet, also großen Wert darauf gelegt, daß die referentielle Transparenz, die dem funktionalen Zugang zugrunde liegt, zur Konstruktion durchsichtiger Programme ausgenutzt wurde. Die einzige Ausnahme, die wir diskutieren mußten, betraf die Interaktion mit der Außenwelt. Hier war es nicht möglich, einen *zustandsfreien* Zugang zu wählen, weil die referentielle Transparenz nicht gewährleistet sein kann, wie wir gesehen haben. Das hat dann dazu geführt, daß für die Behandlung der Ein-/Ausgabe eine Sonderbehandlung nötig war. Diese Sonderbehandlung zeichnete sich u. A. dadurch aus, daß wir den nicht-funktionalen Teil sorgfältig verkapseln konnten. In gewisser Hinsicht hat dieser nicht-funktionale Teil die Herrschaft über den Ablauf eines Programms übernommen: Wenn wir einmal die Kontrolle an die Ein-/Ausgabe abgegeben hatten, so konnten wir zwar die Funktionen aufrufen, aber eine Interaktion, wie sie etwa in `Java` oder `C++` zwischen Ein-/Ausgabe und dem Rest des Programms stattfand, war hier nicht möglich. Diese Eigenschaft werden wir im Folgenden an der einen oder anderen Stelle noch weiter beobachten.

Aber weiter zu den grundsätzlichen Überlegungen: Stellte sich schon die Ein-/Ausgabe als Sonderfall bei der Diskussion von `Haskell` heraus, so kam ein weiteres Phänomen hinzu, das implizit in allen Funktionen aufscheint. Die einzige Kontrollstruktur, die wir in `Haskell` zur Verfügung haben, um Berechnungen voranzutreiben, ist die Rekursion, Analogien zum sequentiellen Ablauf von Programmen mußten stets durch die Rekursion beim Aufruf von Funktionen modelliert werden. Es war bislang nicht möglich, Aktionen sequentiell so hintereinander auszuführen, wie das bei sequentiellen Programmen in etwa `Java` oder `C++` möglich ist. Das bedeutet insbesondere, daß wir beim Ablauf von Berechnungen eingeschränkt sind: Wir können nur über die genannten Mechanismen das Resultat einer Berechnung als Eingabe für eine weitere Berechnung benutzen. Dies wurde besonders bei der Diskussion von Faltungen sichtbar, die wir dazu benutzt haben, das Resultat einer partiellen Berechnung entlang einer Liste an das rechte oder das linke Ende zu verschieben.

Wir werden jetzt Monaden diskutieren, eine weitreichende Möglichkeit, die Beschränkungen, mit denen wir bislang in `Haskell` gearbeitet haben, zu umgehen. Dieser Zugang zeichnet sich durch theoretische Klarheit aus, er beruht im Wesentlichen auf mathematischen Vorschlägen von Eugenio Moggi, der in [23] vorgeschlagen hat, wie man in Datentypen rechnen kann, nämlich mit dem kategorientheoretischen Hilfsmittel der Monaden[1]. Diese Konstruktionen sind in der Mathematik [21] und Theoretischen Infor-

---

[1] Philosophisch sind Monaden als Bezeichnung für individuelle, beseelte Individuen mit Namen wie Pythagoras, Platon, Gionardo Bruno oder Leibniz verbunden; sie werden gern als Gegensatz zu den bei Epikur diskutierten und von Lukrez besungenen Atomen gesehen. Monaden werden als in sich abgeschlossene Entitäten betrachtet: Das werden wir auch zu spüren bekommen.

matik [4] wohlbekannt, es gibt meterweise Literatur zu diesem Ansatz, glücklicherweise ist es aber für den `Haskell`-Programmier nicht notwendig, sich in diese kategorientheoretischen Tiefen zu versenken, um Nutzen aus diesen Konstruktionen zu ziehen.

In diesem Kapitel führen wir Monaden mit ihren Operationen und Gesetzen formal ein und besprechen einige Beispiele. Die Zustandsmonade spielt eine wichtige Rolle bei der monadischen Lösung des *Acht Damen Problems*, sie ist auch hilfreich bei der Diskussion eines monadischen Parsers.

7.1 Definition und erste Beispiele

Eine Monade wird durch einen polymorphen Typ-Konstruktor definiert, der die folgenden Eigenschaften hat:

```
class Monad m where
  (>>=)  :: m a -> (a -> m b) -> m b
  return :: a -> m a
  (>>)   :: m a -> m b -> m b
  fail   :: String -> m a
```

Stellen wir uns eine Monade vom Typ `m a` als Hülle um Elemente des Typs `a` vor, so bettet die Funktion `return` mit der Signatur `a -> m a` einen Wert vom Typ `a` in diese Hülle ein (die Bezeichnung der Funktion ist nicht gerade glücklich). Die Funktion `>>=` ist linksassoziativ und hat die sehr niedrige Priorität 1 (zum Vergleich: Der Applikationsoperator `$` hat die niedrigste Priorität 0). Sie arbeitet wie folgt: Mit einer Instanz des Typs `m a` und einer Funktion der Signatur `a -> m b` wird ein Resultat vom Typ `m b` produziert. Diese Funktion wird auch gerne *bind* genannt, weil sie eine Berechnung, die durch die Funktion gegeben ist, in den Kontext der Monade ein*bind*et. Es wird sich ja herausstellen, daß gerade diese Funktion dazu dienen kann, die Abläufe einer Berechnung in eine Monade zu steuern. Weiterhin finden wir zwei Funktionen `>>` und `fail`. Für sie ist eine Implementation vorgesehen, falls der Nutzer keine andere Definition vornimmt.

```
m >> k = m >>= \_ -> k
fail s = error s
```

Die polymorphe Funktion `error :: String -> a` ist vordefiniert, sie dient zur Behandlung von Ausnahmen und führt zum Programmabbruch.

Man kann sich die *bind*-Operation so vorstellen, daß in der Monade eine Berechnung durchgeführt wird, die in einem Resultat vom Typ `m a` resultiert. Dieser Wert wird dann an die Funktion `f` weitergereicht, die freilich ein Argument vom Typ `a` erwartet, also muß `f` in den Kontext der Monade eingebunden werden, um das gewünschte Resultat zu erzielen. Bei der Funktion `>>` ist – jedenfalls in der *default*-Implementierung – das Resultat in der Monade `m a` nicht wichtig, die Berechnung wird durchgeführt, darauf folgt die Berechnung, die durch die Funktion `k` beschrieben wird. Die Funktion `error`

7.1 Definition und erste Beispiele

schließlich ist vordefiniert, sie dient zur Ausnahmebehandlung. Die Betrachtung der Signaturen für die monadischen Operationen zeigt, daß keine Funktion vorgesehen ist, die aus einer Monade herausführt[2].

Sehen wir uns ein erstes, einfaches Beispiel für eine Monade an, nämlich das Beispiel des Typs `Maybe`, der auf Seite 75 definiert wurde. Mit diesem Datentyp sollen unvollständige Berechnungen eingebunden werden können, indem für den Fall eines nicht-existenten Berechnungsergebnisses das Resultat `Nothing` zurückgegeben wird. Das wird etwa im Datentyp `Map` benutzt, bei dem die `lookup`-Funktion entweder ein Ergebnis der Form `Just y` zurückgibt, wenn `y` im Wertebereich der Abbildung zu finden ist, oder `Nothing`, wenn wir nach einem Wert fragen, für den in der Abbildung kein Bild vorhanden ist. Wir haben in dem Beispiel drei Abbildungen, eine Abbildung, die die Namen von Studenten auf ihre Matrikelnummer abbildet, eine weitere, die – heiliger Datenschutz! – jede Matrikelnummer auf eine Lehrveranstaltung abbildet, schließlich eine dritte Abbildung, die Lehrveranstaltungen auf Hörsäle abbildet, in denen eine Klausur geschrieben wird. Ich möchte jetzt gerne wissen, in welchem Hörsaal sich ein Student befindet. Die Vorgehensweise ist klar: Ich besorge mir die Matrikelnummer des Studenten, damit kann ich die Vorlesung ermitteln, schließlich kann ich mit Hilfe der Vorlesung den entsprechenden Hörsaal herausfinden. Natürlich sind auf diesem Weg einige Fehlermöglichkeiten vorhanden, etwa indem ich einen Studenten ansprechen möchte, dessen Matrikelnummer nicht eingetragen ist, oder auf eine Vorlesung stoße, für die kein Hörsaal existiert etc. Konventionell sieht der Code für die Funktion `finde`, der mit Hilfe einer fallgesteuerten Anweisung formuliert ist, so aus:

```
finde x a b c =
    case Map.lookup x a of
      Nothing -> Nothing
      Just s ->
          case Map.lookup s b of
            Nothing -> Nothing
            Just t ->
                Map.lookup t c
```

Wir haben also als Argument `x` den Namen des Studenten, haben weiterhin drei Abbildungen `a`, `b` und `c`, und gehen dann so vor: Wir suchen den Namen von `x` in der Abbildung `a`, falls wir dort nicht fündig werden, geben wir `Nothing` zurück, falls wir jedoch den zum Namen gehörenden Wert finden (`Just s`), suchen wir den zu `s` in der Abbildung `b` gehörigen Wert, falls wir nichts finden, geben wir `Nothing` zurück, falls wir jedoch etwas finden (also `Just t`), schlagen wir `t` in der Abbildung `c` nach und geben das entsprechende Ergebnis zurück.

Mit diesen drei Abbildungen

```
nam2Numb =
    Map.fromList [("Alf", 1), ("Bea", 2), ("Yo",4), ("Mia", 5) ]
```

---

[2]Mathematisch kommt man ganz gut in eine Monade hinein, das ist die Aufgabe der *Kleisli-Morphismen*. Aus einer Monade heraus kommt man mit *Eilenberg-Moore-Algebren*, die zu klassifizieren jedoch nur in seltenen Fällen vollständig gelingt. Es ist eine arg schweißtreibende Angelegenheit.

```
numb2Kurs =
    Map.fromList [(1, "DAP"), (2, "DAP"), (3, "DAP"), (4, "RS")]
kurs2HS =
    Map.fromList [("DAP", "OH-14"), ("RS", "Audimax")]
```

ergibt sich beim Ausführen der Funktion `finde` das Folgende

```
>>> finde "Alf" nam2Numb numb2Kurs kurs2HS
Just "OH-14"
>>> finde "Yo" nam2Numb numb2Kurs kurs2HS
Just "Audimax"
>>> finde "Bea" nam2Numb numb2Kurs kurs2HS
Just "OH-14"
>>> finde "Max" nam2Numb numb2Kurs kurs2HS
Nothing
```

`Alf` ist also in `OH-14` zu finden, da ist auch `Bea`, `Yo` ist im `Audimax` zu finden, während wir über `Max` keine Angaben machen können. Sehen wir uns den Code näher an. Er strotzt nicht gerade vor Transparenz, hätten wir weitere Fälle zu betrachten, so würden wir vermutlich über den rechten Seitenrand hinausgehen müssen. Die Fälle, die betrachtet werden müssen, stehen in einer Art Kaskade, die weder das Verstehen noch das Modifizieren besonders leicht macht. Hier hilft der Zugang über Monaden, die entsprechende Definition könnte so aussehen (tatsächlich ist das ähnlich im Modul `Data.Maybe` definiert):

```
instance Monad Maybe where
    return x = Just x
    Nothing >>= _ = Nothing
    Just x >>= f = f x
```

Wir müssen die Funktion `return` und `bind` definieren. Die `return`-Funktion ist schnell definiert, die Einbettung in die Monade geschieht gerade durch den Konstruktor `Just`. Bei der *bind*-Funktion gehen wir davon aus, daß, wann immer wir den Wert `Nothing` als erstes Argument bekommen, wir auch `Nothing` zurückgeben wollen. Das erklärt die erste Zeile. Nehmen wir weiterhin an, wir haben eine Abbildung `f::a -> Maybe b` vorgegeben, so definieren wir die Bindung so, daß wir den Wert `Just x` aus seinem Kontext in `Maybe` lösen, an `f` als Argument übergeben und als Resultat den Funktionswert `f x` bekommen. Bei der Anwendung von `>>=` ist darauf zu achten, daß wir als linken Operanden einen Wert haben, der in der Monade `m a` wohnt, auf der rechten Seite jedoch eine Funktion, deren Argument vom Typ `a` ist und als Resultat einen Wert in der Monade `m b` hat. Das wird durch die Definition der Funktion `finde1` deutlich:

```
finde1 x a b c =
    (Map.lookup x a) >>=
    (\y -> Map.lookup y b) >>=
    (\z -> Map.lookup z c)
```

7.1 Definition und erste Beispiele

Wir schauen nach, ob wir für das Argument `x` in der Abbildung `a` einen Wert finden. Ist das nicht der Fall, so wird das Ergebnis `Nothing` durch alle Aufrufe propagiert und als Ergebnis zurückgegeben. Ist es jedoch der Fall, so deutet der λ-Ausdruck, den wir für das nächste Argument von `>>=` verwenden, darauf hin, daß wir das erzielte Ergebnis dazu verwenden, in der zweiten Abbildung nachzusehen, analog verhält es sich mit der dritten Abbildung. Auf diese Art wird klar, daß wir drei Berechnungen auf kontrollierte Art hintereinander ausführen. Vergleichen Sie diesen Zugang mit dem in der fallgesteuerten Anweisung, so stellen Sie fest, daß wir hier die Kaskaden, die das Verständnis erschwert haben, vermieden haben und auch vermeiden konnten, weil wir dafür gesorgt haben, daß der Wert `Nothing` durch den Rest der Berechnungen hier wie da propagiert wird. Es ist auch zu sehen, wie dafür gesorgt wird, daß ein Wert von der Gestalt `Just x` aus seinem `Maybe`-Kontext herausgenommen wird, damit er als Argument für die weiteren Berechnungen verwendet werden kann.

Die Notation des Operators `>>=` ist ein wenig exotisch, gelegentlich ist es hilfreich, sich schrittweise über einige Zwischenergebnisse zum Gesamtergebnis zu hangeln. Das folgende Code-Beispiel zeigt, was ich damit meine:

```
finde2 x a b c =
    do
      y <- Map.lookup x a
      z <- Map.lookup y b
      Map.lookup z c
```

Intuitiv nimmt also `y` den Wert, der beim Nachsehen von `x` in der Abbildung `a` entstanden ist, auf, dieser Wert wird dann zum Nachsehen in der Abbildung `b` benutzt, das führt schließlich zu `Map.lookup z c`, das dann als Wert zurückgegeben wird. Ganz offensichtlich ist etwa der Wert `y` kein Wert in der Monade, vielmehr ein Wert des zugrunde liegenden Datentyps, sonst würde der Aufruf `Map.lookup y b` bereits an der Typisierung scheitern.

Formal werden diese Transformationsregeln angewandt, um einen `do`-Block in die konventionelle Syntax (vgl. Seite 24) zu transformieren:

① Das Schema

```
do {x <- ausdruck; weiter}
```

wird übersetzt in

```
ausdruck >>= (\x -> do weiter)
```

② Das Schema

```
do {ausdruck; weiter}
```

wird übersetzt in

```
ausdruck >>= do weiter
```

③ Das Schema

```
do {let deklarationsliste; weiter}
```

wird übersetzt in

```
let deklarationsliste
in do weiter
```

④ do expression ist gleichwertig zu expression

⑤ p >> q wird übersetzt in p >>= (_ -> q)

⑥ Das Schema do {p; q} wird übersetzt in do {_ <- p; q}

Hierbei bindet eine deklarationsliste Namen an Ausdrücke; es können auch Bindungen vorgenommen werden, die wir bei der Mustererkennung kennengelernt haben, also bindet zum Beispiel

```
let (x:_) = [1 .. 5]
    (_:b) = [1 .. 5]
```

den Wert 1 an den Namen x und b an [2, 3, 4, 5].

Aus den Regeln ergibt sich für den Rumpf der Funktion finde2 von oben dieser Ausdruck

```
(Map.lookup x a) >>= (\y -> (Map.lookup y b)
                 >>= (\z -> (Map.lookup z c))),
```

der wegen der Linksassoziativität von >>= mit der Formulierung in der Funktion finde1 gleichwertig ist.

Listen stellen ein weiteres populäres Beispiel für Monaden dar. Es wird definiert

```
instance Monad [] where
    return t = [t]
    x >>= f  = concat (map f x)
```

Es ist klar, daß die Einbettung eines Elements vom Typ a in die Monade [] a (um's umständlich zu schreiben) gerade die einelementige Liste darstellt. Falls f :: a -> [b] eine Funktion und [x] eine Liste von Elementen von a ist, so ist [f y | y <- x] vom Typ [[b]], also concat [f y | y <- x] vom Typ [a].

Ein einfaches Beispiel:

```
>>> q = (\w -> [0 .. w])
>>> [0 .. 2] >>= q
[0,0,1,0,1,2]
```

Das kommt so zustande: Die Definition von >>= erfordert die Berechnung von

7.1 Definition und erste Beispiele

```
concat (map q [0 .. 2]) = concat [(q 0), (q 1), (q 2)]
= concat [[0], [0, 1], [0, 1, 2]]
= [0,0,1,0,1,2].
```

Die Funktion q wird also auf jedes Element von [0 .. 2] angewandt, das Ergebnis, eine Liste von Listen, wird durch die Funktion `concats` in eine flache Liste transformiert. Das Argument für die Funktion wird einer Liste entnommen, die Berechnung selbst führt nicht zu einem einzigen Ergebnis, wohl aber zu einer Liste von Resultaten, daher wird diese Monade gern zur Modellierung nicht-deterministischer Ergebnisse herangezogen. Die Formulierung in einem **do**-Block sieht so aus:

```
>>> do
    x <- [0 .. 2]
    [0 .. x]
```

Sie führt zu dem Ergebnis [0,0,1,0,1,2].

Dieses wenig intuitive Ergebnis läßt sich nach den obigen Transformationsregeln wie folgt ableiten:

```
    do {x <- [0 .. 2]; [0 .. x]}
==  [0 .. 2] >>= (\x -> do [0 .. x])
==  [0 .. 2] >>= (\x -> [0 .. x])
==  concat (map (\x -> [0 .. x]) [0 .. 2])
==  concat [[0], [0, 1], [0, 1, 2]]
==  [0,0,1,0,1,2].
```

Sehen wir uns analog den **do**-Block und sein Ergebnis an:

```
>>> do
    x <- [1 .. 3]
    y <- ['a' .. 'c']
    [(x, y)]
```

Als Ergebnis ergibt sich (auch nicht gerade intuitiv)

```
[(1,'a'),(1,'b'),(1,'c'),(2,'a'),(2,'b'),(2,'c'),
 (3,'a'),(3,'b'),(3,'c')]
```

Die Expansion ergibt

```
    do {x <- [1 .. 3]; y <- ['a' .. 'c']; [(x, y)]}
==  [1 .. 3] >>= (\x -> do {y <- ['a' .. 'c']; [(x, y)]})
==  [1 .. 3] >>= (\x -> (['a' .. 'c'] >>= (\y -> do [(x, y)])))
==  [1 .. 3] >>= (\x -> (['a' .. 'c'] >>= (\y -> [(x, y)])))
==  [1 .. 3] >>= (\x -> map (\y -> [(x, y)]) ['a' .. 'c'])
==  [1 .. 3] >>= (\x -> [(x, 'a'), (x, 'b'), (x, 'c')])
==  map (\x -> [(x, 'a'), (x, 'b'), (x, 'c')]) [1 .. 3]
==  [(1,'a'),(1,'b'),(1,'c'),(2,'a'),
     (2,'b'),(2,'c'),(3,'a'),(3,'b'),(3,'c')]
```

Das Resultat dieses do-Blocks ist übrigens nicht zufällig identisch mit

```
[(x, y) | x <- [1 .. 3], y <- ['a' .. 'c']].
```

Sehen wir uns die Berechnung der Liste

```
[(x, y) | x <- [1 .. a], y <- [1 .. b], x + y == r]
```

aller Paare (x, y) an, deren Summe mit einer gegebenen Zahl r übereinstimmt, und die den Intervallen [1 .. a] bzw. [1 .. b] entnommen sind. Diese Formulierung ist syntaktischer Zucker für

```
do
    x <- [1 .. a]
    y <- [1 .. b]
    guard (x + y == r)
    return (x, y)
```

Die Funktion guard :: Bool -> [()] lebt in Control.Monad und ist für Listen so definiert:

```
guard True  = return ()
guard False = []
```

(das ist ein Spezialfall, der gleich diskutiert wird, aber weiter im Text:) Hierbei ist () der Typ, der nur ein einziges Element, nämlich () enthält. Machen wir uns kurz klar, was – bei festgehaltenem x, y – der Code-Ausschnitt

```
do guard (x + y == r)
   return (x, y)
```

tut. Die Transformationsregel von oben erfordert die Betrachtung von

```
map (\_ -> return (x, y))guard (x + y == r)
```

Gilt x + y == r, so haben wir

```
map (\_ -> return (x, y))[()] == [(x, y)],
```

ist hingegen x + y /= r, so haben wir

```
map (\_ -> return (x, y))[] == [].
```

Also erhält man in diesem Fall

```
map (\_ -> return (x, y))guard (x + y == r)
== if (x + y == r) then [(x, y)] else [].
```

7.2 Gesetze für Monaden

Der oben verzuckerte Code-Ausschnitt wird transformiert in

```
[1 .. a] >>= \x ->
[1 .. b] >>= \y ->
if (x + y == r) then [(x, y)] else [],
```

woraus sich die Gleichheit der so berechneten Liste mit der oben angebenden ergibt.

7.2 Gesetze für Monaden

Nicht jede Definition der Funktion `return` oder des Operator `>>=` sind dafür geeignet, zur Definition einer Monade herangezogen zu werden. Es müssen einige Eigenschaften erfüllt sein, die das Verhältnis von `return` und `>>=` zueinander regeln.

```
return x >>= f                == f x
p >>= return                  == p
p >>= (\x -> (f x >>= g))     == (p >>= (\x -> f x)) >>= g
```

(hierbei kommt x nicht frei in g vor). Die Funktion `return` dient also im Wesentlichen als Links- und als Rechtseinheit, die letzte Regel sagt, daß `>>=` assoziativ ist.

Wir überprüfen die Regeln für die Listen-Monade:

❶ Es gilt `return x == [x]`, also

```
return x >>= f == [x] >>= f
               == concat (map f [x])
               == concat [f x]
               == f x
```

❷ Analog ist für die Liste p

```
p >>= return == concat (map return p)
             == concat [[x] | x <- p]
             == [x | x <- p]
             == p
```

❸ Ist p die leere Liste, so sind linke und rechte Seite der Gleichung für die Assoziativität ebenfalls leer, so daß wir annehmen können, daß p = [x1, .., xn]. Für die linke Seite ergibt sich

```
p >>= (\x -> (f x >>= g))
== concat (map (\x -> (f x >>= g)) p)
== concat (concat [map g (f x) | x <- p]),
```

und für die rechte Seite

```
(concat [f x | x <- p]) >>= g
== ((f x1) ++ (f x2) ++ .. ++ (f xn)) >>= g
== concat (map g ((f x1) ++ (f x2) ++ .. ++ (f xn)))
== concat (concat [map g (f x) | x <- p])
```

7.3 MonadPlus

Listen sind Mitglieder einer weiteren Typklasse `MonadPlus`, deren Mitgliedschaft exklusiv Monaden vorbehalten ist. Die Klasse ist wie folgt spezifiziert:

```
class Monad m => MonadPlus m where
  mzero :: m a
  mplus :: m a -> m a -> m a
```

Wir haben also eine konstante Funktion `mzero` vom Typ `m a` und eine Funktion `mplus`, die, als binärer Operator verwendet, eine Verknüpfung auf `m a` darstellt. Für Listen haben wir diese Instanziierung

```
instance MonadPlus [] where
  mzero = []
  mplus = (++)
```

Das macht die Idee bei der Konstruktion dieser Monade deutlich: Hierdurch wird ein Monoid spezifiziert, das `mplus` als Verknüpfung und `mzero` als neutrales Element hat. Jetzt können wir auch die Funktion `guard` vollständiger als oben beschreiben:

```
guard :: MonadPlus m => Bool -> m ()
guard True  = return ()
guard False = mzero
```

Der Konstruktor `Maybe` stellt ein weiteres, ziemlich natürliches Beispiel für diese Klasse dar. `Nothing` ist das neutrale Element, und wenn wir die beiden Elemente `Just x` und `Just y` miteinander verknüpfen, so nehmen wir stets das erste:

```
instance MonadPlus Maybe where
  mzero = Nothing
  Nothing 'mplus' Nothing = Nothing
  Nothing 'mplus' Just x  = Just x
  Just x  'mplus' Nothing = Just x
  Just x  'mplus' Just y  = Just x
```

Gesetze für MonadPlus.
Auch hier haben wir Eigenschaften, die `mzero` und `mplus` miteinander in Beziehung setzen. Die Idee besteht darin, Monoide nachzubilden, also algebraische Strukturen, die assoziativ sind und ein neutrales Element haben. Daraus ergeben sich direkt diese Beziehungen:

```
mzero 'mplus' p              == p
p 'mplus' mzero              == p
p 'mplus' (q 'mplus' r)      == (p 'mplus' q) 'mplus' r
```

Diese Eigenschaften sind für die Listenmonade erfüllt, wie man unmittelbar sieht. Für `Maybe` ist eine (lästige) Fallunterscheidung nötig, die in Aufgabe 7.3 abzuarbeiten ist.

Wir werden im Folgenden jedoch nicht für jede Monade nachweisen, daß die Gesetze erfüllt sind. In der Regel sind diese Monaden in der Literatur bekannt, so daß wir darauf vertrauen, daß die entsprechenden Eigenschaften erfüllt sind. Daß man bei eigenen Versuchen nicht allzu blauäugig sein darf, zeigt Aufgabe 7.1.

7.4 Die Zustandsmonade

Wir führen die Zustandsmonade zunächst abstrakt ein und beweisen, daß es sich auch tatsächlich um eine Monade handelt. Dann sehen wir uns einige Beispiele an.

Die Zustandsmonade modelliert Zustandsänderungen, also Änderungen an einem als nicht zugänglich angesehenen, abstrakten Zustand. Hierbei wird mit der Änderung eines Zustands eine Aktion verbunden. Im Zustand s gehen wir also in einen neuen Zustand s' über und führen Aktion a aus, konstruieren also $s \mapsto (s', a)$, so daß eine Abbildung $S \to S \times A$ entsteht, oder, in Haskell ausgedrückt, eine Funktion des Typs `s -> (s, a)`.

Wir konstruieren Zustand als die Familie von Typen, die durch solche Funktionen gegeben sind, und streuen noch ein wenig Petersilie darauf:

```
newtype Zustand z a = Zs {ausf :: z -> (z, a)}
```

Mit dem Konstruktor Zs schützen wir unsere Funktionen, die Abbildung

```
ausf :: Zustand z a -> z -> (z, a)
```

dient dazu, eine durch Zs eingepackte Funktion auch wieder auszupacken.

Daraus machen wir jetzt eine Monade:

```
instance Monad (Zustand z) where
    return x = Zs (\s -> (s, x))
    (Zs p) >>= f =
        Zs (\s -> let {(s', y) = p s; (Zs q) = f y} in q s')
```

Für die Einbettung in die Monade wählen wir die Funktion, die ihr Argument bei Zustandsänderungen unverändert läßt, es gilt also

```
ausf (return x) s == (s, x).
```

Um `(Zs p) >>= f` für `p :: s -> (s, a)` und `f :: a -> Zustand z b` zu berechnen, verschaffen wir uns zunächst mit `(s, y) = p s'` einen neuen Zustand s' und eine Aktion y. Die *Aktion* dient dazu, mit Hilfe der Funktion f eine neue Zustandsfunktion `Zs q :: Zustand z b` zu berechnen. Es gilt also `q:: s -> (s, b)`. Auf den *Zustand* s' wenden wir die so gewonnene Funktion q an, die uns f verschafft hat, und erhalten einen Wert vom Typ (s, b). Das Resultat (s', y) von `p s` wird also dazu verwendet, mit der Aktion y eine neue Zustandsfunktion `f y` zu berechnen, die ausgepackt wird und mit `s'` und der Funktion `ausf (f y)` einen neuen Zustand und eine neue Aktion berechnet.

Wir zeigen durch eine Folge von Aussagen, daß es sich hier um eine Monade handelt. Dazu halten wir `p:: z -> (z, a)`, `f:: a -> Zustand z a` und `g:: b -> Zustand z c` fest.

Lemma 7.4.1

return x `>>=` f stimmt mit f x überein, falls $x::a$.

Beweis Aus der Definition erhalten wir direkt

```
ausf (return f x >>= f) s
== let {(s', x) = (s, x), f x = (Zs q)} in q s'
== ausf (f x) s
```

Daraus folgt die Behauptung: Wir haben gezeigt, daß die Funktionen `ausf (return f x >>= f)` und `ausf (f x)` für jeden Zustand `s` übereinstimmen. ⊣

Daraus ergibt sich das erste Gesetz für Monaden. Zuversichtlich geworden, attackieren wir also gleich

Lemma 7.4.2

`(Zs p)` `>>=` *return* stimmt mit p überein.

Beweis Wir berechnen wieder, was wir erhalten, wenn wir die Zustandsfunktion auspacken und auf einen beliebigen Zustand anwenden:

```
ausf ((Zs p) >>= return) s
== let {(s', x) = p s; (Zs q) = return x} in q s'
== p s.
```

Das sieht man so: Falls die Funktion `q:: s -> (s, a)` so definiert ist, `return x == (Zs q)` gilt, so muß `q == \s -> (s, x)` gelten, also `q s' == (s', x) == p s`. ⊣

Bingo! Also haben wir die zweite Regel für Monaden bewiesen. Übermütig geworden, machen wir uns an den dritten Teil.

Lemma 7.4.3

`(Zs p) >>= (\x -> (f x >>= g))` und `(p >>= (\x -> f x )) >>= g` stimmen überein.

Beweis 0. Wir sehen uns die linke und die rechte Seite getrennt an und finden heraus, was ein Zustand `s` jeweils mit den ausgepackten Funktionen anstellt.

1. Zuerst die linke Seite:

7.4 Die Zustandsmonade

```
ausf ((Zs p) >>= (\x -> (f x >>= g))) s
== let {(s1, y) = p s; (Zs q) = (f y >>= g)} in q s1,
```

denn (\x -> (f x >>= g)) y stimmt mit f y >>= g überein. Wir müssen q s1 berechnen, das ist nach Definition von >>= gerade (ausf (g z)) s2 mit (s2, z) = (ausf (f y)) s1.

2. Jetzt die rechte Seite:

```
ausf ((p >>= (\x -> f x )) >>= g) s
== let {(t1, r) = b s; (Zs h) = g r} in h t1,
```

also ist h t1 == ausf (g r) t1 mit (t1, r) == b s == ausf (f y) s1, wobei wie oben (s1, y) == p s und (s2, z) == (ausf (f y)) s1. Ein Vergleich zeigt, daß h t1 == (ausf (f y)) s1, so daß linke und rechte Seite übereinstimmen. ⊣

Insgesamt haben wir, wenn wir Lemma 7.4.1, Lemma 7.4.2 und Lemma 7.4.3 kombinieren, gezeigt:

Satz 7.4.4

Zustand s ist mit *return* und >>= eine Monade. ⊣

Zur Illustration der Zustandsmonade sehen wir uns Stacks über ganzen Zahlen an. Dadurch, daß wir auf einem Funktionenraum der Form z -> (z, a) arbeiten, kaufen wir uns den Vorteil ein, daß wir eine Aussage für alle Werte vom Typ z machen können, wie wir im Folgenden demonstrieren werden.

Wir nehmen als Menge der Zustände alle Listen ganzer Zahlen, die als Stacks manipuliert werden, so daß wir setzen

```
type Stack = [Int].
```

Wir manipulieren einen Stack an seinem linken Ende, so daß das Element x oben auf dem nicht-leeren Stack x:xs liegt. Die pop-Operation auf einem Stack entfernt sein oberstes Element und wird als

```
pop = Zs (\(x:xs) -> (xs, x))

>>> ausf pop [1 .. 10]
([2,3,4,5,6,7,8,9,10],1)
```

formuliert; wir entfernen also bei einer nicht-leeren Liste das erste Element (das ist der neue Stack) und merken uns das erste Element. Die push-Operation nimmt sich eine ganze Zahl y und einen Stack xs und legt dieses Element auf den Stack, so daß die Liste y:xs den neuen Stack darstellt. Was machen wir mit der zweiten Komponente? Die ist für uns eigentlich in diesem Zusammenhang uninteressant, daher nehmen wir () als Wert dafür. Daraus ergibt sich

```
push y = Zs $ \xs -> (y:xs, ())

>>> ausf (push 99) [1 .. 12]
([99,1,2,3,4,5,6,7,8,9,10,11,12],())
```

Wir hätten auch die Abbildung `Zs $ \xs -> (y:xs, y))` nehmen können. Da die zweite Komponente in diesem Zusammenhang ignoriert wird, ist es sauberer, das auch in die Modellierung eingehen zu lassen.

Jetzt können wir Funktionen formulieren, die, sagen wir, 17 auf den Stack legen, dann zweimal `pop` darauf ausführen, und, falls die letzte Zahl auf dem Stack 25 war, 201 auf den Stack schreiben:

```
lustig :: Zustand Stack ()
lustig =
    do push 17
       pop
       a <- pop
       if a == 25
          then push 201
          else return ()
```

Das können wir jetzt für unterschiedliche Stacks ausführen:

```
>>> ausf lustig [25 .. 30]
([201,26,27,28,29,30],())
>>> ausf lustig [1]
([],())
>>> ausf lustig [25]
([201],())
>>> ausf lustig []
*** Exception: ... Non-exhaustive patterns in lambda
```

Der letzte Aufruf `ausf lustig []` führt also zu Problemen. Es wird eine Ausnahme aktiviert, die feststellt, daß die Muster in der Definition für `pop` nicht erschöpfend spezifiziert sind; in der Tat ist die leere Liste dort nicht erfaßt, weil es keinen Sinn ergibt, die `pop`-Operation für einen leeren Stack auszuführen. Hiergegen sollten wir uns schützen, indem wir entweder die Ausnahme behandeln oder eine solche Ausnahmesituation nicht erst aufkommen lassen. Die Vermeidung einer solchen Situation kann durch die Verwendung des Typs `Maybe a` statt `a` realisiert werden.

7.5 Acht Damen

Auf einem 8×8-Schachbrett sollen acht Damen so plaziert werden, daß sie sich nicht gegenseitig schlagen. Also muß in jeder Zeile, jeder Spalte, jeder Süd-Ost-Diagonale und jeder Süd-West-Diagonale genau eine Dame gesetzt werden. Geht man iterativ vor und hat bereits ℓ Damen in den Spalten $0,\ldots,\ell-1$ in den Zeilen $z_0,\ldots,z_{\ell-1}$ plaziert,

7.5 Acht Damen

so muß man in Spalte ℓ eine Zeile k so finden, daß k keine Zeile, Süd-Ost-Diagonale oder Süd-West-Diagonale mit den bereits gesetzten Damen gemeinsam hat. Es muß also gelten

- $k \notin \{z_0, \ldots, z_{\ell-1}\}$ (keine gemeinsame Spalte),
- $k - i \neq z_i - i$ für $0 \leq i \leq \ell - 1$ (keine gemeinsame Süd-Ost Diagonale),
- $k + i \neq z_i + i$ für $0 \leq i \leq \ell - 1$ (keine gemeinsame Süd-West Diagonale).

Wir setzen also Dame ℓ auf eine Position k und überprüfen die obigen Bedingungen. Falls die Position k diese Bedingungen erfüllt, setzen wir $z_\ell := k$ und positionieren die nächste Dame, falls hingegen k eine der Bedingungen nicht erfüllt, verwerfen wir diese Lösung und probieren wir einen anderen Wert für k. Da das Verwerfen einer Lösung auch die Revision früherer Entscheidungen nach sich ziehen kann, entsteht auf diese Weise ein Backtracking-Algorithmus, der ausführlich bei Wirth [30, 3. 4. 1] diskutiert wird.

Diese Lösung in Java wurde von J. Köster und S. Dissmann vorgeschlagen:

```
/*
Bearbeitet ein Feld pos, auf dem die Dame last-1 zuletzt gesetzt
wurde, pos enthält die Positionen aller Damen, zuletzt ist die
Position der Dame, die gesetzt werden soll.
*/

boolean setzeDamen(int[] pos, int zuletzt) {
        boolean erfolgreich = true;
        for (int i = 0; erfolgreich & i < pos.length; i++) {
            pos[zuletzt] = i;
            if (!Kollision(pos, zuletzt)) {
                // falls alle Damen gesetzt sind: ausgeben
                if (zuletzt == pos.length-1) {
                    druckeBrett(pos);
                    return false;
                } else {
                    // nächste Dame setzen, rekursiv fortfahren
                    erfolgreich = setzeDamen(pos, zuletzt + 1);
                }
            }
        }
        return erfolgreich;
}
```

Die Methode Kollision überprüft, ob die Position der zuletzt gesetzten Dame mit bereits vorhandenen Positionen kollidiert.

```
boolean Kollision(int[] pos, int zuletzt) {
        // für alle vorherigen Damen Kollisionen überprüfen
```

```
        for (int i = 0; i < zuletzt; i++) {
            // gleiche Spalte
            if (pos[i] == pos[zuletzt]) return true;
            // Süd-Ost
            if (pos[i] + i == pos[zuletzt] + zuletzt) return true;
            // Süd-West
            if (pos[i] - i == pos[zuletzt] - zuletzt) return true;
        }
        // sonst keine Kollision
        return false;
    }
```

Die folgende Darstellung in Haskell folgt dem Tutorial von Norvell [24] und löst das Problem mit einer geeigneten Monade.

Geometrisch ist klar, daß drei Listen benötigt werden, um den Stand der Dinge zu beschreiben. Wir merken uns die Spalten, die Süd-West-Diagonalen und die Süd-Ost-Diagonalen, die belegt werden. Hierbei werden die Diagonalen analog zur Diskussion oben verschlüsselt, indem die Süd-West-Diagonale durch die Differenz der Zeilen- und der Spalten-Nummer dargestellt wird, analog die Süd-Ost-Diagonale durch die Summe der Zeilen- und der Spalten-Nummer. Wir halten den Zustand der Konstruktion fest durch

```
type QZustand = ([Int], [Int], [Int]).
```

In der Abbildung 7.1 haben wir fünf Königinnen auf einem 5×5-Brett verteilt; der zugehörige QZustand ist ([3, 1, 4, 2, 0], [3, 0, 2, -1, -4], [3, 2, 6, 5, 4]). Die Königin in Zeile 3 steht in Spalte 2, in der Süd-Ost-Diagonale 2+3 und der Süd-West-Diagonale 3+2.

	0	1	2	3	4
0				❋	
1		❋			
2					❋
3			❋		
4	❋				

Abbildung 7.1: Ein 5×5-Brett

Nehmen wir an, wir haben einen QZustand, sagen wir (spalte, west, ost), so daß spalte die Liste der belegten Zeilen, west die der belegten Süd-West-Diagonalen und ost die Liste der belegten Süd-Ost-Diagonalen darstellt. Wollen wir Dame n in die Spalte k setzen, so müssen wir überprüfen, ob diese Position legal ist. Es muß also gelten

```
k 'notElem' spalte && k - n 'notElem' west && k + n 'notElem' ost.
```

7.5 Acht Damen

Falls die Position legal ist, notieren wir sie, indem wir zum neuen Zustand

```
(k:spalte, (k-n):west, (k+n):ost)
```

übergehen; ist sie nicht legal, müssen wir eine neue Position überprüfen.

Wir könnten einen Zug durch eine Abbildung `QZustand -> (QZustand, Position)` modellieren, sollten dabei aber berücksichtigen, daß wir auch auf undefinierte Felder stoßen können. Für diesen Zweck können wir die Monade `Maybe` ganz gut gebrauchen. Wir arbeiten dann mit dem Typ `ZustandsTransf`, der so definiert ist

```
newtype ZustandsTransf s a = ZT (s -> Maybe (s, a))
```

Eine Instanz dieses Typs ist also im Wesentlichen eine Funktion `s -> Maybe (s, a)`, die durch den Konstruktor `ZT` eingewickelt wurde.

Die Operationen für eine Monade sind klar: `return` spielt die Rolle der Identität, die nichts am Zustand ändert. Die `bind`-Operation zeigt uns, wie wir Elemente an die Monade binden. Hierbei müssen wir freilich berücksichtigen, daß wir als Wertebereich unserer Abbildungen einen `Maybe`-Typ haben.

```
instance Monad (ZustandsTransf s) where
    return x = ZT (\s -> Just (s, x))
    (ZT p) >>= f = ZT (\s0 -> case p s0 of
                        Just (s1, x) -> let (ZT q) = f x
                                         in q s1
                        Nothing -> Nothing)
```

Sind also p :: `ZustandsTransf s a` und f :: `a -> ZustandsTransf s b` vorgegeben, so finden wir `(ZT p) >>= f`, indem wir für einen beliebigen Zustand `s0` die Funktion p ausführen und das Ergebnis ansehen. Hat es den Wert `Nothing`, so wird `Nothing` auch als Resultat der neuen Funktion zurückgegeben. Ist es hingegen von der Form `Just (s1, x)`, so muß x vom Typ a sein, und wir berechnen `f x :: ZustandsTransf s b`. Das packen wir aus (schließlich verbirgt sich hier eine Funktion `s -> Maybe (s, b)`) und wenden diese Funktion auf den Zustand `s1` an, den wir aus der Anwendung von p auf `s0` gewonnen haben. Das gibt ein Resultat vom Typ `Maybe (s, b)`. Die so gefundene Funktion `s -> Maybe (s, b)` wird fein säuberlich durch `ZT` eingepackt.

Wir definieren die Applikationsfunktion

```
appZT :: ZustandsTransf s a -> s -> Maybe (s, a)
appZT (ZT q) s = q s,
```

dann gilt

$$\text{appZT (ZT (p) >>= f) s0} = \begin{cases} \text{appZT (f x) s1}, & \text{p s0 = Just (s1,x)} \\ \text{Nothing}, & \text{sonst} \end{cases}$$

Wir müßten mit den Definitionen von `return` und `>>=` nachweisen, daß es sich hier um eine Monade handelt, verzichten aber darauf. Das liegt daran, daß `ZustandsTransf s` durch die Kombination zweier Monaden, der Zustandsmonade und der `Maybe`-Monade, entsteht, und es allgemeine Regeln für die Kombination von Monaden gibt, auf die wir jedoch nicht eingehen. Wir halten's trotzdem fest.

Lemma 7.5.1

Die Operationen `return` und `>>=` machen *ZustandsTransf s* zu einer Monade. ⊣

Wir sind noch nicht, wie man im Bergischen sagt, *längs Schmidts Bakkes*, die Vorbereitungen sind also noch nicht ganz ausreichend. Das liegt daran, daß wir in der Lage sein sollten, erfolglose Versuche, eine Dame zu positionieren, abzubrechen; die geschickte sequentielle Kombination von Versuchen sollte ebenfalls ausgedrückt werden können. Wenn es uns nämlich gelingt, eine Dame zu positionieren, so akzeptieren wir die Position (für's Erste); falls wir jedoch scheitern, so wollen wir den nächsten Versuch wagen.

Zur Realisierung bieten sich die Konstruktionen von `MonadPlus` an: Wir haben nicht nur das neutrale Element `mzero` und den Kombinationsoperator `mplus` zur Verfügung, dieser Typ stellt auch die Funktion `guard` bereit.

```
instance MonadPlus (ZustandsTransf s) where
    mzero = ZT (\s -> Nothing)
    (ZT p) 'mplus' (ZT q) = ZT (\s0 -> case p s0 of
                    Just (s1, x) -> Just (s1, x)
                    Nothing      -> q s0)
```

Führt also bei der Berechnung von `(ZT p) 'mplus' (ZT q)` die Ausführung der Funktion p zum Erfolg, so geben wir dieses Ergebnis zurück; im Falle des Mißerfolgs (also beim Resultat `Nothing`) führen wir die Funktion q mit demselben Zustand wie p aus.

Wir benötigen

Lemma 7.5.2

Mit *mzero* und der Funktion *mplus* erfüllt *ZustandTransf s* die Gesetze von *MonadPlus*.

Beweis 1. Es ist nach Konstruktion offensichtlich, daß

```
mzero 'mplus' p == p
```

gilt.

2. Falls für ein s0 gilt p s0 == Nothing, so gilt ebenfalls (ZT (p) 'mplus' mzero) s0 == Nothing; ist hingegen p s0 == Just (s1, x), so gilt auch (ZT (p) 'mplus' mzero) s0 == Just (s1, x), also

7.5 Acht Damen

```
ZT (p) 'mplus' mzero == p
```

3. Das Assoziativgesetz wird durch eine einfache Fallunterscheidung bewiesen. Sie sieht danach, welche der beteiligten Funktionen für einen beliebigen, aber festen Zustand s0 den Wert Nothing liefert. ⊣

Im Lieferumfang von MonadPlus findet sich auch die Funktion msum, die eine Liste von Elementen der Monade mit mplus kombiniert, also ganz ähnlich zu concat für Listen ist. Das werden wir weiter unten benötigen.

Kümmern wir uns aber zunächst um die Manipulation der Positionen. Wir definieren für die Spalten diese Funktionen

```
liesSpalte :: ZustandsTransf (t, t1, t2) t
liesSpalte    = ZT (\(sp, sw, so) -> Just ((sp, sw, so), sp))

schreibSpalte :: a -> ZustandsTransf ([a], t, t1) ()
schreibSpalte c = ZT (\(sp, sw, so) -> Just ((c:sp, sw, so), ()))
```

Die Funktion liesSpalten gibt den gegenwärtigen Zustand wieder und vermerkt die Liste der Spalten, die Funktion schreibSpalte sorgt dafür, daß ihr Argument an den Anfang der Spalten geschrieben wird, gibt aber nichts (d. h. den singulären Wert ()) aus.

Die Funktion zZS (*zaghaftes ZeilenSchreiben*) versucht nun, einen Wert für die gegenwärtige Dame zu plazieren, falls das möglich ist. Sie ist wie folgt definiert und soll eingehender besprochen werden.

```
zZS :: (Eq a) => a -> ZustandsTransf ([a], t, t1) ()
zZS c =
        do spalte <- liesSpalte
               guard (c 'notElem' spalte)
               schreibSpalte c
```

Zum besseren Verständnis transformieren wir den Code. Nach Regel ① erhalten wir für die Funktion zZS c diesen Ausdruck:

```
liesSpalte >>= (\spalte -> do
                        guard (c 'notElem' spalte)
                        schreibSpalte c)
```

Sehen wir uns bei festgehaltenem Argument spalte den inneren Ausdruck an:

```
do {guard (c 'notElem' spalte); schreibSpalte c}
```

Falls die bewachende Bedingung wahr ist, erhalten wir daraus mit Regel ⑥

```
return () >>= (\_-> schreibSpalte c),
```

was nach den Regeln für Monaden mit `schreibSpalte c` übereinstimmt. Falls sie jedoch falsch ist, ergibt sich aus der Definition von `guard` der Ausdruck

```
mzero >>= (\_-> schreibSpalte c).
```

Das ist aber nach Lemma 7.5.2 gerade `mzero`, weil wir in einer Instanz von `MonadPlus` arbeiten. Also reduziert sich der obige Ausdruck zu

```
liesSpalte >>= (\spalte -> if c 'notElem' spalte
                           then schreibSpalte c
                           else mzero)
```

Wir berechnen `appZT (p >>= q) (sp, sw, so)` für

```
p = liesSpalte,
q = (\spalte -> if c 'notElem' spalte
                then schreibspalte c
                else mzero).
```

Offensichtlich gilt

```
appZT (p) (sp, sw, so) == Just ((sp, sw, so), sp),
q sp                   == if c 'notElem' sp
                          then schreibspalte c
                          else mzero,
```

also

```
appZT(q sp) (sp, sw, so) ==
    if c 'notElem' sp then Just((c:sp, sw, so), ()) else Nothing
```

Zusammengefasst sehen wir, daß `zZS c` gerade dafür sorgt, die Position c gerade in diejenigen Spalten zu schreiben, die sie noch nicht enthalten. Es wird auch sichtbar, wie die Parameter ineinandergreifen, um das zu bewirken.

Analoge Funktionen mit entsprechenden Eigenschaften sind auch für die Süd-Ost- und die Süd-West-Diagonalen notwendig:

```
liesOstDiag  :: ZustandsTransf (t, t1, t2) t2
liesOstDiag  = ZT (\(sp, sw, so) -> Just ((sp, sw, so), so))
liesWestDiag = ZT (\(sp, sw, so) -> Just ((sp, sw, so), sw))

schreibOstDiag  :: a -> ZustandsTransf (t, t1, [a]) ()
schreibOstDiag  o = ZT (\(sp, sw, so) -> Just ((sp, sw, o:so), ()))
schreibWestDiag w = ZT (\(sp, sw, so) -> Just ((sp, w:sw, so), ()))
```

Die Schreibversuche sind analog für die beiden Arten von Diagonalen, sie schreiben in die entsprechenden Diagonalen, sofern es möglich ist, sofern also der entsprechende Wächter das gestattet.

Für die Süd-Ost-Diagonalen:

7.5 Acht Damen

```
zOS o =
     do ost <- liesOstDiag
          guard (o 'notElem' ost)
          schreibOstDiag w
```

... und für die Süd-West-Diagonalen:

```
zWS w =
     do west <- liesWestDiag
          guard (w 'notElem' west)
          schreibWestDiag w
```

Wollen wir Königin r in Spalte sp positionieren, so geschieht das, indem wir die entsprechenden Aktionen kombinieren:

```
setze r sp =
  do zZS sp
     zWS (sp - r)
     zOS (sp + r)
```

Die Arbeit wird durch die Funktion koenigin geleistet, die versucht, r Königinnen auf einem quadratischen Brett der Größe n zu positionieren.

```
koenigin :: (Num a, Enum a) => a -> a
                             -> ZustandsTransf ([a], [a], [a]) [a]
koenigin r n =
     if r == 0 then liesSpalte
               else versucheAlle [0 .. n-1]
                    (\c -> do {setze (r-1) c; koenigin (r-1) n}),
```

wobei die Funktion versucheAlle xs f die Funktion f auf die Elemente von xs anwendet und die Ergebnisse mit 'msum' kombiniert:

```
versucheAlle :: (MonadPlus m) => [a] -> (a -> m a1) -> m a1
versucheAlle xs f = msum (map f xs).
```

Wir versuchen also, beim Aufruf koenigin r n die letzte Königin r-1 auf den n×n-Brett zu plazieren und anschließend die restlichen Königinnen aufzustellen. Die Versuche für die einzelnen Werte von n werden mit 'mplus' kombiniert, so daß also beim Mißerfolg eines Versuchs der nächste Versuch unternommen wird. Erreichen wir den Wert r == 0, so war die Gesamtaktion erfolgreich, und wir geben das Ergebnis aus.

Und so sieht der endgültige Funktionsaufruf für acht Damen aus (die letzte Komponente gibt die Lösung an):

```
>>>appZT (koenigin 8 8) ([], [], [])
Just (([3,1,6,2,5,7,4,0],[3,0,4,-1,1,2,-2,-7],
      [3,2,8,5,9,12,10,7]),[3,1,6,2,5,7,4,0])
```

Drei Damen können nicht gesetzt werden, erst bei vier Damen wird es interessant

```
>>> appZT (koenigin 3 3) ([], [], [])
Nothing
>>> appZT (koenigin 4 4) ([], [], [])
Just (([2,0,3,1],[2,-1,1,-2],[2,1,5,4]),[2,0,3,1])
```

7.6 Ein klitzekleiner Parser

Um Ihnen zu zeigen, wie flexibel Monaden sind, soll als Beispiel ein kleiner Parser konstruiert werden, mit dessen Hilfe arithmetische Ausdrücke in binäre Bäume verwandelt werden können.

Arithmetische Ausdrücke sind nicht-negative ganze Zahlen, die durch binäre arithmetische Operatoren oder durch Klammern miteinander verbunden sind; eine Zahl ist eine nicht-leere Folge von Ziffern (wir notieren das in der Grammatik als regulären Ausdruck). Die kontextfreie Grammatik sieht so aus:

```
ArithmAusdruck ::= Num | Num binOp Num |
                   '('Num binOp ArithmAusdruck')' |
                   Num binOp ArithmAusdruck |
                   '(' Num binOp ArithmAusdruck')' binOp ArithmAusdruck
Num            ::= {'0' .. '9'}^+
binOp          ::= '+' | '*' | '-'
```

Die Aufgabe besteht nun darin, eine Zeichenkette, die einen arithmetischen Ausdruck enthält, einzulesen und daraus einen binären Baum zu konstruieren, dessen Knoten – der Einfachheit halber – Zeichenketten enthalten. Hier ist noch einmal die Definition eines Baums zusammen mit der Funktion, die ein Blatt konstruiert:

```
data Baum a = Knoten a (Baum a) (Baum a)
            | Leer
            deriving (Show)

blatt a = Knoten a Leer Leer
```

Die Idee bei der vorliegenden syntaktischen Analyse besteht darin, den Text zunächst Zeichen für Zeichen zu lesen, hierbei bestimmt die lexikalische Klasse des gelesenen Zeichens, wie weiter vorgegangen werden soll. Wird z. B. eine Ziffer gelesen, so wissen wir, daß wir eine numerische Konstante lesen, wir lesen dann so lange weiter, wie wir eine Ziffer sehen. Sehen wir dagegen eine öffnende oder eine schließende Klammer oder einen arithmetischen Operator, so wissen wir, daß wir lediglich dieses Zeichen lesen und verarbeiten sollten, anschließend lesen wir weiter. Wir nehmen der Einfachheit halber an, daß wir keine Leerzeichen, Tabulatoren oder Zeilenumbrüche in der Zeichenkette haben (durch einen Filter lassen sich diese Zeichen beim Einlesen eliminieren).

7.6 Ein klitzekleiner Parser

Beim Lesen eines Zeichens müssen wir uns gegen *unerwünschte* Zeichen absichern. Nehmen wir an, wir lesen Ziffern, dann taucht ein arithmetischer Operator auf. Falls wir dieses letzte Zeichen konsumieren, also aus dem Strom der zu lesenden Zeichen entfernen, laden wir uns einige Probleme auf, denn wir müssen ja beim Lesen eines arithmetischen Operators gerade mit diesem Zeichen weiter arbeiten. In einer Programmiersprache wie C hat man eine Funktion wie etwa `ungetc`, die das zuletzt gelesene Zeichen zurück in den Lese-Puffer schreibt. In Haskell geht man an dieser Stelle anders vor, wie wir sehen werden.

Wir bearbeiten also einen Anfangsabschnitt der Zeichenkette, soweit wir ihn gebrauchen können, und reichen dann den Rest, also den unverarbeiteten Teil des `String` an die nächste Phase weiter. Hierzu ist die Funktion `liesText` hilfreich, die wie folgt formuliert ist:

```
liesText = let
              zerlege [] = Nothing;
              zerlege (x:xs) = Just (xs, x)
           in
              ZT zerlege
```

Wir zerlegen also den Text in den ersten Buchstaben und den Rest und geben dieses Paar, eingepackt in `Just`, als Resultat zurück; falls die leere Zeichenkette übergeben wird, so geben wir `Nothing` als Wert zurück. Dadurch entsteht eine Funktion mit der Signatur `String -> Maybe(String, Char)`, also ein Element der Zustandstransformationsmonade über Zeichenketten und Zeichen.

Es gilt

```
>>> (appZT liesText) "abc"
Just ("bc",'a')
>>> (appZT liesText) ""
Nothing
```

Wir müssen entscheiden, ob wir ein gerade eingelesenes Zeichen behalten wollen oder nicht. Hierzu benutzen wir, da wir in einer Instanz von `MonadPlus` arbeiten, die Funktion `guard`, die wir oben ja schon kennengelernt haben. Wir benutzen diese Funktion als Filter in der Funktion `sat`, die wie folgt definiert ist:

```
sat :: MonadPlus m => m b -> (b -> Bool) -> m b
sat g p = do a <- g; guard (p a); return a
```

Es werden also ein Element `m` der Monade und ein Prädikat `p` als Parameter übergeben, wobei das Prädikat über den Grundtyp der Monade definiert ist. Das Element der Monade wird ausgewertet, dann wird überprüft, ob das Prädikat auf das Resultat der Auswertung zutrifft. Falls das der Fall ist, gibt der Wächter den Weg frei, und der Wert wird zurückgegeben, falls es nicht der Fall ist, blockiert der Wächter den Weg und `mzero` wird als Resultat zurückgegeben. Im Beispiel unserer Monade sieht das etwa so aus:

```
>>> (appZT $ sat liesText (== 'a')) "abc"
Just ("bc",'a')
>>> (appZT $ sat liesText (== 'a')) "xbc"
Nothing
```

Sie sehen, wie der erste Buchstabe aus der Zeichenkette *herausgefischt* wird. Das führt zur Funktion

```
liesZeichen :: Eq b => b -> ZustandsTransf [b] b
liesZeichen z = sat liesText (== z)
```

Wir sollten in der Lage sein, über die Zeichenkette zu iterieren, die Resultate zusammenzufügen und weiter zu verarbeiten, solange das für eine bestimmte Kategorie erfolgreich ist, so lange also nicht Nothing zurückgegeben wird. Hierzu dienen die beiden Bibliotheksfunktionen some und many, die mit Hilfe der grundlegenden Funktionen mplus und mzero wie folgt definiert sind:

```
some :: MonadPlus m => m a -> m [a]
some m = do a <- m; as <- many m; return (a:as)

many :: MonadPlus m => m a -> m [a]
many m = some m 'mplus' return[]
```

Die Funktion many führt ihr Argument mindestens einmal aus. Falls das erfolglos war (falls also der Wert mzero zurückgegeben wird), so wird nach der Definition des Operators mplus für diese Monade die leere Liste zurückgegeben, sonst wird iteriert; die Funktion some iteriert also mindestens einmal die Ausführung ihres Arguments, als Resultat wird die Liste ihrer Ergebnisse zurückgegeben.

Damit können wir jetzt eine Funktion konstruieren, die uns aus einer Zeichenkette die am Anfang zu findenden Ziffern herausfischt:

```
ziffern = ['0' .. '9']

liesNat :: ZustandsTransf [Char] [Char]
liesNat = do
            ds <- some (sat liesText ('elem' ziffern))
            return ds
```

Sehen wir uns ein Beispiel an:

```
>>> (appZT liesNat) "1234abd2345"
Just ("abd2345","1234")
>>> (appZT liesNat) "q1234abd2345"
Nothing
```

7.6 Ein klitzekleiner Parser

Die Funktion trennt also erfolgreich den Teil der Zeichenkette ab, der durch das Prädikat spezifiziert wird, der Rest der Zeichenkette wird zurückgegeben. Das zweite Beispiel zeigt, daß die Funktion keinen Erfolg hat, falls das angegebene Prädikat den Wert `False` zurückgibt. Dann wird nicht der Rest der Zeichenkette zurückgegeben, sondern vielmehr der Wert `Nothing`.

In analoger Weise behandeln wir Operatoren, indem wir das Prädikat daraufhin abändern, daß ein Operator-Symbol gelesen werden sollte:

```
operatoren = "*+-"
liesOp :: ZustandsTransf [Char] [Char]
liesOp = do
          ds <- some (sat liesText ('elem' operatoren))
          return ds
```

Wir hätten uns damit zufrieden geben können, lediglich das Einzelzeichen für den Operator zurückzugeben, auf der anderen Seite sollen Operatoren und Zeichenketten, die Zahlen repräsentieren, in einem binären Baum aufbewahrt werden. Um Umständlichkeiten zu vermeiden, geben wir nicht das Zeichen für einen Operator zurück, sondern die entsprechende Zeichenkette. Damit haben wir eine einheitliche Ausgabe-Schnittstelle.

Wir werden gleich sehen, daß wir öffnende und schließende Klammern anders behandeln, das liegt aber daran, daß wir diese Klammern nicht als Knoten in den binären Baum aufnehmen.

Mit der Funktion `zahl`, die Sie hier finden

```
zahl :: ZustandsTransf [Char] (Baum [Char])
zahl = do
        a <- liesNat
        return (blatt a)
```

können wir jetzt eine Folge von Ziffern als Zahl einlesen:

```
>>> (appZT zahl) "12+99"
Just ("+99",Knoten "12" Leer Leer)
```

Die Zeichenkette wird so lange gelesen, wie das Prädikat erfüllt ist, dann wird aus dem akzeptierten Teil ein Baum (in diesem Fall ein Blatt) konstruiert, der Rest der Eingabe wartet im Eingabepuffer, um weiter verarbeitet zu werden.

Die nächste Funktion liest einfache Ausdrücke ein:

```
einfAusdr :: ZustandsTransf [Char] (Baum [Char])
einfAusdr = do
             li <- zahl
             wu <- liesOp
             re <- zahl
             return (Knoten wu li re)
```

Hier wird ein einfacher arithmetischer Ausdruck eingelesen, die Eingabe wird nicht weiter verarbeitet, sobald die letzte Ziffer gelesen ist:

```
>>> (appZT einfAusdr) "12+99*(4+5)"
Just ("*(4+5)",Knoten "+" (Knoten "12" Leer Leer) (Knoten "99" Leer
Leer))
```

Ein geklammerter Ausdruck beginnt mit einer öffnenden Klammer, der linke Operand ist eine Zahl, dann findet man den Operator, der rechte Operand ist ein allgemeiner Ausdruck, das Ganze wird abgeschlossen durch eine schließende Klammer. Die Funktion `klammer`, die Sie hier mit den anderen beiden Funktionen finden, erkennt diese Ausdrücke

```
klammer :: ZustandsTransf [Char] (Baum [Char])
klammer =
      do
         liesZeichen '('
         li <- zahl
         wu <- liesOp
         re <- binTree
         liesZeichen ')'
         return (Knoten wu li re)

opAusdr :: ZustandsTransf [Char] (Baum [Char])
opAusdr = do
         li <- msum [klammer, zahl]
         wu <- liesOp
         re <- binTree
         return (Knoten wu li re)

binTree :: ZustandsTransf [Char] (Baum [Char])
binTree = msum [opAusdr, einfAusdr, zahl, klammer]
```

In ähnlicher Weise wird der Parser für einen Ausdruck mit Operator definiert (`opAusdr`).

Ein binärer Baum wird konstruiert, indem die bisher behandelten Funktionen in der angegebenen Reihenfolge abgearbeitet werden. Sie sehen, daß die Funktionen zur Erkennung von Operator-Ausdrücken und zur Erkennung von binären Bäumen jeweils mit der Funktion `msum` arbeiten. Diese Funktion ist die Listen-Version des binären Operators `mplus`, sie nimmt sich also die Elemente der Liste und verknüpft sie mit diesem Operator.

Die Reihenfolge ist natürlich wesentlich: Sehen wir uns das im Fall des Operator-Ausdrucks an. Zunächst wird versucht, einen Klammer-Ausdruck zu erkennen. Falls dies erfolgreich ist, wird dieser Klammer-Ausdruck zurückgegeben, die nächste Funktion zur Erkennung einer Ziffernfolge wird dann nicht ausgeführt. Ist dagegen der Versuch, einen Klammer-Ausdruck zu erkennen, nicht erfolgreich (wird also `mzero` zurückgegeben), so wird die nächste Funktion in der Liste, also die Funktion `zahl` abgearbeitet. Ist eine der beiden Funktionen erfolgreich, so wird das Ergebnis dem linken Operanden mitgegeben, dann wird der Operator abgearbeitet und die Funktion `binTree` wird aufgerufen,

7.6 Ein klitzekleiner Parser

ihr Resultat wird dem rechten Operanden zugewiesen. Daraus wird dann ein binärer Baum konstruiert, der als Ergebnis zurückgegeben wird. In analoger Weise arbeitet die Funktion `binTree`: Die dort angegebenen Funktionen werden *in dieser Reihenfolge* abgearbeitet. Eine Funktion wird nur dann aufgerufen, wenn ihr Vorgänger keinen Erfolg erzielt hat.

Sehen wir uns als Beispiel den binären Baum zu 1+2*(3-(4+5)) an:

```
>>> (appZT binTree) "1+2*(3-(4+5))"
Just ("",Knoten "+" (Knoten "1" Leer Leer)
    (Knoten "*" (Knoten "2" Leer Leer)
        (Knoten "-" (Knoten "3" Leer Leer)
            (Knoten "+" (Knoten "4"  Leer Leer)
                        (Knoten "5" Leer Leer)))
))
```

Damit können wir jetzt aus einer Zeichenkette, die arithmetische Ausdrücke enthält, einen binären Baum konstruieren. Wir benutzen natürlich die dazu konstruierte Funktion `binTree`. Bevor wir die Zeichenkette dieser Funktion präsentieren, säubern wir sie von Leerzeichen, Tabulatoren und Zeilenumbrüchen. Das geschieht durch den angegebenen Filter. Dann sehen wir uns das Resultat der Anwendung der Funktion `binTree` an: Haben wir die Eingabe insgesamt konsumiert und den Baum berechnet, so geben wir den Baum zurück, in allen anderen Fällen, also bei nicht vollständig konsumierter Eingabe oder erfolgloser Anwendung der Funktion, wird der leere Baum zurückgegeben.

```
baumKon :: [Char] -> Baum [Char]
baumKon st = case (appZT binTree) $ filter  (`notElem` " \t\n") st of
                Just ("", ba) -> ba
                otherwise -> Leer
```

Damit haben wir etwa als Beispiel

```
>>> baumKon "1 + 2 * (3 + (4 - 5))"
Knoten "+" (Knoten "1" Leer Leer) (Knoten "*" (Knoten "2" Leer Leer)
(Knoten "+" (Knoten "3" Leer Leer) (Knoten "-" (Knoten "4" Leer
Leer) (Knoten "5" Leer Leer))))
```

Der konstruierte Parser ist klein und ziemlich eingeschränkt, er achtet deutlich darauf, daß keine links-rekursiven Aufrufe stattfinden. Diese Aufrufe würden dazu führen, daß keine Eingabe konsumiert wird, also in eine unendliche Folge von Aufrufen einmünden. Er ist auf der anderen Seite einigermaßen einfach zu erweitern, es ist nicht allzu schwierig, zum Beispiel Variablen und Zuweisungen an Variablen hinzuzufügen.

Beim Vergleich der beiden hier behandelten Parser sieht man, daß der SLR-Parser in Abschnitt 6.3 als Gerüst vorgegeben ist, und daß wir lediglich die zu seiner Arbeit nötigen Tabellen konstruieren müssen. Zudem setzt der erzeugte Parser voraus, daß eine lexikalische Analyse des Programmtexts vorausgeht, die dem Parser die einzelnen lexikalischen Einheiten (Bezeichner, Operatoren, Klammern) liefert. Der hier konstruierte monadische Parser setzt direkt auf dem Programmtext auf; das liegt an seiner Einfachheit. Der wesentliche Unterschied besteht jedoch darin, daß der Parser nicht über den Umweg über eine Tabellenkonstruktion spezifiziert wird, sondern daß er seine wesentlichen Kontrollstrukturen selbst enthält. Sie sind durch die Monade gegeben.

7.7 Aufgaben

Aufgabe 7.1

Der Datentyp `Keller` a stellt einen Kellerspeicher dar als eine Liste über dem Typ a, das erste Element wird hervorgehoben, falls es vorhanden ist, vgl. Seite 95. Der unten wiedergegebene Versuch, daraus eine Monade zu machen, scheitert kläglich. Wieso? Korrigieren Sie den Versuch.

```
newtype Keller a = Keller {derKeller :: ([a], Maybe a)} deriving Show

neuerKeller x = Keller ([], Nothing)

instance Monad Keller where
      return x = neuerKeller x
      Keller ([], _) >>= f = Keller ([], Nothing)
      Keller (t, Just x) >>= f = Keller (h, r)
            where
                h = concat [fst(derKeller (f y)) | y <- t]
                r = Just (head h)
```

Aufgabe 7.2

Der Beweis des dritten Monadengesetzes ❸ für Listen auf Seite 183 ist ein "Pünktchenbeweis". Ersetzen Sie ihn durch einen Beweis, der induktiv über die Länge der Liste argumentiert.

Aufgabe 7.3

Zeigen Sie, daß `Maybe` mit den angegebenen Funktionen

1. die Monadengesetze,
2. die Gesetze für `MonadPlus`

erfüllt.

Aufgabe 7.4

Expandieren Sie die im Parser `baumKon` benutzte Funktion `sat`

```
sat :: MonadPlus m => m b -> (b -> Bool) -> m b
sat m p = do a <- m; guard (p a); return a
```

mit Hilfe der Regeln ① – ⑥ (vgl. Seite 179 f.) und bestätigen Sie die angegebene Typisierung.

Aufgabe 7.5

Interpretieren Sie den vom Parser `baumKon` ausgegebenen Baum für arithmetische Ausdrücke.

Aufgabe 7.6

Wir definieren die *Kleisli-Komposition* `>=>` in einer Monade wie folgt

```
(>=>) :: Monad m => (a -> m b) -> (b -> m c) -> (a -> m c)
f >=> g = \x -> (f x) >>= g
```

Zeigen Sie, daß die Kleisli-Komposition assoziativ ist. Berechnen Sie diese Komposition für die Listen-Monade.

Aufgabe 7.7

Machen Sie `MeineMenge` zu einer Instanz der Klassen `Monad` sowie `MonadPlus`, vgl. Aufgabe 4.18. Berechnen Sie die Kleisli-Komposition für die Mengen-Monade.

Aufgabe 7.8

Manche Anwendungen benötigen für lokal zu manipulierende Objekte eine Menge von Atomen, also von Werten, die keine Komponenten haben und paarweise voneinander verschieden sind, vgl. Abschnitt 6.3. Atome können durch

```
data Atom a = Atom a deriving (Show, Eq)
```

dargestellt werden. Benutzen Sie die Zustandsmonade, um eine entsprechende Funktion zu implementieren.

Aufgabe 7.9

Bearbeiten Sie Aufgabe 6.7 noch einmal. Benutzen Sie zur Implementierung des Automaten eine Monade zur Zustandstransformation.

A Zur Benutzung des Systems

Wir stellen einige Informationen zusammen, die sich bei der Nutzung des Interpreters und bei praktischen Fragen als hilfreich erwiesen haben.

A.1 Zur Benutzung von `GHCi`

Das hier verwendete `Haskell`-System ist der Interpreter `GHCi` des *Glasgow Haskell Compiler (GHC)*. Wir befassen uns nicht mit der Verwendung des Compilers zur Erzeugung von Code, der unabhängig vom interpretierenden System ausgeführt werden kann, Informationen finden sich jedoch in der Dokumentation zu *GHC*. Es ist hilfreich, einige Eigenschaften dieses Systems kennenzulernen. Die Dokumentation zu `GHCi` ist unter allen Systemen verfügbar. Sie kann unter **MacOS X** gefunden werden unter

    file:///usr/share/doc/ghc/html/index.html,

unter **Windows 7** im Verzeichnis zur Dokumentation von `Haskell` (unter „Alle Programme"). Unter **Unix**-Systemen ist der Fundort uneinheitlich, gelegentlich findet man die Dokumentation unter `/usr/local`.

A.1.1 Der Interpreter

Der Interpreter liest ein Skript ein und interpretiert es. Vorher wird jedoch das System initialisiert, indem der wichtige Modul `Prelude` eingelesen wird. Dieser Modul enthält alle wichtigen Definitionen, die für die Arbeit mit dem System notwendig sind, die Definitionen können in der Datei

    http://www.haskell.org/onlinereport/standard-prelude.html

gefunden werden. In den interaktiven Sitzungen mit dem Interpreter sind einige hilfreiche Befehle verfügbar:

:load, :l Das Argument zu diesem Befehl sollte ein Dateiname sein, mit oder ohne anschließendem Suffix .hs; wird lediglich der Name der Datei angegeben, so wird im gegenwärtigen Arbeitsverzeichnis gesucht, sonst muß der Name der Datei mit dem Pfad gegeben werden. Die Datei wird in dem Interpreter geladen.

:reload, :r Lädt die letzte Datei, die geladen ist, erneut.

:type, :t Das Argument sollte ein Ausdruck sein, als Ergebnis wird der Typ dieses Ausdrucks zurückgegeben. Hilfreich ist auch: :type it, mit dem der Typ des letzten ausgewerteten Ausdrucks berechnet wird.

:info, :i Als Argument sollte ein Name eingegeben werden. Informationen über diesen Namen werden zurückgegeben.

:quit, :q Hiermit wird das System verlassen.

:browse, :b Als Argument sollte der Name eines Moduls angegeben werden, es werden Definitionen über die in dem Modul zu findenden Namen zurückgegeben, falls der Modul geladen wurde.

:help, :h, :?, :? Listet alle verfügbaren Befehle des Interpreters auf.

:set, :s Setzt diverse Variablen des Interpreters. Am wichtigsten ist wohl die Editor-Variable, mit `:set editor emacs` wird der voreingestellte Editor auf Emacs gesetzt.

:edit, :e Sofern der verwendete Editor bekannt ist, wird die Datei, deren Namen als Argument zu dem Befehl gegeben wird, zum Editieren geöffnet. Der Editor wurde entweder mit :set editor gesetzt oder ist durch eine Umgebungsvariable im System bekannt.

A.2 Module und Pakete

Das `Haskell`-System stellt viele Module bereit, die für die Arbeit hilfreich sind. Wir haben gerade angesprochen, daß der Modul `Prelude` beim Start des Interpreters geladen wird, andere Module müssen explizit dazu geladen werden. Das Modul-System selbst ist hierarchisch gegliedert. Die Gliederung erfolgt durch die Namen der Module: Es wird zunächst die oberste Ebene der Gliederung angegeben, dann folgen Verfeinerungen. Diese Gliederung ist jedoch lediglich als Navigationshilfsmittel für den Benutzer gedacht, sie hat keine wie auch immer geartete sprachliche Bedeutung.

Einige wichtige Namen auf der obersten Ebene geben die Funktion der entsprechenden Modul-Familien an:

`Control` Diese Bibliothek enthält die Kontroll-Monade, die dem Ein-/Ausgabe-Mechanismus von `Haskell` zugrunde liegt.

`Data` In diesen Bibliotheken finden sich zusätzliche Datentypen wie z. B. Listen (also etwa `Data.List`) und andere, denen wir gelegentlich begegnen.

`Numeric` Hier finden sich Bibliotheken, mit deren Hilfe numerische Aufgaben gelöst werden können, insbesondere auch Funktionen, die Zahlen in einer Vielfalt von Formaten zu lesen und zu schreiben gestatten.

`System` Hier finden sich Bibliotheken, mit deren Hilfe die Ein-/Ausgabe geregelt wird, insbesondere `System.IO` und `System.IO.Error`.

A.2.1 Pakete

Diese Vielfalt an Informationen will zum einen verwaltet, zum anderen aber auch gesichtet werden. Für die Verwaltung dieses Systems sind zwei besonders wichtige Programme zu nennen, einmal `Hackage`, mit deren Hilfe Module und Bibliotheken verwaltet werden, zum anderen `Cabal`, das dazu dient, die Installation dieser System-Komponenten zu kontrollieren.

`Cabal` sorgt dafür, daß ein mit Namen benanntes Paket geladen wird. Hierbei werden auch Abhängigkeiten überprüft, so daß Pakete, von denen das gewünschte Paket abhängt, ebenfalls in der korrekten Version geladen werden. `Cabal` sorgt auch dafür, daß die gegenwärtig verwendeten Komponenten in der aktuellen Version vorliegen.
Informationen: `http://haskell.org/haskellwiki/Cabal-Install`.

`Hackage` dagegen ist ein Repositorium für Pakete, die online verfügbar ist. Hierbei ist ein Paket im einfachsten Fall ein Modul, mehrere Module können zu Paketen zusammengefaßt werden, meist sind ebenfalls Versionsnummern angegeben. `Hackage` gibt auch Abhängigkeiten zwischen einzelnen Paketen an.
Informationen sind unter `http://hackage.haskell.org/` zu finden.

A.3 Suchmaschinen

Was wäre das Leben ohne Suchmaschinen? Im `Haskell`-Kontext sind zwei Suchmaschinen zu verzeichnen, die sich als hilfreich erwiesen haben. Mit Hilfe von `Hoogle` kann man öffentliche `Haskell`-Bibliotheken mit Namen oder mit Hilfe von Typinformationen durchsuchen. Sie sehen in der Abbildung A.1 ein Beispiel für die Verwendung von Hoogle.
Adresse: `http://www.haskell.org/hoogle`. Die Hayoo!-Suchmaschine erlaubt ähnlich wie `Hoogle` das Durchsuchen von `Hackage`; Hinweise und Beispiele finden Sie beim Aufruf der Seite.
Adresse: `http://holumbus.fh-wedel.de/hayoo/hayoo.html`

Als wichtigste und zentrale Quelle für alle Informationen rund um `Haskell` ist die Web-Site

   `http://www.haskell.org`

zu nennen.

Hoogλe

list [Search]

Manual | haskell.org

list

Packages
- base
- mtl
- transformers
- package
- haskell-src

module Data.**List**
base Data.List
Operations on lists.

listToMaybe :: [a] -> Maybe a
base Data.Maybe
The listToMaybe function returns Nothing on an empty list or Just a of the

module Control.Monad.**List**
mtl Control.Monad.List
The List monad.

module Control.Monad.Trans.**List**
transformers Control.Monad.Trans.List
The ListT monad transformer, adding backtracking to a given monad, which must be commutative.

package List
package
A List monad transformer and a List class. With standard list operations for Lists Version 0.4.2

package list-extras
package
Common not-so-common functions for lists. Since Data.List.Extras is prime realestate for extensions to

package list-grouping
package
Functions for grouping a list into sublists based on predicate or integer offsets. NOTE: THIS MODULE IS

Abbildung A.1: Suche mit `Hoogle` nach `list`

Literaturverzeichnis

[1] A. V. Aho, J. E. Hopcroft und J. D. Ullman. *The Design and Analysis of Computer Algorithms*. Addison-Wesley, Reading, MA, 1974.

[2] A. V. Aho and J. D. Ullman. *The Theory of Parsing, Translation, and Compiling*, volume 1: Parsing. Prentice-Hall, Englewood Cliffs, N.J., 1972.

[3] A. V. Aho und J. D. Ullman. *Principles of Compiler Design*. Addison-Wesley, Reading, MA, 1979.

[4] M. Barr und C. Wells. *Category Theory for Computing Science*. Les Publications CRM, Montreal, 1999.

[5] R. Bird. *Pearls of Functional Algorithm Design*. Cambridge University Press, Cambridge, GB, 2010.

[6] N. Carriero und D. Gelernter. *How to Write Parallel Programs — A First Course*. The MIT Press, Cambridge, MA, 1990.

[7] T. H. Cormen, C. E. Leiserson und R. L. Rivest. *An Introduction to Algorithms*. The MIT Press, Cambridge MA, 1992.

[8] E. W. Dijkstra. *A Discipline of Programming*. Prentice-Hall, Englewood Cliffs, NJ, 1976.

[9] S. Dissmann und E.-E. Doberkat. *Einführung in die objektorientierte Programmierung mit Java*. Oldenbourg Verlag, München und Wien, 2. Auflage, 2002.

[10] E.-E. Doberkat. *Stochastic Coalgebraic Logic*. EATCS Monographs in Theoretical Computer Science. Springer-Verlag, 2009.

[11] E.-E. Doberkat. Datenstrukturen, Algorithem und Programmierung I. Folien zur Vorlesung; Fakultät für Informatik, TU Dortmund, WS 2007/08 – WS 2011/12.

[12] E.-E. Doberkat und D. Fox. *Software Prototyping mit SETL*. B. G. Teubner, Stuttgart, 1989.

[13] E.-E. Doberkat, P. Rath und W. Rupietta. *Programmieren in PASCAL*. Studientexte Informatik. Akademische Verlagsgesellschaft, Wiesbaden, 3. Auflage, 1985.

[14] O. Figes. *Crimea*. Penguin Books, London, 2010.

[15] R. E. Graham, D. E. Knuth und O. Patashnik. *Concrete Mathematics: A Foundation for Computer Science*. Addison-Wesley, Reading, MA, 1989.

[16] H. C. Johnston. Cliques of a graph - variations of the Bron-Kerbosch algorithm. *Intern. Journal Comp. Sci.*, 5:209 – 246, 1976.

[17] U. Kastens. *Übersetzerbau*, volume 3.3 of *Handbuch der Informatik*. Oldenbourg-Verlag, München, 1990.

[18] B. W. Kernighan und D. M. Ritchie. *The C Programming Language*. Prentice-Hall, Englewood Cliffs, NJ, 1978.

[19] D. E. Knuth. *The Art of Computer Programming. Vol. I, Fundamental Algorithms*. Addison-Wesley, Reading, Mass., 2. Auflage, 1973.

[20] D. E. Knuth. *The Stanford GraphBase. A Platform for Combinatorial Computing*. Addison-Wesley, Reading, Mass., 1994.

[21] S. Mac Lane. *Categories for the Working Mathematician*. Graduate Texts in Mathematics. Springer-Verlag, Berlin, 1997.

[22] M. Lipovača. *Learn You a Haskell for Great Good!* no starch press, San Francisco, 2011.

[23] E. Moggi. Notions of computation and monads. *Information and Computation*, 93:55 – 92, 1991.

[24] T. Norvell. Monads for the working Haskell programmer: a short tutorial. www.engr.mun.ca/~theo/Misc/haskell_and_monads.htm.

[25] B. O'Sullivan, J. Goerzen und D. Stewart. *Real World Haskell*. O'Reilly, Sebastopol, CA, 2009.

[26] P. Padawitz. Modellieren und Implementieren in Haskell. Manuskript, Fakultät für Informatik, TU Dortmund, Februar 2012.

[27] J. T. Schwartz, R. B. K. Dewar, E. Dubinsky und E. Schonberg. *Programming with Sets — An Introduction to SETL*. Springer-Verlag, 1986.

[28] S. Singh. *The Code Book*. Doubleday, New York, 1999.

[29] S. Thompson. *Haskell: the craft of functional programming*. Pearson, Harlow, England, 3. Auflage, 2011.

[30] N. Wirth. *Algorithmen und Datenstrukturen*. Leitfäden der Angewandten Mathematik und Mechanik. B. G. Teubner, Stuttgart, 1975.

Index

(.), 38
(:), 31
++, 31
+++, 48
:+:, 77
:<:, 81
<-, 121
>>, 176
>>=, 176
#, 78, 83
$, 11
%, 12, 84

A
adj, 88
all, 155
alleCliquen, 89
alleEpsProd, 155
alleSymbole, 153
alleTeilmengen, 85
Atom, 152
atom2Symbol, 153
atomify, 153

B
Baum, 96, 142
baumDurchlauf, 144
baumEinf, 102
baumSuche, 104
berechneAktion, 168
berechneClos, 163
berechneFollow, 159
berechneGoto, 166
berechneMST, 111
binTree, 200
break, 51

C
canonColl, 165

case, 24
class, 73
closure, 162
compare, 18
concat, 45, 180
concatMap, 116
conccatt, 48, 164

D
data, 67, 95
delete, 82
derAutomat, 149
deriving, 69
dieAktion, 167
dieC, 163
dieCliquen, 91
dieTeilmengen, 90
do, 121
doCoding, 128
drop, 31
dropWhile, 31

E
einfAusdr, 199
eingabeSchleife, 125
EitherOr, 92
elem, 32
empty, 139
encoding, 145
erreichbar, 88
error, 176

F
fail, 176
filter, 36, 40
findWithDefault, 150
flip, 62
fmap, 79
foldl, 44
foldr, 46

Frege, 73
freqMap, 140
fromIntegral, 21
fromList, 139
fst, 16
Functor, 79

G
genIteration, 154
getLine, 121
guard, 182

H
head, 30
hiding, 14

I
import, 13
index, 68
inhGleich, 154
inorder, 98
insert, 32
insertSort, 33
insertWith, 139
IOMode, 126
istSLR, 168
istSuffix, 149
iterate, 56
iteration, 154

J
Just x, 75

K
KKante, 109
klammer, 200
Knoten, 96
kostenKante, 109

L
let, 25
liesNat, 198
liesOp, 199
liesZeichen, 198

M
main, 121
many, 198

Map, 139
map, 39
match, 50
Maybe, 75
MeineListe, 76
MeineMenge, 81
Menge, 80
mergeBaum, 142
module, 12
Monad, 176
mplus, 184
msum, 193, 200
myBfs, 102
mzero, 184

N
nachsehen, 153
newtype, 95
Node, 141
notElem, 32
Nothing, 75
nub, 149
null, 139

O
opAusdr, 200
Ordering, 18

P
patFind, 150
patMatch, 150
pop, 187
postorder, 99
potenzMenge, 84
preorder, 98
punktSchub, 163
push, 187
putStr, 120

Q
qualified, 15
quickSort, 35
QZustand, 190

R
read, 129
readFile, 129
return, 123, 124, 176

S
sat, 197
schreiben, 131
show, 129
sigma, 149
simpleBaum, 143
singleton, 82
snd, 16
some, 198
sortBy, 40
sortIns, 33
span, 51
symbol2Atom, 152

T
tail, 30
take, 31
takeWhile, 31
teilMenge, 81
toList, 139
toListe, 82
toMenge, 82
toUpper, 123
treibePartition, 111
type, 74, 95
Typklasse
    Monad, 176

U
uInsert, 48, 154
UKante, 87
ungetc, 197
unwords, 50

V
vollstaendig, 89

W
weightInsert, 142
words, 50, 128
writeFile, 129

Z
zahl, 199
zip, 43
zipWith, 43
ZNode, 141
ZustandsTransf, 191

Stichwörter

IO-Aktion, 121
do-Block, 122

A
Abstraktion, 4
Adjazenzliste, 86
Aktion, semantische, 169
Algorithmus
    Breitensuche, 97
    Bron-Kerbosch, 85
    Dijkstra, 114
    Floyd - Warshall, 49
    Kruskal, 108
    Quicksort, 35
    Sortieren durch Einfügen, 35
    Tiefensuche, 97, 114
    topologische Sortierung, 115
    transitive Hülle, 47
Alphabet, 145
Anfangszustand, 147
Applikation, partielle, 8
Assembler, 2
assoziativ
    links, 10
    rechts, 10
Atome, 203
Auswertung
    verzögert, 5
        Zeichenkette, 127
Automat
    endlicher, 147
    tabellengesteuerter, 159
Automatenabbildung, 147

B
Bürgerrechte erster Klasse, 5
Baum
    Ansicht, 113
    Breitendurchlauf, 97
    Durchlauf, 97
    frei, 107
    Tiefendurchlauf, 97
bedingter Ausdruck, 22
bind, 176

C
Cabal, 207
Caesars Chiffre, 65
call by value, 119
Clique, 85

D
data, 67, 95
Datei-Handle, 126
Dateisystem, 126
Determinante, 64
don't care, 42

E
Eilenberg-Moore-Algebra, 177
Einrückung, 23
Endzustand, 147

F
fallgesteuerter Ausdruck, 24
Faltung
    Akkumulator, 44
    Links-, 44
    Rechts-, 46
Familie von Typen, 77
Functor, 79
Funktion
    anonyme, 9
    Curryfizierung, 7
    Lambda-Abstraktion, 9
Funktionen höherer Ordnung, 40

G
gerichteter Graph, 85

Gesetze für Monaden, 183
GHCi
    :browse, :b, 206
    :edit, :e, 206
    :help, :h, :?, 206
    :info, :i, 206
    :load, :l, 205
    :quit, :q, 206
    :reload, :r, 205
    :set, :s, 206
    :type it, 206
    :type, :t, 206
Grammatik
    kontextfrei, 151
    LALR(1), 169
    SLR, 169
Graph
    freier Baum, 107
    gerichtet, 116
    Kante, 109
    minimales Gerüst, 107
    Pfad, 106
    Relation, 47
    ungerichtet, 85
    Zyklus, 115

H
Hackage, 207
Hayoo, 207
Hoogle, 207

I
Import
    eingeschränkt, 14
    Namenskonflikt, 14
    qualifiziert, 15
Instanzvereinbarung, 68
Interfaces in Java, 69
Iteratoren, 29

K
Kellerspeicher, 95
Klassenzugehörigkeit, 17
Kleisli
    Komposition, 203
    Morphismus, 177
Konstruktor, 67

Kruskal, 105

L
Lese-Puffer, 197
links-rekursiver Aufruf, 201
LR-Parser, 159
    Aktion, 166
    FIRST, 155
    FOLLOW, 157
    Goto-Funktion, 165
    Item, 161
    kanonische Kollektion, 164
    Konfiguration, 159

M
Makro
    LaTeX, 172
    cite, 170
Meta-Ebene, 80
Modul
    Control.Monad, 182
    Data.Char, 123
    Data.Map, 139
    Data.Maybe, 178
    System.IO, 127
Monade
    Maybe, 191
    Mengen, 203
    Zustand, 185
Monoid, 184
Multimengen, 116
Muster, 145
Mustererkennung, 23

N
newtype, 94, 95

O
Operator
    Assoziativität, 12
    eigener, 11
    Priorität, 10
    zulässige Symbole, 12

P
Petersilie, 185
Pfad, 114
polymorphe Konstante, 21

Stichwörter 217

Potenzmenge, 83
Präfix, 146
präfixfrei, 136
Prelude, 14, 205
Priorität, 10
Prioritätswarteschlange, 112, 113
Problem
    Holländische Nationalflagge, 52
    Josephus-Problem, 51
Prozeduren, 2

R
referentielle Transparenz, 4

S
Seiteneffekten, 4
Semikolon, 24
Suffix, 146
Symbol
    nicht-terminal, 154
    terminal, 154
Symboltafel, 153
syntaktischer Zucker, 182

T
Theorie der Kategorien, 80
Transformationsregeln, 122, 179
Transitionsfunktion, 147
Tupel, 17
Typ, vordefiniert, 11
type, 74, 95
Typinferenz, 6
Typklasse
    Functor, 79
    MonadPlus, 184
Typkonstruktionen, 15
Typkonstruktor, 79

U
Umgebung
    `let`, 25, 123
    `where`, 33

V
Vererbung, 3

W
Wächter, 23

Wald, 141
Warteschlange, 99
Werkzeug
    `happy`, 169
    `yacc`, 150
    BiBTeX, 170

Bei Fragen zur Produktsicherheit wenden Sie sich bitte an:
If you have any questions regarding product safety,
please contact:

Walter de Gruyter GmbH
Genthiner Straße 13
10785 Berlin
productsafety@degruyterbrill.com